LES

# FRÈRES CHANTEMESSE

I

UN CAPRICE DE M<sup>me</sup> DE POMPADOUR

Saint-Amand (Cher). — Imp. de DESTENAY.

# LES
# FRÈRES CHANTEMESSE

PAR

CHARLES MONSELET

I

UN CAPRICE DE M<sup>me</sup> DE POMPADOUR

PARIS
E. DENTU, ÉDITEUR
LIBRAIRE DE LA SOCIÉTÉ DES GENS DE LETTRES
PALAIS-ROYAL, 17 ET 19, GALERIE D'ORLÉANS

1872
Tous droits réservés

# FRÈRES CHANTEMESSE

**Première partie**

## UN CAPRICE DE M^me DE POMPADOUR

### I

#### LE COMTE DE CHANTEMESSE CHERCHE SON FRÈRE

— Le chevalier de Chantemesse, s'il vous plaît?

Cette question était adressée par un fort bel homme en habit brodé, à l'aubergiste du Soleil-d'Or, barrière des Sergents.

Assis dans la première pièce de son bureau, auprès d'une table sur laquelle il y avait un registre et une bouteille de ratafia, l'aubergiste répondit sans retourner la tête :

— M. le chevalier de Chantemesse a perdu tous ses

droits à mon estime, depuis qu'il est parti de mon hôtel en me devant cinq mois de logement.

L'homme à l'habit brodé fronça légèrement le sourcil.

— Je suis le comte de Chantemesse, dit-il sur un ton parfait de modération, le frère aîné du chevalier, et je suis prêt à acquitter la dette de mon frère.

— C'est différent, reprit l'aubergiste en ôtant son bonnet ; j'ai précisément sous la main le mémoire de M. le chevalier.

Le comte de Chantemesse jeta à peine les yeux sur le papier que lui tendait le propriétaire du Soleil-d'Or, et posant sur la table une bourse suffisamment dodue :

— Payez-vous, dit-il.

L'hôtelier obéit avec une vivacité où le ravissement le disputait à la surprise.

— A présent, continua le comte, vous allez m'indiquer le nouveau logis de mon frère.

— Diable ! murmura l'hôtelier en se grattant l'oreille; cela n'est pas aussi aisé que vous semblez le croire. M. le chevalier a des habitudes de déplacement qui déroutent toutes les pistes ; et, même lorsqu'il demeurait ici, il n'était pas rare de le voir s'absenter pendant des semaines entières.

— Il faut cependant que je le trouve aujourd'hui même.

— Je ne puis, à mon grand regret, vous renseigner d'une façon positive ; cependant je vous conseille de vous informer au Gaillard-Bois ou au Cormier-Fleuri, qui sont, après la mienne, les deux hôtelleries les plus achalandées du quartier.

Le comte de Chantemesse se rendit à ces deux adresses. On ne l'y renseigna pas mieux qu'au Soleil-d'Or.

On l'envoya successivement à la Croix-de-Fer, rue Saint-Denis; à l'Écu, rue Pierre-à-Poisson; au Berceau, rue des Arcis; au Treillis-Vert, rue Saint-Hyacinthe-Saint-Michel; à la Corne, rue des Enfants-Rouges; au Cygne-de-la-Croix, rue du Pas-de-la-Mule; au Chapelet, derrière Saint-Eustache.

Partout le chevalier de Chantemesse était parti sans dire où il allait, adorable inconséquence! Partout il avait laissé derrière lui, sans doute par mégarde, quelques dettes, dont l'ensemble prenait des proportions effrayantes pour la bourse du comte.

Celui-ci, après le dixième ou douzième hôtel, ne put s'empêcher de s'écrier en s'essuyant le front :

— Je dois avouer que monsieur mon frère a des allures bien singulières! Il paraît que le changement est indispensable à son existence. J'aurai beau jeu à lui laver la tête dès que je l'aurai retrouvé...

En attendant, il ne le retrouvait pas, et la journée s'avançait.

Un espoir lui restait cependant : un des domestiques de l'hôtel du Chapelet, prêtant l'oreille à ses interrogations, l'avait pris à part et lui avait dit d'un air moitié riant, moitié sérieux :

— Il y a peut-être une personne auprès de qui l'on aurait des nouvelles de M. le chevalier... C'est la petite Toinon, la ravaudeuse du pont Saint-Michel.

Et le comte de Chantemesse, prompt à recueillir le moindre indice, se dirigea vers le pont Saint-Michel.

Au coin qui regarde la Cité, il s'arrêta devant une jolie fille assise dans un tonneau.

Coiffée d'une cornette, habillée d'un casaquin couleur citron, les yeux espiègles, le nez retroussé, Toinon cousait, en chantant une chanson du genre poissard :

> L'amour est un chien de vaurien,
> Qui fait pus de mal que de bien.
> Habitants de la galère,
> Ne vous plaignez pas de ramer,
> Votre mal n'est que du sucre
> En comparaison d'aimer !

Toinon s'interrompit en voyant un beau monsieur planté devant elle.

— Qu'est-ce qu'il y a pour votre service, monseigneur? dit-elle avec son sourire le plus gai; avez-vous besoin d'une reprise à l'un de vos bas? Tendez votre jambe avant que le jour ne baisse tout à fait.

Elle enfilait déjà une aiguille, tout en fredonnant de sa voix fraîche :

> Si vers les genoux
> Mes bas ont des trous,
> Thérèse,
> A vos pieds je les fis tous;
> Ainsi qu'on s'en prenne à vous !

— Mademoiselle, dit le comte, je n'ai point de trous à mes bas; sans cela, je vous donnerais ma pratique, assurément. Je viens tout uniment m'informer auprès de vous d'une personne qui me touche de fort près.

— Et comment s'appelle cette personne? dit Toinon étonnée.

— Le chevalier de Chantemesse.

— Hi! hi! hi! fit tout à coup la jeune fille en fondant en larmes. Le chevalier... Ah! le traître! le perfide! le monstre!

— Remettez-vous, mademoiselle.

— Hi! hi! continuait Toinon.

— Je ne savais pas que ce nom réveillerait en vous un tel chagrin.

— Excusez-moi, monsieur, mais on ne se commande pas ; c'est plus fort que la volonté. Le chevalier de Chantemesse est le plus grand affronteur de la terre, sauf votre respect. Tout cet été qui a été si beau, comme vous savez, il me répétait qu'il m'aimait, qu'il m'adorait ; il ne bougeait pas d'auprès de mon tonneau, que tout le monde en jasait d'ici au Pont-au-Change. Il m'apportait aussi des fleurs nouées avec des rubans ; et le soir, nous allions nous promener le long du port Saint-Paul, en manière d'amitié, comme qui dirait vous et moi. Ah ! comme il savait bien dégoiser de belles paroles dorées ! il n'y a pas de docteur ou de maître d'école pour vous entortiller aussi bien que cela. Et puis, un beau matin, bernique ! envolé le chevalier ! Va-t'en voir si Toinon reverdit dans sa cage ! N'est-ce pas, monsieur, que les jeunesses sont bien malheureuses d'avoir affaire à de pareils freluquets ?

— Est-ce que vous ne l'avez pas revu ? demanda le comte après avoir essuyé ce déluge de paroles.

— Si fait, monsieur, mais je n'en ai guère été plus avancée ; il a pris la chose en badinant, disant que les amours en plein vent se fanent plus vite que les autres... et qu'on lui avait fait des histoires sur mon compte par rapport à mon cousin La Chamade, le soldat aux gardes. Une vraie menterie, monsieur, je vous le jure !

— Allons, mon enfant, consolez-vous. A votre âge...

— Me consoler ! voilà qui est facile à dire ! Est-ce que vous avez un moyen de me consoler, vous, par hasard ?

Le comte fit, en souriant, un mouvement de tête négatif, et ajouta mentalement :

— Je veux bien payer les dettes d'argent de mon frère ; mais ses dettes de cœur, c'est autre chose.

I.    1*

— Vous voyez que vous ne pouvez rien pour moi, dit Toinon recommençant à sangloter.

— Je peux du moins parler au chevalier, qui est de mes parents.

— Au fait...

— Lui reprocher sa conduite, le faire convenir de torts envers vous.

— Oui... oui, dit la petite en essuyant ses yeux avec le coin de son tablier.

— Dites-moi seulement où je peux le voir.

— Il va presque tous les soirs rue de la Vieille-Monnaie, dans un endroit où l'on donne à jouer et à boire.

— Très-bien.

— Car vous ne savez pas qu'il a tous les défauts, le parjure !

— Je commence à être édifié sur ce chapitre.

— Vous reconnaîtrez aisément la maison à sa lanterne.

— Adieu, M$^{lle}$ Toinon. Je vais de ce pas rue de la Vieille-Monnaie.

— Dites-lui bien, je vous prie, que je suis outrée contre lui, que je me vengerai...

— Soyez tranquille.

— Que je lui arracherai les yeux à la première occasion !

— C'est convenu.

— Et que...

— Quoi encore ?

— Et que je l'aime plus que ma vie !! s'écria-t-elle comme suffoquée.

Le comte avait tourné le pont Saint-Michel, et il entendait encore les recommandations de la petite ravaudeuse.

La rue de la Vieille-Monnaie était comprise entre la tour Saint-Jacques-la-Boucherie et la place de Grève.

C'était une ruelle étroite, courte et laide. Il faisait nuit lorsque le comte s'y engagea.

Le tripot qui y était installé s'annonçait par une lueur rougeâtre.

Ces maisons de jeu, décorées du nom pompeux d'*académies*, étaient assez nombreuses à Paris en ce temps-là; elles servaient de *souricières* au lieutenant de police.

Dès que le comte de Chantemesse eut poussé la porte de celle-ci, il se vit dans une grande pièce où plusieurs tables de jeu étaient dressées sous de larges lampes de fer-blanc. Autour de ces tables se tenaient des hommes et des femmes de toutes conditions, les uns assis, les autres debout. Des laquais circulaient en portant des liqueurs sur des plateaux.

En ce moment l'attention des joueurs était un peu distraite par un incident qui se passait dans le fond de la salle, auprès du comptoir orné de draperies où trônait la maîtresse du logis, la Gombaud.

Sept ou huit individus s'agitaient en poussant des cris et en proférant des menaces.

Tout à coup de ce groupe sortit un homme d'une mine assez commune, pâle, les vêtements déchirés, qui s'élança vers le comte en disant :

— Au secours! à moi! on veut m'assassiner!

Le comte empoigna cet homme, et, d'un rapide et puissant revers de bras, il le fit passer derrière lui.

Puis il s'avança vers le groupe aboyant.

— A bas la *mouche!* criaient les furieux.

— La *mouche*, à mort!

— Ne le laissez pas échapper!

— Assommons-le!

— Assommons la *mouche!*

On sait que le terme de « mouche » servait à désigner les agents de la police dépourvus de caractère officiel.

Etourdi, sans être déconcerté par ces clameurs, le comte faisant face à tous :

— Allons donc ! leur dit-il, depuis quand est-ce qu'on assomme les gens comme cela ? Vous n'y pensez pas, mes maîtres !

— C'est un espion ! répétèrent-ils.

— C'est pire encore, ajouta l'un d'eux : je l'ai surpris, depuis plusieurs jours, remettant des lettres à la fille de la Gombaud... une enfant de seize ans. Et ce n'était pas pour son compte évidemment.

— C'est le messager de quelque grand seigneur libertin !

— Il faut l'empêcher d'exercer son honteux métier.

— Faisons un exemple.

— Oui ! oui !

Le comte sentit le danger, et n'eut que le temps de dire à l'individu tout tremblant derrière lui :

— Sauvez-vous !

Celui-ci ne fit qu'un bond vers la porte, au grand désappointement de ses adversaires, dont la colère s'exhala en vociférations nouvelles.

Quelques-uns voulurent se lancer à sa poursuite.

Mais le comte leur barra résolûment le passage et porta à demi la main vers son épée.

— Laissez-le aller, dit-il en haussant les épaules. Il est déjà bien loin... Et quand même vous réussiriez à le rattraper, vous risqueriez fort de vous faire un mauvais parti avec le guet.

Il y eut un moment d'indécision parmi la petite troupe ; les plus irrités s'entre-regardèrent et se parlèrent bas.

Personne ne connaissait le nouveau venu; mais son costume annonçant un état au-dessus de l'aisance, et surtout son sang-froid extraordinaire, leur imposaient.

Ce pouvait être un agent supérieur; dans ce cas ils n'avaient rien à gagner à se mettre en hostilité contre lui.

D'ailleurs, puisque leur proie venait de leur échapper, ils n'avaient plus de motif de continuer leur tapage.

Pour ces causes, et après deux minutes de délibération, ils se replièrent en bon ordre, non sans jeter des regards de rancune à l'intrus en habit brodé.

Resté maître du terrain, le comte de Chantemesse fit tranquillement plusieurs fois le tour des tables de jeu sans apercevoir son frère.

Une femme lui offrit à côté d'elle un siége qu'il refusa.

Un laquais lui offrit un verre de vin d'Alicante qu'il accepta.

Après quoi, n'ayant plus rien à voir ni à faire dans ce bouge, il sortit.

Il n'était pas au milieu de la rue qu'il s'aperçut qu'il était suivi par une ombre.

C'était l'homme dont il venait de sauver la vie.

— Ah! monsieur, lui dit cet individu en s'approchant avec tous les signes d'une extrême humilité, quelle obligation ne vous ai-je pas!

— Tout autre en aurait fait autant à ma place, répondit le comte.

— Je ne crois pas, répliqua l'autre avec un accent singulier.

— N'importe, dit le comte en essayant de continuer sa marche, je suis aise de vous avoir rendu ce service.

— Aussi n'ai-je pas voulu m'éloigner avant de vous avoir exprimé toute ma gratitude.

— N'en parlons plus. Je vais de ce côté ; vous de cet autre, sans doute. Adieu.

Il était visible que le comte ne se souciait pas de prolonger l'entretien avec un homme qu'il venait d'entendre traiter d'espion.

Celui-ci devina cette répugnance, car il s'empressa d'ajouter :

— Je ne suis pas ce que vous croyez... et ce que je parais peut-être. Je n'appartiens pas à la police.

— Tant mieux pour vous.

— On est trop mal rétribué dans cet état... J'occupe à la cour un emploi... assez important... J'espère m'élever. J'ai des protecteurs... et surtout des protectrices. Je sais me rendre utile ; je me débarrasse, au besoin, de tous les sots préjugés. On m'apprécie à Versailles...

Le comte ne se sentait pas à l'aise en écoutant ces étranges paroles.

Cet homme lui donnait froid.

— Pourquoi me dites-vous cela, à moi ? lui demanda-t-il brusquement.

— Parce que je n'ai jamais rencontré personne qui fût capable de faire pour moi ce que vous avez fait ce soir.

Décidément le pauvre diable avait la bosse de la reconnaissance.

Mais le comte ne tenait qu'à se débarrasser de lui.

— Encore une fois, adieu ! dit-il.

— Au moins que je sache le nom de mon sauveur.

— A quoi bon ?

— Qui sait ?... ne me refusez pas.

— Soit ; je suis le comte de Chantemesse.

L'homme sembla chercher dans sa mémoire.

— Le comte de Chantemesse, répéta-t-il.

— Je ne crois pas que vous me connaissiez, dit son interlocuteur avec un sourire méprisant.

— Non, mais je connais un chevalier de Chantemesse, un jeune et brillant compagnon, ardent au plaisir et brave comme vous.

— Mon frère, parbleu ! s'écria le comte, s'arrêtant court cette fois.

— Je vous en fais mon compliment.

— Par tous les saints ! si, comme vous le dites, vous croyez me devoir quelque reconnaissance, vous avez une belle occasion de vous acquitter à l'instant même.

— Comment cela ?

— En me fournissant l'occasion de rencontrer le chevalier après qui je cours depuis ce matin.

— Que ne le disiez-vous tout de suite ?

— En vérité !

— Depuis trois semaines, le chevalier de Chantemesse ne bouge pas des coulisses de l'Opéra.

— Quelque nouvelle liaison, murmura le comte.

— Assurément.

— Ce chevalier a le diable au corps ! Et nomme-t-on l'objet de ses vœux ?

— Oh ! ce n'est un mystère pour personne... Mlle Bénard, une délicieuse femme... vingt-quatre ans au plus.

— Une sauteuse ?

— Non, une chanteuse ; un premier sujet, s'il vous plaît.

— Y a-t-il spectacle ce soir à l'Opéra ?

— Oui ; on donne la deuxième représentation de *la Mort d'Adonis*, une pièce dont on vante beaucoup les machines.

— Et Mlle Béuard joue dans *la Mort d'Adonis ?*

— Je le crois bien ! elle y joue le rôle de Vénus, au grand plaisir des yeux et des oreilles.

— Alors vous pensez que le chevalier se[ra] là ce soir?

— Il n'aurait garde d'y manquer... La Bénard est serrée de près par une foule d'adorateurs, et le chevalier est trop au début de sa passion pour n'être pas horriblement jaloux.

— Très-bien. A votre tour, soyez remercié, dit le comte en reprenant sa route.

— Un mot encore.

— Oh! oh! fit le comte d'un ton d'impatience; dites vite, mon cher.

— Il se peut que tôt ou tard le hasard nous remette en présence l'un de l'autre...

— J'en doute, répondit le comte de Chantemesse.

— Ne répondez de rien. Nous nous mouvons dans le même monde... aux extrémités les plus opposées, j'en conviens, — ajouta-t-il en surprenant un mouvement du gentilhomme, — mais les événements se jouent des distances et des situations. Il se peut que vous vous trouviez un jour dans une de ces circonstances difficiles ou délicates qu'aucune prudence humaine ne saurait prévoir...

— Finissons, je vous prie.

— Dans ce cas, si jamais vous avez besoin d'un dévouement... j'entends un dévouement caché, agissan[t] dans l'ombre... mais absolu, constant, efficace... souve[nez]-vous de Lebel... c'est mon nom.

— Est-ce tout, M. Lebel?

— C'est tout, M. le comte.

— Adieu donc, et bien décidément cette fois.

— M. le comte, à revoir.

Chacun tira de son côté.

— Hum! se disait le comte de Chantemesse en [mar]chant; j'aurais peut-être aussi bien fait de laisser ass[...]

mer ce Lebel, qui décidément me produit l'effet d'un drôle. Il y a des bonnes actions dont on est presque tenté de se repentir.

Vingt-cinq minutes après, le comte de Chantemesse mettait le pied sur le seuil de l'Opéra.

## II

### LA MORT D'ADONIS

Bien que ce ne fût pas dans la salle que M. de Chantemesse comptât trouver son frère, il y entra cependant, pour l'acquit de sa conscience.

Le public était nombreux, paré, élégant, célèbre, de bonne humeur. On était en 1755, une date pleine de riants souvenirs, une période d'amabilité, de luxe, de plaisirs de toute espèce. La France se reposait de quelques guerres en manchettes de dentelles, entreprises à l'extérieur uniquement pour ne pas laisser s'éteindre la tradition des pompes militaires. Le Parlement revenait de Pontoise. Un peu de prestige et beaucoup d'habitude s'attachaient encore à la royauté, qui s'était reléguée elle-même derrière les charmilles de Versailles, et dont l'existence ne se révélait, de temps en temps, que par le bruit de quelques fanfares de chasse. On ne parlait presque plus politique. Les philosophes faisaient leur œuvre à petit bruit, fort décemment encore. La galanterie était la grande affaire de cette époque et de cette société, l'unique affaire de tous les jours et de tous les instants; galanterie en haut, galanterie en bas, dans les salons de la noblesse, dans les petites maisons de la finance, — et à l'Opéra.

L'Opéra était le temple par excellence de cette galanterie; c'était un lieu de rendez-vous préférable à tout autre : on s'y saluait de l'amphithéâtre à la galerie; on y allait en visite de loge en loge.

Le comte de Chantemesse promena son regard dans la salle, — minutieuse et inutile inspection, — et il le reporta ensuite sur la scène, où l'on jouait *la Mort d'Adonis*.

Comme il était encore d'assez bonne heure, il s'assit et il écouta.

*La Mort d'Adonis*, aujourd'hui complétement tombée dans l'oubli, était un drame lyrique d'une monotonie insupportable. Sur un canevas poudreux de Jean-Baptiste Rousseau, un poëte des bureaux de la Marine avait recousu quelques rimes nouvelles; et un compositeur quelconque, du nom insignifiant de Raoux, avait étendu sur le tout cette sorte de mélopée entrecoupée de cris qui faisait le fond de la musique d'alors.

Le premier acte venait de commencer. Le décor représentait, comme dans tous les premiers actes, un « rivage, » avec un temple sur le côté. Dans ce temple, un autel.

A cet autel, sur lequel brûlait et tremblotait une petite flamme, des habitants d'Amathonte, car l'action se passait à Amathonte, — accouraient suspendre des guirlandes et *mêler leurs accents d'allégresse* à l'occasion de la prochaine arrivée de Vénus :

> Une immortelle
> Vient embellir ces bords ;
> Formons pour elle
> Nos plus tendres accords !

Et des attitudes ! Et des bras arrondis ! Et des houlettes agitées, des rubans envolés, des fleurs semées ! Puis encore des petits pas et des demi-pirouettes.

Les bergers partis, — comme partent les bergers, en sautant, le sourire aux lèvres et un baiser au bout des doigts, — une princesse se montrait, de blanc et de bleu vêtue ; elle congédiait du geste sa suivante à mi-chemin. C'était la princesse Cidipe, une longue, longue princesse. Elle se présentait lentement jusqu'au bord de la rampe, les yeux baissés, le sein soulevé.

Une bouche immense s'ouvrait :

> L'insensible Adonis ne connaît point encore
>     Ce qui fait naître ma langueur.
> Quel supplice pour moi si mon cruel vainqueur
>     Savait l'ardeur qui me dévore !
> Amour ! seul confident du trouble de mon cœur,
> Ne lui révèle point un secret qu'il ignore !
>     Puisque les maux que j'ai soufferts
> N'ont pu me délivrer d'une chaîne cruelle,
> Epargne-moi du moins la tristesse mortelle
> D'étaler à ses yeux la honte de mes fers !

Cela s'appelait : *Confier aux échos son douloureux martyre*... Les échos ne paraissaient point compatir aux souffrances de la longue princesse. Elle se retirait avec sa courte honte, lorsque Adonis apparaissant, un arc à la main, la ramenait devant le public et l'interrogeait avec affabilité :

CHOEUR.

Hélas!

ADONIS.

De ce soupir que faut-il que je pense ?
Quels sont vos secrets déplaisirs ?

CHOEUR.

Vous avez trop d'indifférence
Pour pouvoir pénétrer d'où naissent mes soupirs.

ADONIS.

Si c'est l'amour qui cause vos alarmes,
Que je plains votre sort, et qu'il est rigoureux !

CHOEUR.

Vous plaignez mes malheurs sans partager mes larmes ;
Hélas ! que vous êtes heureux !

Ici le comte de Chantemesse se prit à bâiller.

Il espéra que l'entrée de Vénus l'égayerait un peu.

En effet, il y eut un cortége, une troupe de nymphes, des thyrses, des cymbales, des danses.

Mais cet intermède fut de courte durée.

Le comte de Chantemesse jugea qu'il n'y pourrait pas tenir, et il abandonna la place.

Son nom et son titre lui donnèrent accès dans les coulisses.

Il eut quelque peine d'abord à s'orienter au milieu de cette population de sylvains, de dryades, de rois, de régisseurs, de guerriers, de dieux, de gentilshommes de la chambre, de machinistes, de princesses et d'allumeurs qui s'agitaient derrière le rideau.

Tout ce monde, frivole avec conviction, allait, venait, se croisait, s'accostait, s'interpellait, riait, fredonnait.

Il se heurta d'abord au dieu Mars en personne, coiffé

d'un casque gigantesque, vêtu d'une armure à soleil et d'une jaquette à écailles, chaussé de brodequins rouges, armé d'une lance. Ainsi fait, le dieu Mars s'apprêtait à *répandre la terreur* autour de lui.

Le comte se rangea pour laisser passer une troupe d'hommes et de femmes échevelées, habillées de robes rouges et noires, agitant des chaînes et des serpents. C'étaient la Jalousie, la Haine, le Désespoir, la Fureur, personnifiés par messieurs et mesdames du corps du ballet.

Le Dépit faillit l'éborgner avec sa torche.

— Excusez-moi, monsieur, lui dit le Soupçon qui lui avait effleuré le pied.

Un joli petit Soupçon de dix-huit ans, bien éveillé, bien alerte.

Ce n'était pas là ce que cherchait le comte de Chantemesse; il avait des visées plus ambitieuses : il voulait approcher de Vénus.

Vénus, c'est-à-dire M<sup>lle</sup> Bénard.

Il supposait avec raison que là où était M<sup>lle</sup> Bénard devait se trouver le chevalier.

En conséquence, il évolua sans plus tarder vers la reine des Amours, qu'il reconnut bientôt à son diadème, à la magnificence de son costume, à la noblesse de son port, et, mieux que cela, à la cour nombreuse dont elle était environnée.

Imposante, sans rien perdre de sa grâce, elle recevait les hommages de sept ou huit personnages fort importants.

— Vous êtes à ravir ! lui disait M. de Beauchamp, receveur général des finances.

— Que de malheureux vous allez faire ce soir ! ajoutait M. Bertin, trésorier des parties casuelles.

— Sans compter ceux qui sont déjà faits, soupirait M. de Fondpertuis, intendant des menus.

— Ce n'est pas pour rien que vous avez emprunté sa ceinture à Cythérée, prononçait le jeune marquis de Ponteuil.

— Les flèches de Cupidon ont été forgées au feu de vos beaux yeux, bégayait le vieux conseiller du Troussay.

Mlle Bénard s'enivrait de cet encens, et souriait à ces propos « fils de la flatterie. »

Alors M. de Beauchamp de reprendre :

— Serez-vous donc toujours inexorable ?

Et M. Bertin de continuer :

— N'abjurerez-vous jamais votre rigueur ?

M. de Fondpertuis à son tour :

— Ne vous lasserez-vous point de me faire sentir le poids de vos fers ?

Puis le jeune marquis de Ponteuil :

— Prenez en pitié ma disgrâce !

Enfin le vieux conseiller du Troussay :

— Je me consume à vos pieds !

Ce qui faisait beaucoup rire Mlle Bénard, et ce qui déterminait chez le chœur des financiers une explosion d'apostrophes :

— Cruelle !

— Barbare !

— Inhumaine !

Le comte de Chantemesse s'étonna de ne point voir son frère dans ce cercle.

La première personne auprès de laquelle il s'en enquit lui répondit :

— Je le quitte à l'instant.

Une autre lui dit :

— Il vient de prendre par le corridor qui mène au foyer.

Une troisième :

— Tenez, le voici de l'autre côté du théâtre... Ne le voyez-vous pas ?

— Non... Jouons-nous donc à cache-cache ?

Le comte allait traverser la scène, mais il en fut empêché par le deuxième acte qui commençait.

Le dieu Mars, brandissant sa lance, chantait en arpentant les planches :

> Tremble, déesse criminelle,
> Tremble pour ton heureux amant !
> Je vais, par une mort cruelle,
> Le punir de ton changement !

Vainement son confident essayait de le calmer par ces conseils à l'eau de rose :

> Un cœur qui s'abandonne à son inquiétude
> Se repent bien souvent d'en avoir trop appris,
> Et peu d'amants savent le prix
> D'une flatteuse incertitude.

Le dieu Mars l'envoyait promener, et méditait déjà une vengeance sans péril pour lui-même et qui devait *étonner l'univers.*

Cette vengeance, indigne du dieu de la guerre, consistait, comme on sait, à lâcher un énorme sanglier à travers les jambes de son rival.

Et comme il se félicitait de cette brutale inspiration ! Comme sa rage s'exhalait dans ce couplet :

> Je veux que sa mort soit l'ouvrage
> Du plus vil habitant des bois.
> O toi, dont ce perfide ose trahir les lois,
> Diane, si ton cœur est sensible à l'outrage
> Que ses feux t'ont fait recevoir,
> Sers-toi, pour le punir, de ton fatal pouvoir !

Qu'un monstre furieux s'arme pour son supplice ;
Et, par cet affreux sacrifice,
Instruisons à jamais les cœurs audacieux
Du respect que l'on doit aux dieux !

Tout cela touchait médiocrement le comte de Chantemesse, qui attendait lui-même avec une certaine impatience que le *monstre furieux* eût décousu Adonis, pour continuer ses explorations fraternelles.

La malignité que semblait mettre le hasard à l'écarter de son but lui paraissait inconcevable.

Vingt fois, en effet, depuis une heure, il aurait dû se trouver nez à nez avec son frère.

Et cette rencontre tant désirée allait être encore retardée de quelques instants par une idée qui venait d'éclore tout à coup dans l'amoureux cerveau du chevalier.

Voici quelle était cette idée.

A un certain moment, M<sup>lle</sup> Bénard devait descendre sur la terre, — pour chanter l'oraison funèbre d'Adonis, — dans un char attelé de deux colombes.

Ne pouvant lui parler à son aise sur la terre, le chevalier imagina d'aller lui parler dans les cieux.

— Veux-tu gagner vingt pistoles ? demanda-t-il à un aide-machiniste.

— Que faut-il faire pour cela ?

— Me conduire dans l'Olympe... je veux dire dans les combles du théâtre.

— Hum ! je risque ma place...

— Je te garderai le secret.

— Venez donc, mais évitez qu'on vous voie.

Le chevalier suivit de loin son conducteur et s'engouffra derrière lui dans un escalier masqué qui le conduisit à une espèce de plate-forme.

— Par ici, dit le machiniste.

— Quel casse-cou !

— Faites doucement...

L'endroit où ils étaient parvenus était obstrué de cordages, de toiles, de planchers suspendus, et donnait assez l'idée de la mâture d'un navire.

Il y régnait une demi-obscurité — ou une demi-lueur qui enveloppait tous les objets d'une teinte étrange.

Le chevalier marchait avec précaution.

Il pénétra dans la région où s'assemblent les nuages et où se forment les éclairs. De ses mains profanes il s'amusa même à toucher la foudre de Jupiter et à la faire gronder, ce qui fut accueilli en bas par un religieux frémissement.

— Attendez ici, lui dit son conducteur en le poussant dans un retranchement qui servait à serrer les *accessoires*.

Le chevalier obéit sans répliquer.

A côté de lui, il apercevait dans un pêle-mêle bizarre le dragon volant de Médée, le cerf de Diane, le paon de Junon, le trident de Neptune, les ailes de Mercure, la baguette de Circé, le bouclier de Pallas, toute la garde-robe de la mythologie.

Un léger bruit détourna bientôt son attention.

Une forme féminine passa rapidement près de lui et se dirigea vers un plancher supérieur, par une échelle étroite et roide.

C'était M$^{lle}$ Bénard qui allait prendre possession de son char.

Cette machine, d'une assez grande dimension, assez compliquée et solidement amarrée, offrait, malgré sa légèreté apparente, toutes les garanties de sécurité.

M$^{lle}$ Bénard y était à peine installée que le chevalier la rejoignit par le même chemin et vint se précipiter à ses genoux.

Un cri d'effroi échappa à la chanteuse.

— Êtes-vous fou ! s'écria-t-elle ; que venez-vous faire ici ?

— Vous le voyez, mon adorable : vous entretenir de mon amour, ce qu'il m'est impossible de faire dans votre loge, ni au foyer, ni sur le théâtre.

— Mais vous perdez la tête !

— Ce n'est pas de ce soir, ô divinité ! Et à qui la faute ?

Il lui prenait les mains, les genoux.

— Allez-vous-en, disait-elle, je vous en conjure...

— Encore un instant !

— L'acte va commencer... les musiciens préludent déjà... Vous me faites frémir !

— Que ne puis-je couler mes jours ainsi,.. toujours... comme le plus humble de vos esclaves.

— Ciel ! le rideau se lève.

En effet, le rideau se levait majestueusement pour le troisième acte.

Mais la Bénard et le chevalier étaient trop haut perchés pour être vus.

Plongés dans l'ombre, ils avaient sous les pieds un gouffre de lumière.

— Chevalier, hâtez-vous de fuir ! dit M<sup>lle</sup> Bénard effarée.

— J'ai encore le temps... Vous ne descendez qu'à la scène troisième.

— C'est une extravagance sans nom... Je meurs de frayeur...

— Laissez-moi une minute à mon illusion : je crois être le rival des dieux en voyant s'agiter au-dessous de moi les faibles mortels.

— Ne vous penchez pas au moins ! Vous vous tueriez !

— Soyez tranquille, ma belle, un seul de vos regards dispense l'immortalité.

— Eh bien! si vous m'aimez, dit-elle suppliante, allez-vous-en!

Cet appel à son amour décida le chevalier.

— Adieu donc! s'écria-t-il, mais jurez-moi, promettez-moi...

— Oui! oui!... Adieu!

Il voulut une dernière fois baiser ses mains divines.

— Partez vite! répéta-t-elle avec angoisse.

Il était trop tard.

Sur un coup de sifflet lancé par le machiniste en chef, le char s'abaissait, mollement balancé, comme au gré des deux colombes qui semblaient le guider.

M<sup>lle</sup> Bénard n'eut que le temps de jeter la moitié de son long manteau sur le chevalier, qui dut reprendre vivement son humble posture abandonnée à regret.

Il saisit au hasard quelques bouts de nuage pour s'en envelopper. Une douzaine d'étoiles rangées à propos sur son visage lui formèrent une sorte de masque.

Ainsi accoutré, le chevalier échappait aux regards de la salle; mais en revanche, il demeurait complétement exposé aux regards des coulisses.

Ce fut une exclamation mal réprimée, suivie d'un rire général, à l'aspect de ce groupe inattendu et volant.

Pour surcroît de contrariété, le char ne devait pas toucher le sol; il s'arrêtait entre ciel et terre, et c'était à cette demi-hauteur que Vénus chantait un air sur le trépas d'Adonis.

Il y avait de quoi mourir de confusion.

Les soupirants de la Bénard ne dissimulaient pas leur fureur contre le chevalier; mais ils ne pouvaient s'empêcher d'envier son heureuse et scandaleuse témérité.

M. de Beauchamp lui montrait le poing.

M. Bertin écumait.

M. de Fondpertuis parlait du For-l'Évêque.

Le jeune marquis de Ponteuil caressait l'espoir d'un bon duel.

Le vieux conseiller du Troussay demeurait muet de stupeur.

Pendant ce temps, l'opéra allait toujours son train. Sur le devant de la scène, un peuple prosterné saluait le char apparu au bruit des instruments.

Vénus, — ou plutôt Mlle Bénard, — comprit qu'il n'y avait pas à hésiter. Il y allait de sa réputation, de son emploi. Elle se leva, et, debout dans son char, elle attaqua le morceau suivant :

> Il est mort ! ciel barbare ! ô destins ennemis !
> Impitoyables dieux, vous l'avez donc permis !
> Je ne verrai plus ce que j'aime.....

— Pas un mouvement ! dit-elle bas au chevalier, qui, mal à son aise, risquait de déranger les draperies.

Elle continua :

> Le sommeil de la mort a fermé pour jamais
> Ces yeux de qui l'Amour empruntait tous ses traits.
> O disgrâce ! ô rigueur extrême !
> Eclatez, mes soupirs ; coulez, coulez, mes pleurs !
> Je n'en puis trop verser, en de si grands malheurs.
> Que toute la terre gémisse,
> Que l'air de nos cris retentisse !

LE CHOEUR.

> Que toute la terre gémisse,
> Que l'air de nos cris retentisse !

VÉNUS.

Le plus beau des mortels vient de perdre le jour.

— Cet efflanqué d'Adonis, le plus beau des mortels ! murmura le chevalier, essayant de se retourner.

— Restez donc tranquille...

Le chœur reprenait :

> Que toute la terre gémisse !

VÉNUS.

> Vénus perd ce qu'elle aime et le perd sans retour !

— Qu'importe si je vous reste, ma toute belle ! Le chevalier est à Vénus pour la vie !

LE CHOEUR.

> Que l'air de nos cris retentisse !

VÉNUS ET LE CHOEUR.

> Que chacun partage à son tour
> L'horreur d'un si grand supplice !

Surexcitée par l'extraordinaire de sa situation, M<sup>lle</sup> Bénard donna à ces pauvres vers une telle expression de pathétique que toute la salle éclata en applaudissements.

— Vous n'avez jamais si bien chanté ! dit le chevalier en partageant l'enthousiasme unanime.

Mais il était temps cependant que la machine remontât dans les airs, car le public commençait à remarquer le désordre et l'hilarité qui régnaient parmi les spectateurs du théâtre.

Ce fut à ce moment que le comte de Chantemesse, attiré par les rires, aperçut le chevalier s'envolant dans les frises.

— Hé ! mon frère ! s'écria-t-il en tendant les bras vers lui.

## III

### CONVERSATION ATTENDUE

Une chaise de poste galope sur la route de Picardie.

Elle emporte à travers la nuit le comte et le chevalier de Chantemesse.

Peut-être le moment est-il venu de placer ici les portraits des deux frères.

Ils sont de la même taille; l'aîné, le comte Hector de Chantemesse, a quarante-deux ans, et il les porte bellement. Tout est correct en lui, réfléchi, posé : physionomie, démarche, geste. Mais il y a de la bonté sous la gravité de son regard, comme sous la fermeté de sa parole. On respire à son contact un air de saine province.

Autre chose est du chevalier. Celui-ci n'a que vingt-sept ans. De la jeunesse il possède tout ce qui justifie les caprices amoureux dont nous l'avons vu être l'objet : la distinction, les manières ouvertes, la souplesse de mouvements, la jambe fine, la séduction involontaire. Mais ces dons naturels sont gâtés par une fatigue physique morale : les lignes délicates de son visage sont altérées par l'orgie; il est pâle d'une veille continuelle. L'éclat des yeux s'efface sous la rougeur des paupières; le sourire erre entre les lèvres décolorées. La main, restée admirable sous les marbrures de la fièvre, est agitée d'un léger tremblement. Son costume même, quoique marqué au coin de l'élégance, porte les traces de la négligence; la poudre de ses cheveux est éparse; son jabot est froissé; ses dentelles sont d'un prix rare, mais d'une blancheur équivoque. Tel est le chevalier Pierre de Chantemesse.

Le comte le regarde en silence, à la dérobée, et aucune de ces nuances n'échappe à son regard observateur et triste.

C'est le chevalier qui rompt le premier ce silence, et qui s'exprime sur le ton d'enjouement qui lui est habituel.

— Savez-vous, mon frère, dit-il, que vous venez de commettre un véritable enlèvement, un rapt dans toutes les règles, à l'égard de ma personne? J'en suis encore tout étourdi. Vous m'apparaissez, vous m'entraînez, vous me forcez de monter en chaise de poste... et fouette cocher! Tout cela sans presque me dire un mot, sans me permettre de vous sauter au cou. D'honneur, je crois être le jouet d'un songe. Que n'attendiez-vous au moins jusqu'à demain matin?

— Demain matin vous ne seriez pas parti.

— C'est peut-être vrai.

— Et pourtant le séjour de Paris vous eût été dangereux au réveil. J'ai entendu murmurer autour de moi les mots de prison, de For-l'Evêque, à propos de votre escapade à l'Opéra. Vous avez des ennemis, Pierre.

— Des rivaux tout au plus.

— Ils auraient pu vous nuire, croyez-moi, et nous

avons bien fait de mettre quelques longueurs de poste entre eux et vous.

— C'est égal, mon frère, dit le chevalier, il a fallu toute votre autorité pour me décider à vous suivre.

— Vous avez agi sagement... une fois dans votre vie.

— Oh! ne faites pas trop honneur à ma sagesse de ce bon mouvement. J'ai cédé surtout au piquant et à l'imprévu de l'aventure. Tout m'intriguait et tout m'intrigue encore là-dedans : votre air de mystère, votre refus de me donner des explications...

— Je ne vous ai pas refusé des explications, Pierre, je les ai remises à plus tard.

— Alors, maintenant vous allez pouvoir me dire...

— Tout ce que vous voudrez.

— D'abord où allons-nous?

— A Arras.

— A Arras! s'écria le chevalier avec un soubresaut, dans notre famille?...

— Dans notre famille. N'êtes-vous pas content, Pierre, de revoir notre père, ce vieillard, qui demande tous les jours de vos nouvelles?

— Mon pauvre père! murmura le chevalier avec attendrissement; quel souvenir et quelle figure vous évoquez là! Voilà six ans que je n'ai contemplé ses traits nobles et doux, ses traits que vous me rappelez si bien, Hector! Voilà six ans que je n'ai serré ses mains vénérables! Comment oserai-je supporter sa vue après six ans d'ingratitude?

— Le cœur de notre père a des trésors d'indulgence.

— Ah! je vous en veux de me ramener à Arras! Je vous en veux de me remettre en face de mon remords! J'aurais dû me méfier davantage de vos projets.

— Paris vous est donc bien cher? dit le comte.

— Paris! répéta le chevalier.

Et il tomba dans une rêverie, d'où il sortit pour s'écrier avec un accent singulier :

— Eh bien! oui, j'aime Paris, et je sens bien que je suis rivé à lui pour la vie. Le pli est pris désormais. Paris m'a volé à la province, comme ces bohémiens qui font métier de voler les enfants. A présent, le bohémien Paris est devenu mon second père, et insensiblement j'ai fini par l'aimer, autrement que le premier, cela va sans dire, d'un amour composé moitié d'habitude et moitié de rancune. Paris est bon diable après tout, Paris est sans façon; il vous prend comme vous êtes, sans exiger de reconnaissance. Vive Paris! vive sa joie facile, sa gaieté toujours prête, son bonheur argent comptant!

— Donc, vous êtes heureux?

— Le sais-je? Je n'ai pas le temps de le savoir, à peine ai-je le temps de vivre.

Le comte reprit, comme en faisant un effort sur lui-même :

— Pardonnez à mes interrogatoires, Pierre. Il ne m'a guère été possible, dans l'unique journée que j'ai passée à votre recherche, de me rendre compte de votre existence à Paris. Pourtant, d'après ce que j'en ai entrevu, j'ai deviné plus de soucis, plus de tracas que vous ne voulez en avouer. Je ne vous parle pas de vos dettes, je n'ai aucune observation à vous adresser à ce sujet. La pension que vous fait notre père est insuffisante, je le comprends. Vous avez demandé des ressources au jeu... Ne vous en défendez pas, — ajouta-t-il en surprenant un mouvement du chevalier.

— Je ne me défends de rien, répondit vivement celui-ci; mon vice marche la tête haute. Mais ne dites pas de mal du jeu, Hector; c'est la reine des passions, et celle qui les résume toutes. Le jeu, c'est la guerre, c'est le commerce, avec leurs résultats immédiats, grâce à une carte relevée ou à un dé jeté.

— Le jeu, c'est le désordre, dit brusquement le comte.

Le front du chevalier se rembrunit; puis, secouant la tête, il essaya de sourire.

— J'attendais ce mot, dit-il avec amertume. C'est vrai, le désordre s'est peu à peu emparé de moi; peu à peu j'ai abandonné les solides et honnêtes sociétés que je devais à notre nom et aux relations paternelles. Que voulez-vous? Je n'ai pas consenti à m'ennuyer vertueusement. La curiosité m'a pris : j'ai regardé au-dessous de moi, et du salon je suis glissé au cabaret. Mais, dans ma chute, l'Opéra s'est trouvé comme intermédiaire. Paris et l'Opéra, tout est là pour moi maintenant.

— Et n'avez-vous jamais rêvé d'une autre existence?

Le chevalier le regarda fixement, et lui répondit :

— Si... quelquefois.

— Eh bien! dit le comte avec émotion, il en est temps encore, peut-être...

— Non; je ne suis apte à rien, je n'ai rien appris. S'il existait une armée véritable, je serais depuis longtemps dans ses rangs; mais traîner dans les antichambres un uniforme inutile, à quoi bon? Un emploi à la cour? une charge? Le moindre travail m'est odieux. Aussi je vous admire, vous, mon frère, je vous laisse soutenir seul l'honneur de notre blason, ce dont vous vous acquittez à merveille. Au milieu de cette époque épuisée, corrompue, vous avez su embrasser la seule carrière digne, non-seulement d'un gentilhomme, mais d'un homme : l'agriculture.

— Nous sommes plusieurs comme cela, dit le comte en souriant.

— Vous me montrerez vos fermes, vos prairies; vous

n'initierez à vos travaux, vous me présenterez vos paysans.

— De grand cœur, Pierre!
— Ce n'est pas tout, dit le chevalier.
— Quoi donc?
— Il me reste encore une chose à vous demander, celle par laquelle j'aurais dû commencer.
— Demandez, dit le comte.
— Qu'est-ce que nous allons faire à Arras?
— C'est juste. Vous venez à mes noces, Pierre.

Le chevalier fit un geste d'étonnement.

— Vous vous mariez, Hector?
— Oui. Cela vous surprend?
— Non, dit le chevalier après un moment de réflexion; seulement, je n'étais pas préparé à cette nouvelle, excusez-moi. J'avouerai même que je ne croyais pas vos idées tournées vers le mariage. Il me souvient de vous avoir entendu exprimer jadis des opinions entièrement opposées à votre détermination d'aujourd'hui.
— On se dément avec l'âge.
— Vous avez toujours été et vous serez toujours un homme raisonnable. Votre dessein a sans doute été longuement et profondément mûri. Et puis vous vous devez à notre famille, qui ne doit pas s'éteindre.
— Vous l'avez dit, Pierre, reprit vivement le comte; tel est là le principal, le seul mobile de mon mariage.
— Le seul? répéta le chevalier avec un accent d'inquiétude.
— Tout vous sera expliqué en temps et lieu, mon frère; quoi qu'il en soit, un acte de ma vie aussi important ne pouvait s'accomplir sans votre présence. Voilà pourquoi je suis allé vous arracher à Paris et à ses pompes.
— Que votre volonté soit faite! dit le chevalier en riant.

## IV

### ARRAS

On approchait d'Arras, et déjà le chevalier Pierre de Chantemesse, qui avait tant paru regretter Paris, manifestait un contentement qui croissait de relais en relais.

Il se penchait sans cesse à la portière pour reconnaître la campagne et désigner les villages.

Lorsqu'on entra dans le faubourg d'Amiens, il s'écria, les yeux humides :

— O ma bonne vieille ville d'Arras! Chère ville qui me semblait si grande, lorsque je n'en connaissais pas d'autres! Univers de mon enfance, je te revois donc!

Et ses souvenirs lui revenaient en foule; il nommait les rues, les places.

— Tout à l'heure, annonçait-il à son frère, nous allons passer devant le couvent des Ursulines... Au détour, c'est l'auberge du Cœur-Joyeux... Sa belle enseigne en fer existe-t-elle toujours?... Et le chapelier du coin? Et

la petite boutique de mercerie des demoiselles Minard?...
Voici le marché où j'accompagnais la servante Catherine... Mais, au fait, ma vieille Catherine?...

— Vous allez la retrouver, répondit le comte : vous retrouverez tout le monde, grâce à Dieu.

Le chevalier aperçut sur la grande place les innombrables pigeons dont l'espèce n'est pas encore perdue aujourd'hui. Il vit passer, fièrement campées sur des ânes les femmes d'Achicourt, avec leur *écorcheu* sur le dos et leur colinette sur la tête.

Son cœur ployait sous une joie enfantine.

Il salua successivement l'hôtel de M. de la Vacquerie, l'hôtel de Canettemont, l'hôtel d'Aoust.

Enfin, rue des Portes-Cochères, la voiture s'arrêta.

On était arrivé à l'hôtel de Chantemesse.

— Laissez-moi monter seul l'escalier... l'escalier à rampe de bois, dit le chevalier en s'élançant hors de la chaise de poste.

En haut de l'escalier il trouva son père qui l'attendait les bras ouverts.

C'était un de ces beaux vieillards aux longs cheveux blancs, comme Greuze en a mis dans ses toiles et Diderot dans ses drames.

— J'avais promis de vous le ramener, mon père, dit le comte, suivant de près.

Après les effusions qu'on devine, le chevalier voulut visiter l'hôtel du haut en bas. A chaque pièce, à chaque meuble, c'était une exclamation. Il s'arrêtait devant un portrait, ou un trumeau, ou un dessus de porte qui lui rappelait un monde d'impressions. Il s'asseyait dans les bergères à sujets; — ou bien il ouvrait précipitamment un secrétaire et respirait à pleines narines les odeurs intimes et pénétrantes qu'il y retrouvait.

Derrière lui se tenait la vieille servante Catherine, qui le regardait en riant et en pleurant.

Il coucha dans sa chambre de jeune homme, dont la fenêtre donnait sur la rue Saint-Jean-en-Ronville; mais, malgré de bons draps gros et frais, il ne put trouver le sommeil que fort tard. Il repassa son enfance, sa jeunesse, tous ces petits événements qui occupent une si grande place dans la vie.

Ce soir-là, Paris fut un peu oublié.

Le lendemain, de bonne heure, il fut réveillé par le comte.

— Comment avez-vous dormi, Pierre?

— Mal, bien mal, répondit le chevalier en souriant; je n'ai pas fermé l'œil de la nuit.

— Est-ce possible?

— Mais je ne m'en plains pas, au contraire.

— Vous savez que c'est aujourd'hui dimanche, reprit le comte.

— Non; mais puisque vous me le dites... C'est donc cela, ce bruit de cloches que j'ai entendu...

— Habillez-vous, Pierre, nous allons sortir ensemble.

— Où me conduisez-vous?

— A l'église Saint-Nicolas-sur-les-Fossés-et-du-Vivier.

— Chaque dimanche, en effet, j'allais y entendre la messe.

A son tour le comte sourit.

— Ce n'est pas uniquement pour vous faire entendre la messe que je vous emmène à Saint-Nicolas; c'est aussi pour vous faire rencontrer avec les parents de la jeune fille que je dois épouser, et avec cette jeune fille elle-même.

— Je serai bientôt prêt, dit le chevalier.

— M<sup>lle</sup> de Crespy appartient à une des plus anciennes et des plus honorables familles de l'Artois. Les Crespy ont été toujours liés d'amitié avec les Chantemesse.

— Les Crespy! s'écria Pierre, mais je me souviens d'eux parfaitement. Tout enfant, ma mère me conduisait dans leur hôtel, après vêpres; on se rangeait cérémonieusement en demi-cercle dans un grand salon tout rouge, et l'on causait à voix discrète en laissant venir la nuit, sans se presser d'allumer les lampes. Dieu! que je m'y suis ennuyé!

— Ce sont d'excellentes gens, d'une dévotion un peu outrée seulement.

— Les Crespy! je crois encore les voir... un homme sec, long, ridé, enfermé dans un habit raide comme une tapisserie.

— Le grand-père... Hugues-Perrin-Guillaume de Crespy.

— Puis une dame, un peu sourde, continua le chevalier.

— La mère.

— Et encore une autre vieille dame, très-aimable, très-gaie, mais ne remuant pas, celle-là, toujours dans un grand fauteuil.

— La tante Sidonie, dit le comte; une femme d'esprit, en effet, ayant voyagé, plus mondaine. Peste! quelle mémoire, mon frère! Et dans cette famille Crespy, ne voyez-vous pas d'autres visages encore?

— Attendez donc, reprit le chevalier; une petite fille de huit ou neuf ans, avec laquelle je jouais...

— M<sup>lle</sup> Marthe de Crespy.

— Marthe, c'est cela... une charmante enfant, toute vive, toute mignonne, toute...

— Ma future femme, dit le comte.

— Quoi! cette petite fille?...

— Cette petite fille est devenue une jeune fille. Marthe a dix-sept ans aujourd'hui. Vous la verrez tout à l'heure : c'est une personne d'une beauté remarquable et de l'esprit le mieux cultivé. Je serais étonné qu'elle ne vous plût pas.

— Elle me plaisait déjà beaucoup autrefois.

En descendant l'escalier, ils se croisèrent avec la vieille Catherine.

— Ecoute, Catherine, lui dit le chevalier, si tu veux bien me gâter comme autrefois, tu me feras aujourd'hui des *ratons* pour mon déjeuner.

Les *ratons* sont les crêpes d'Arras.

Les deux frères arrivèrent à l'église Saint-Nicolas-sur-les-Fossés-et-du-Vivier, aujourd'hui l'église Saint-Jean-Baptiste.

Ils y avaient été précédés par la famille Crespy au grand complet, y compris leurs domestiques.

Les Chantemesse prirent place à leur banc, du côté opposé à celui des Crespy.

Pas un salut, pas un regard ne fut échangé pendant l'office divin.....

La présentation eut lieu solennellement au sortir de la messe, sous le portail, au milieu de la foule qui s'écoulait.

Le chevalier reconnut M. Hugues-Perrin-Guillaume de Crespy tel qu'il l'avait laissé, toujours sec et long, dans son même large habit de tapisserie.

— Il a, ma foi, tout à fait bel air, murmura le grand vieillard à l'oreille du comte, mais il semble un peu pâle.

— La fatigue du voyage...

— Eh quoi! c'est le petit Pierre! s'écria M$^{me}$ de Crespy; laissez donc qu'on vous voie, mon cher enfant... Comme il ressemble à sa défunte mère!

— Vous étiez l'amie de ma mère, madame, dit le chevalier avec sensibilité. Oh! combien je serai heureux de pouvoir parler d'elle avec vous! Vous me le permettrez souvent, n'est-ce pas?

— Qu'est-ce qu'il dit? demanda Mme de Crespy, dont nous avons mentionné la surdité.

Son mari lui répéta la phrase du chevalier.

— J'avais bien entendu, répliqua-t-elle, selon un de ses tics accoutumés.

Mlle Marthe ne disait rien et n'avait rien à dire, mais elle n'avait pas été la dernière à regarder le chevalier.

Le comte n'avait pas menti en parlant de sa beauté : Marthe de Crespy était ravissante; taille élancée, visage d'un ovale parfait, grands yeux noirs, bouche expressive.

Pierre de Chantemesse qui s'y connaissait, en fut ébloui.

Et malgré lui, en comparant l'âge de la jeune fille avec celui de son frère, il ne pouvait s'empêcher de trouver la disproportion trop visible. Mais il garda ses réflexions pour lui.

La présentation terminée, M. de Crespy dit aux deux frères, aussi gracieusement que son air sec et ridé le lui permettait :

— Ces messieurs nous feront sans doute l'honneur de pousser jusqu'à notre hôtel; notre chère tante Sidonie, que sa cruelle maladie empêche de sortir, sera enchantée de revoir le chevalier de Chantemesse.

Puis, se tournant vers un laquais tout de noir vêtu :

— Damiens, dit-il, précédez-nous à l'hôtel de Crespy et portez-y nos livres de messe.

Ce Damiens n'entendit pas l'ordre qui lui était donné.

Ses yeux étaient fixés sur MM. de Chantemesse et allaient de l'un à l'autre avec une indéfinissable curiosité.

— Damiens! s'écria M. de Crespy avec impatience.

Le laquais sembla sortir d'un rêve et se fit répéter ses instructions.

— Dans une heure, ajouta sévèrement M. de Crespy, vous viendrez dans mon cabinet; j'ai à vous parler.

Damiens s'inclina et s'éloigna.

— Qu'est-ce que vous disiez donc à ce garçon? demanda Mme de Crespy.

— Rien. Ce Damiens a des allures ténébreuses, et je veux lui donner son congé.

## V

### LA TANTE SIDONIE

La tante Sidonie!
Une figure qu'il faut esquisser et qui appartient bien à son époque.

Au physique c'était Scarron en jupons ; comme lui, elle était paralytique et vivait depuis plusieurs années clouée sur un fauteuil de douleur, après avoir été la femme la plus active, la plus remuante, la plus sémillante qui se pût voir.

La tante Sidonie n'avait pas toujours habité Arras ; on s'en apercevait bien, — et elle tenait à ce qu'on s'en aperçût.

Mariée à M. de Labourdois, un maître des requêtes que les devoirs de sa charge appelaient à Paris, elle avait passé son *bel âge* dans la capitale, et la chronique prétendait qu'elle ne l'y avait pas précisément employé aux soins exclusifs du ménage.

Elle avait eu un salon, ou plutôt une ruelle, et dans cette ruelle elle avait reçu une partie de la société évaporée d'alors : beaux esprits, femmes répandues, poètes à la mode, officiers faisant de la tapisserie, abbés faisant des madrigaux.

Une des relations dont la tante Sidonie aimait le plus à se vanter, était la belle M<sup>me</sup> d'Étioles, devenue plus tard la marquise de Pompadour. Ce nom revenait souvent et à tout propos dans sa conversation : c'était sa chère d'Étioles par ci, son excellente marquise par là. Elle ne cessait de vanter son crédit auprès d'elle ; et, de fait, on citait à Arras deux ou trois personnes auxquelles sa recommandation n'avait pas été inutile.

Cela aurait été pour le mieux, si malheureusement la tante Sidonie, poussant jusqu'à l'extrême le culte des souvenirs, n'eût partagé l'indépendance de sentiment de son illustre amie. Elle avait des idées excessivement commodes sur la morale, et elle ne se gênait pas pour les exprimer avec une liberté de langage qui sentait son Œil-de-Bœuf d'une lieue.

Cela faisait frémir le sévère M. de Crespy. Quant à M<sup>me</sup> de Crespy, elle n'entendait pas, comme on sait.

Quoique impotente, la tante Sidonie jouissait d'une réputation détestable dans Arras. Il est vrai que les domestiques ne se faisaient pas faute de colporter ses saillies pour se venger d'elle ; car une des nuances du caractère de la tante Sidonie était d'être insupportable à ses gens. Sans pouvoir bouger de place, elle trouvait le moyen de les occuper continuellement et de se rappeler sans relâche à eux, soit par le bruit de sa sonnette, soit par les éclats de sa voix. Étaient-ils à ses côtés, elle réveillait encore leur zèle en les frappant d'une béquille à bec d'or.

Cette béquille jouait un rôle énorme dans la vie de la tante Sidonie. Personne n'échappait à cette béquille : terrible pour les domestiques, elle était caressante pour les visiteurs. On se félicitait d'un petit coup amical de la béquille de la tante Sidonie, comme d'une bonne fortune.

Cette béquille était un baromètre pour tout le monde; il n'était pas rare d'entendre dire :

— La béquille de la tante Sidonie est au beau temps.

Ou bien :

— Il y aura de l'orage; entendez-vous la béquille de la tante Sidonie?

Cette fée oisive et désolée de son oisiveté, cette M⁰ᵉ Pernelle assise, était donc sans autorité dans l'hôtel de Crespy qu'elle aurait tant voulu gouverner.

Ses doctrines légères venaient échouer contre la dévotion du grand-père, et ses criailleries contre la surdité de la mère.

Dans ces circonstances, la tante Sidonie avait résolu de tourner toute son influence vers sa nièce Marthe de Crespy.

Elle eut bon marché de cette âme neuve, à qui elle ne cessait de parler de la cour et de montrer Paris dans un mirage.

— Tu n'es pas faite pour végéter dans cette maussade ville d'Arras, lui répétait-elle constamment. Quand on est belle, on se doit au monde; c'était l'opinion de ma chère d'Etioles, et c'est aussi la mienne. Tu as la taille et la démarche de Châteauroux, avec quelque chose de plus piquant dans le port de tête. Et ces précieux avantages resteraient ensevelis au fond d'une triste province? Non, non! cela ne sera pas, mille fois non!

Et la béquille de retentir sur le parquet.

Depuis quelques jours la tante Sidonie affectait de grands airs de mystère.

La veille de l'arrivée à Arras du chevalier de Chantemesse, elle fit mander Marthe.

— Approche, petite, lui dit-elle; mais auparavant examine si les portes sont bien closes, car il ne faut pas qu'on puisse entendre notre conversation.

— De quoi s'agit-il donc, ma tante?

— D'un secret... d'un secret des plus importants.

— Quel bonheur!

— Es-tu discrète, au moins?

— Oh! ma tante!

— Eh! mon Dieu, je l'étais si peu à ton âge!

— Mais moi, c'est autre chose, dit étourdiment la jeune fille.

— Je te remercie du compliment.

Marthe, un peu confuse, s'assit aux pieds de la tante Sidonie, sur un tabouret fort bas.

— Parlez en toute confiance, ma tante; parlez vite!

— Eh bien! j'ai écrit pour toi, il y a quelques jours, à mon amie la marquise.

— A M<sup>me</sup> de Pompadour? s'écria Marthe.

— Oui, mignonne.

— Vous lui avez écrit? Et qu'avez-vous pu lui dire de moi, ma tante?

— Tout le bien possible, chérie; j'ai vanté ta grâce, ton élégance, ta physionomie...

— Y pensez-vous, ma tante? s'écrie Marthe dont un flot de rougeur inonda soudainement le visage.

— Je t'ai recommandée à elle, je veux qu'elle s'occupe de ton avenir.

— Mais que peut pour moi M<sup>me</sup> la marquise de Pompadour?

— Comment, ce qu'elle peut? Tout! Ne sais-tu donc pas...

La tante Sidonie s'interrompit en s'apercevant de son inconséquence.

— Tu ferais une excellente dame d'honneur, reprit-elle.

— Et mon mari? objecta Marthe.
— On ferait de lui autre chose.
— Mon grand-père est-il instruit de votre démarche?
— Non, ton grand-père est un bon homme, mais imbu de préjugés gothiques. Nous attendrons pour lui en parler que la marquise m'ait répondu.
— Si elle ne répondait pas?
— Sois tranquille, petite.
— Mais cependant...
— Elle répondra.

Cette conversation a dû suffire pour faire connaître à nos lecteurs le caractère de la tante Sidonie.

Ils comprendront qu'en raison de ses principes elle ne s'inquiétât que médiocrement du mari qu'on destinait à sa nièce. M. de Chantemesse ou un autre, peu lui importait. Elle ne voyait dans un époux qu'un nom, plus ou moins honorable, et qu'un prétexte à l'émancipation de Marthe. Aussi fit-elle un excellent accueil au comte et au chevalier. Elle savait être infiniment aimable dès qu'elle le voulait, comme toutes les vieilles femmes de ce temps-là. Les deux frères se retirèrent enchantés, séduits; et le comte, en particulier, crut fermement avoir trouvé une alliée en elle. Après leur départ, la tante Sidonie attira Marthe vers son fauteuil, et lui dit :

— Ces Chantemesse sont décidément des gens fort bien élevés, n'est-ce pas, petite?
— Oui, ma tante.
— Tout examiné, tu auras dans le comte un mari du meilleur ton et, je crois, plein de cette réserve que nous savons tant apprécier, nous autres femmes de cour.

La jeune fille garda le silence.

— Néanmoins, continua la tante Sidonie, si j'avais une préférence, il me semble qu'elle serait pour le chevalier. Et toi, Marthe?

## VI

### MAÎTRE ET VALET

M. de Crespy s'étant rappelé qu'il avait quelque chose à dire à son laquais Damiens, sonna pour qu'on le fît venir.

Damiens se présenta sur-le-champ et se tint debout dans un angle de la chambre en attendant les ordres de M. de Crespy.

Celui-ci s'assit à son secrétaire, mit ses lunettes, attira à lui un cahier et aligna quelques chiffres.

Puis il prit dans un tiroir de l'argent qu'il compta et étala.

— Approchez, dit-il à Damiens; voilà quarante livres trente sols huit deniers, qui vous reviennent sur vos trois mois de gages. Comptez.

La figure de Damiens exprima la stupéfaction.

— Monsieur me renvoie donc? dit-il.

— Le mariage de ma fille me permet de diminuer le personnel de ma maison, répondit M. de Crespy.

— Ce mariage n'est cependant pas encore fait, objecta Damiens.

— Que voulez-vous dire?

— Je veux dire que monsieur cherche un prétexte pour me renvoyer.

— Et quand cela serait?

— Dans ce cas, je me permettrais de lui demander en quoi mon service lui a déplu.

M. de Crespy demeura muet.

— Y a-t-il quelque chose à reprendre sur ma moralité? continua Damiens.

— Non.

— Mes habitudes religieuses sont connues.

— Je le sais, dit M. de Crespy; vous m'avez été recommandé par des personnes en qui j'ai toute confiance.

— Alors, pourquoi me renvoyer?

— Ecoutez, Damiens, dit-il, je vais vous parler avec franchise. Je vous crois un brave garçon, mais vous êtes un singulier homme. Vous êtes tantôt sombre et taciturne, tantôt violent et exalté. La nuit on vous entend parler seul dans votre chambre. On dirait que vous ne vous appartenez pas, que vous obéissez à des voix secrètes. Parfois vous semblez ne plus être à cette terre; votre regard erre dans le vide, et l'on ne saurait obtenir une parole de vous. D'autres fois, au contraire, par un revirement subit, vous prenez un intérêt extraordinaire, minutieux, indiscret, à ce qui se passe près de vous; vous devenez questionneur, et l'on a grand'peine à vous éloigner. Ce n'est pas tout. Vous avez des habitudes sinistres : au moindre symptôme de malaise, vous vous faites saigner sur-le-champ. L'autre matin, on vous a trouvé dans votre chambre étendu sans connaissance, votre appareil arraché. Le sang avait coulé par dessous la porte. Je vous le dis : ces manières inquiétantes chez le premier venu, ne sont pas supportables dans un valet. Voilà pourquoi je suis forcé de renoncer à vos services, si honnêtes et loyaux qu'ils aient été jusqu'à présent.

Damiens avait prêté la plus grande attention à cette harangue.

Il se contenta de dire, lorsque M. de Crespy eut fini de parler :

— Je n'ai jamais eu de bonheur !

— Vous trouverez facilement une place aussi lucrative que celle-ci, ajouta M. de Crespy avec sollicitude; les personnes pieuses qui vous ont adressé à moi ne refuseront pas de vous adresser à d'autres.

Damiens eut un geste d'antipathie qui ne fut pas remarqué de son interlocuteur.

— Et tenez, reprit M. de Crespy, notre voisin M. de Robespierre, l'avocat de la rue des Rapporteurs, a précisément besoin d'un domestique. Présentez-vous.

Damiens demeurait les yeux fixés au plancher, immobile, sans mot dire.

— Terminons, fit M. de Crespy en poussant son argent vers lui; s'il n'y avait que moi, je vous garderais probablement, mais je dois avoir égard aux observations des miens... et je ne vous cacherai pas que vous déplaisez à M<sup>me</sup> Sidonie.

— Ah !

Il y eut dans cette exclamation de Damiens un mélange d'amertume et de raillerie.

— Je déplais à M<sup>me</sup> Sidonie ?... Cela ne me surprend pas. Je n'ai pas un caractère assez joyeux pour elle; je ne sais pas applaudir, comme elle le voudrait, à ses sarcasmes philosophiques.

Damiens savait qu'il touchait juste en éveillant cette corde.

Aussi M. de Crespy devint-il soucieux.

Damiens continua :

— Je ne peux m'empêcher d'être chagrin en voyant M<sup>lle</sup> Marthe obligée d'entendre tout le jour les récits de la jeunesse et du bon temps de M<sup>me</sup> Sidonie.

— Damiens !

— Eh ! monsieur, convenez vous-même qu'il n'y a que du danger pour une jeune fille à laisser pénétrer dans son esprit ces sornettes et ces idées galantes.

— Je connais les faiblesses de M<sup>me</sup> Sidonie, mais je ne les exagère pas autant que vous.

— Prenez garde, dit Damiens, prenez garde pour M<sup>lle</sup> Marthe ! Ne méprisez pas les avertissements d'un humble valet.

— Cet humble valet s'occupe beaucoup trop de ce qui ne le regarde pas.

— Comment pouvez-vous faire un crime à un serviteur de l'intérêt qu'il porte à ses maîtres ?

— A vous entendre, il y aurait toujours quelque péril suspendu sur nos têtes.

— Eh bien ! oui, s'écria Damiens ; oui, je sens un danger autour de vous ; quelque chose me dit qu'il s'avance, qu'il est proche...

— Allons, dit M. de Crespy, vous êtes un visionnaire.

— Un visionnaire, oui ! Il faut écouter les visionnaires.

— Assez.

— Croyez-moi, ce danger existe, il est quelque part ; essayez au moins de le conjurer.

— Comment cela ?

— En me gardant encore quelque temps à l'hôtel ; je ferai bonne garde, soyez-en certain, s'écria Damiens.

— Je vous répète qu'il n'y faut pas songer ; vous déplaisez à M$^{me}$ Sidonie... et sans doute aussi à M$^{lle}$ Marthe.

Damiens tressaillit.

— Oh ! cela ne peut pas être, s'écria-t-il ; cela serait trop injuste !

— Et pourquoi donc, s'il vous plaît ? demanda M. de Crespy.

— Parce qu'il est impossible d'environner à distance M$^{lle}$ Marthe de plus de respect, de plus de prévenances que je ne le fais.

— Eh ! justement, ce sont ces soins de chaque instant qui l'importunent, qui la fatiguent.

— Je n'ai jamais cru remarquer cette impression désobligeante chez mademoiselle.

— Parce que Marthe est une enfant timide, qui ne voudrait être la cause d'aucun reproche pour ceux qui l'entourent... Mais sa tante l'a bien remarqué, elle.

— Toujours M$^{me}$ Sidonie ! murmura Damiens entre ses dents.

— Vous voyez que la situation n'est pas possible, continua M. de Crespy ; mes domestiques eux-mêmes confessent pour vous une répulsion... irraisonnable, je le veux bien, mais réelle.

Damiens paraissait anéanti.

— Vous ne pouvez pas me renvoyer immédiatement, dit-il ; accordez-moi quelques jours.

— Soit ; demain, après-demain.

— Laissez-moi rester jusqu'au mariage de M$^{lle}$ Marthe.

— Ah ! oui, le prétendu danger... Je suis bien bon, en vérité, de prêter l'oreille à vos imaginations.

— Je vous en supplie ! au nom de tout ce qui vous est cher ! s'écria Damiens.

M. de Crespy fut ébranlé à la fin par cet accent de conviction.

— Eh bien ! dit-il après un silence, restez jusqu'à la fin de la semaine.

— Oh ! merci, monsieur, merci ! dit Damiens.

M. de Crespy le congédia d'un signe.

En passant devant l'appartement de la tante Sidonie, Damiens l'entendit qui s'escrimait de sa béquille.

— Ah ! je déplais à la tante Sidonie ! répéta-t-il ; j'espère, d'ici à peu de temps, lui déplaire bien davantage.

## VII

### HISTOIRE D'UN HOMME DU PEUPLE AU DIX-HUITIÈME SIÈCLE

Damiens ne croyait pas prophétiser si juste, — et surtout à si courte distance.

Le même jour, il devait voir se réaliser une partie de ses pressentiments.

Il occupait sur le derrière de l'hôtel de Crespy une chambre située précisément au-dessus de celle de Mlle Marthe.

L'une et l'autre de ces chambres donnaient sur un maigre jardin, précédant une petite ruelle, — peu et mal habitée.

Son service achevé, Damiens remontait dans sa chambre, le plus souvent sans lumière.

De la lumière, à quoi bon?

Pour y contempler sa triste image reproduite dans un triste miroir?

Pour y lire? Il ne se plaisait pas à la lecture.

Lorsqu'on était dans la belle saison, comme à l'époque où se passe ce récit, Damiens ouvrait sa fenêtre toute grande, et, assis devant le ciel brillamment constellé, le coude au genou, il songeait.

Il songeait, comme nous avons vu songer le chevalier de Chantemesse, à son enfance et à sa jeunesse.

Mais sa jeunesse et son enfance à lui, l'homme des derniers échelons de la société, étaient bien différentes de celles du gentilhomme.

— Je n'ai jamais eu de bonheur! s'était écrié douloureusement Damiens lors de son entretien avec M. de Crespy.

Et, dans la récapitulation de son existence, il n'y avait place que pour la rancune et le désespoir.

Voulez-vous que nous fassions après lui cette récapitulation pleine d'enseignements? C'est une occasion unique, car le dix-huitième siècle si riche en renseignements de toute sorte sur ses grands seigneurs, sur ses hommes d'Etat, sur ses artistes, sur ses courtisanes, se tait absolument dès qu'il s'agit de ses hommes du peuple.

Damiens est le seul homme du peuple dont la biographie éclate, — le seul dont on ait compté les pas, depuis le berceau jusqu'à la tombe, retrouvé les paroles, commenté les relations, décrit les vêtements, analysé la constitution, scruté les sentiments. Jamais rien d'aussi complet n'a été fait pour aucun génie.

Une existence inouïe que celle de ce Damiens, fourmillante de petits faits, basse, emmêlée, courageuse.

Il naquit au hameau de la Tieuloy, dépendant de la paroisse de Monchy-le-Breton, sur le diocèse d'Arras, à une lieue et demie de Saint-Pol, dans la province d'Artois. Par exemple, il ne savait pas bien en quelle année il était né, et à vrai dire cela lui était bien égal. Mais rassurez-vous, on le saura pour lui; on ira chercher son extrait baptistaire, et on lui apprendra qu'il est venu au monde et à la souffrance le 9 janvier 1715.

Robert-François Damiens était le troisième de dix enfants, comme dans les terribles contes de Perrault. Son père était *ménager* dans une ferme, après avoir été fermier lui-même. Dès que le petit Robert fut bon à quelque chose, on le mit à la terre, comme ses frères et sœurs; mais le petit Robert était déjà un mauvais sujet. Les gens du village l'avaient surnommé Robert *le diale*, ce qui est la manière de prononcer le *diable* en Artois. Tous ceux qui s'appellent Robert ont été plus ou moins surnommés Robert-le-Diable.

On aurait pu peut-être redresser le caractère de Damiens enfant. Son père l'essaya, à ce qu'il paraît, mais son père avait des moyens trop inusités : il le « pendait par les pieds. » Ce bon père n'avait sans doute pas le temps de procéder par la persuasion; les moments sont comptés au village. Faire de la morale, c'est bien vite dit; où le père de Damiens aurait-il été prendre cette morale? Est-ce qu'on lui en avait fait à lui?

Robert se lassa d'être pendu : à treize ans il entra chez un sieur Petit, qui le prit pour mener le *binon*. Je ne sais pas ce que c'est. Il perdit sa mère. A seize ans, on ne lui avait pas encore appris à lire et à écrire. Un beau jour, Robert voulut voir du pays : il avait un grand oncle marchand de grains à Béthune, sur le quai, Jacques Guillemant. Robert fit son paquet et arriva chez son oncle. Le père Guillemant était un brave homme, paraît-il. Il mit un alphabet entre les mains de son neveu; il n'aurait tenu qu'à Robert de pousser son éducation plus loin; le marchand de grains était disposé à tout. Mais la vocation n'y était pas; Robert avait envie d'un état : il demeura quelque temps en apprentissage chez un serrurier.

A ce moment de sa vie, on voit apparaître un religieux. Ce religieux s'appelait M. Mouton, tout simplement, et appartenait à l'abbaye de Saint-Waast. M. Mouton connaissait la famille Damiens; il s'intéressa à Robert et le fit placer dans son abbaye, en qualité de domestique, bien entendu. Mais Robert ne s'accommoda pas de l'atmosphère du cloître; les conseils du bon M. Mouton furent impuissants à le retenir.

Nous retrouvons Robert Damiens... devinez où? au siége de Philisbourg. Il y a suivi un capitaine suisse de la compagnie de M. Fifre. Robert assiste à la campagne en amateur, car il n'est pas soldat; ce n'est toujours qu'un simple valet. Valet de laboureur, valet d'ecclésiastique, valet d'officier, trois transformations bien accusées. Si changeant qu'on l'ait fait et qu'il était réellement, il n'en resta pas moins plusieurs années avec son capitaine. Après quoi, il demanda son congé, qui lui fut accordé en bonne forme. Il souffrait des fièvres et commençait déjà à user immodérément de la saignée.

Il manquait à Damiens de connaître Paris. Paris est fait surtout pour cette classe d'agités. Cette grande vase leur va mieux que les petits ruisseaux; ils s'y jettent éperdument. Damiens, le jeune paysan de la Tieuloy, Damiens le mauvais sujet, Damiens Robert-le-*Diale*, fit pour la première fois, vers 1734, son entrée dans sa bonne ville de Paris. Et Paris n'eut soupçon de rien; Paris laissa tranquillement entrer Damiens, en lui disant par la voix de ses faubourgs bruyants et joyeux : Sois le bien venu!

Damiens était, entre parenthèse, assez mal pourvu en hardes et en monnaie; mais il ne s'en inquiétait pas outre mesure. M. Mouton lui avait donné une recette pour se tirer d'affaire.

Deux ou trois jours après son arrivée à Paris, Damiens allait tout droit frapper à la porte des jésuites du collége de Louis-le-Grand, qui l'admirent sans difficulté comme valet de réfectoire. Il demeura cinq ou six ans chez eux; c'est à ce long séjour qu'il est permis d'attribuer le développement de sa misanthropie, à ces grands murs glacés, à ces fenêtres garnies d'épais barreaux, à ces salles silencieuses, à cette discipline sévère. Un jour que quelqu'un s'étonnait de sa docilité à accepter la vie jésuitique :

— Bah! répondit Damiens avec une indifférence vraie ou feinte, autant manger de ce pain-là que d'un autre!

Manger du pain! tout était là pour lui. Ils étaient, et ils sont encore aujourd'hui beaucoup comme cela qui se contenteraient de manger du pain, rien que du pain. A cette condition ils vivraient honnêtes et resteraient tranquilles. Mais le pain n'est pas fait pour tout le monde; il faut en prendre son parti. Damiens mangea pendant cinq ou six ans; — et qui sait si ce n'est pas ce pain-là qui devait lui donner plus tard une indigestion de révolte!

Il quitta définitivement les jésuites pour se marier. Oui, se marier. Les malheureux ont de ces idées autant que les autres, plus que les autres. Ecoutez donc, Damiens avait vingt-quatre ans. Jusqu'à présent vous ne vous étiez pas aperçu qu'il eût un cœur; il est vrai qu'il l'avait bien caché. Jusqu'à vingt-quatre ans, rien n'avait jamais transpiré de ses amours, en supposant qu'il ait eu des amours, ni même de ses amourettes. On a découvert tous ses maîtres, depuis le premier jusqu'au dernier, — on verra tout à l'heure si la liste en est longue, — et l'on n'a pas découvert une de ses maîtresses. On a fouillé sa vie entière, on n'y a pas trouvé un libertin.

Le jour où il aima une femme, il l'épousa. Cette femme était une femme de sa classe, humble et douce, qui servait auprès de la comtesse de Crussol, cloître Saint-Etienne-des-Grès. Elle avait nom Elisabeth Molérienne, et elle était Lorraine. Le mariage fut célébré à l'église Saint-Benoît. Célébré!

Je ne sais comment vécut ce modeste ménage. Dieu fit-il tomber un rayon d'amour sur ces deux créatures disgraciées? Je ne me suis engagé à raconter qu'une seule existence. Sorti de chez les jésuites, Damiens ne parvint jamais complétement à se fixer. On a dressé une nomenclature de toutes les maisons par où il a passé, depuis 1734 jusqu'en 1755. C'est prodigieux, c'est incroyable.

On le voit successivement chez le comte de Bouville, officier de gendarmerie, rue du Temple; chez M. Boulanger, conseiller au parlement, rue du Paradis; chez M. Séguier, autre conseiller, rue Saint-Antoine; chez M. Dumetz de Ferrière; chez le comte de Raymond, qui l'emmène en Bavière; chez M. Dupré de la Grange, conseiller au parlement; chez M. de Bèze de Lys, encore un conseiller, rue des Maçons; chez le comte de Maridor, grand sénéchal du Maine; chez M. Lepaige, officier de madame la Dauphine; chez la maréchale de Montmorency, rue Jacob; chez madame Verneuil ou de Sainte-Reuse, rue Grange-Batelière.

Celle-ci mérite une mention particulière. C'était la femme d'un commis de Versailles et la maîtresse du marquis de Marigny. Dans tous les cas, elle pouvait passer pour une dame certainement folâtre, et ce n'est pas elle qui aurait été en droit de se plaindre de Damiens. Tout au contraire. Elle employait son temps à étudier les lignes de la main de son domestique, et elle partait de là pour lui pronostiquer le plus déplaisant avenir.

— Tu seras rompu vif, mon pauvre garçon, lui disait-elle.

Et la servante aussi, faisant le rôle d'écho :

— Rompu vif! répétait M^lle Henriette Deuser.

Damiens, fort impressionnable, frissonnait à cet horoscope jusque dans la moelle des os.

Mᵐᵉ de Sainte-Reuse ne s'en tint pas à ses expériences de chiromancie. Elle possédait à fond son Grand et son Petit-Albert; elle tenta une épreuve d'un autre genre. Du haut de l'escalier, elle jeta elle-même un panier de bûches; puis elle obligea Damiens à aller les compter. Le compte fait, elle lui dit :

— Tu ne seras pas seulement rompu vif; tu seras brûlé par-dessus le marché.

— Oui, brûlé! répéta la servante Henriette.

Il n'y a pas lieu d'être surpris que Damiens ait quitté cette maison, en conséquence du peu d'agrément qu'il y avait. Le surprenant est qu'il y soit resté pendant six mois. On a prétendu que le lendemain de son départ il s'était vengé à sa manière en lançant des pierres dans les fenêtres de Mᵐᵉ de Sainte-Reuse et dans celles de sa soubrette.

Toutefois est-il qu'il demeura toujours frappé par cette prédiction, et qu'on l'entendit souvent répéter :

— Mˡˡᵉ Henriette a raison, je serai brûlé vif...

Il a été reconnu que dans toutes ces conditions c'était toujours Damiens qui s'en allait de son plein gré, parce que cela lui plaisait, pour un motif ou pour un autre, par la porte librement ouverte, et quelquefois sans réclamer ses gages. Je ne nie pas l'étrangeté de cette dernière assertion. De l'aveu de tout le monde, il servait avec intelligence.

Il lui arriva encore de recourir aux jésuites. Ce fut pour entrer chez M. de la Bourdonnaye, l'ex-gouverneur de Pondichéry. Le père Launay le recommanda. Peut-être Damiens se serait-il attaché à ce nouveau maître, qui était facile à servir, mais la mort surprit M. de la Bourdonnaye. Damiens eut part au partage de sa garde-robe.

Qu'ajouterai-je? On a évalué à plus de soixante le nombre de places qu'il fit. La dernière paraît avoir été la cause déterminante de tous ses malheurs. Mû par une mauvaise inspiration, il se présenta sous le nom de Flamand chez un commerçant de la rue des Bourdonnais, le sieur Michel. Deux jours après, sans prévenir personne, après une visite secrète à sa femme, Damiens, — je me trompe, Flamand, — demandait des chevaux de poste et ne s'arrêtait qu'à Arras.

Quels étaient les motifs de cette fuite? Ils étaient graves, très-graves. On me permettra de ne pas encore les révéler.

A Arras, Flamand était redevenu Damiens.

Sous son véritable nom, il avait été accepté par M. de Crespy, chez qui nous le voyons en ce moment installé depuis trois mois, — mais sur le point d'en partir, toujours grâce à sa maligne étoile.

Il avait alors quarante ans environ. C'était un homme de plus de cinq pieds cinq pouces, le visage allongé, le nez proéminent, aux ailes minces, la bouche enfoncée, mais le regard hardi et perçant. La peau était blanche sous le teint monté en couleurs. Cette effervescence de sang le désolait, et il n'était occupé qu'à la calmer. L'habitude qu'il avait de parler seul lui avait fait contracter un tic des mâchoires qui rendait son élocution embarrassée, diffuse. Les cheveux bruns, longs et plats. Aucune particularité dans la démarche, rien de ce qui sort un homme de la foule. En résumé, plus d'hypocondrie que d'hypocrisie.

Depuis trois mois, Damiens, — quoique fort inquiet au sujet de l'événement mystérieux qui avait précipité son départ de Paris, — avait conçu une profonde et respectueuse affection pour M$^{lle}$ de Crespy. Jean-Jacques Rousseau aura la gloire éternelle d'avoir décrit le premier ces muettes admirations des hommes du peuple ; rappelez-vous, alors qu'il était, lui aussi, domestique à Turin, son timide penchant pour M¹¹ᵉ de Breil : « A table, dit Jean-Jacques, je cherchais dans ses yeux ce qu'elle allait demander, j'épiais le moment de changer son assiette. Que n'aurais-je point fait pour qu'elle daignât m'ordonner quelque chose, me regarder, me dire un seul mot ! Mais point ; j'avais la mortification d'être nul pour elle ; elle ne s'apercevait pas même que j'étais là. »

Ainsi devait-il en être de Damiens aux yeux de M¹¹ᵉ de Crespy. Mais Damiens ne cherchait pas à attirer son attention : il lui suffisait de vivre auprès d'elle, de l'apercevoir.

On a vu comment perpétuellement inquiet, non-seulement pour lui, mais pour les autres, il était arrivé d'observations en observations, de déductions en déductions, à appréhender des dangers pour son idole, dangers non encore définis, mais soupçonnés, devinés. Je ne répondrais pas que dans sa sollicitude, et par un reste d'habitude empruntée au collège des jésuites, il n'eût maintes fois collé l'oreille à la porte de l'appartement de la tante Sidonie et surpris ses étranges confidences à sa nièce.

On conçoit que, s'il avait entendu celle de ce matin, ses craintes en eussent redoublé. De là, de cette impression récente, venait peut-être l'exaltation à laquelle il s'était laissé entraîner avec M. de Crespy.

Il allait être alarmé bien autrement par les circonstances extraordinaires qui devaient se produire le soir de ce même jour...

## VIII

### AU CLAIR DE LA LUNE

Ce soir-là, comme d'habitude, Damiens était remonté dans sa chambre.

Comme d'habitude aussi, Damiens n'alluma pas sa chandelle.

La nuit était superbe; la lune versait à pleins flots sa douce lumière dans le jardinet et dans la petite ruelle d'en face.

Damiens se mit à la fenêtre et s'abandonna à ses rêveries accoutumées.

Tout dormait dans Arras; un triple silence régnait sur les pignons de la vieille ville espagnole : — le silence de la province, le silence de la nuit, le silence de la lune.

Il n'était pas tard cependant : dix heures et demie à peine.

Vers onze heures, Damiens se disposait à fermer la croisée pour se livrer au sommeil, lorsque tout à coup il lui sembla entendre un bruit de pas dans la ruelle qu'il embrassait entièrement du haut de sa chambre.

Passé une certaine heure, personne ne s'y hasardait plus.

Damiens regarda.

Deux ombres venaient de s'engager dans cette ruelle; elles se dessinaient, dans la clarté lunaire, comme sur une feuille de papier blanc.

Elles marchaient avec une sorte d'indécision, en ombres qui ne sont pas sûres de leur chemin et qui semblent se consulter.

Damiens se rejeta dans un coin de sa chambre.

Bien lui en prit de n'avoir pas allumé de chandelle; il pouvait voir, et il n'était pas vu.

Les deux ombres, — il y en avait une grande et une petite, — s'arrêtèrent devant l'hôtel de Crespy.

Elles se communiquaient leurs réflexions, et il n'était pas besoin de les entendre parler pour les comprendre, tant leurs gestes se découpaient avec netteté sur la blancheur de la ruelle.

Le geste demandait :
— Est-ce ici ?
Un autre geste répondait :
— Oui.
— En es-tu bien certain? faisait une tête s'élevant.
— Parfaitement, faisait une tête s'abaissant.
— Sans doute cette fenêtre ?

Un doigt indiquait la seule fenêtre de l'hôtel qui fût restée éclairée : la fenêtre de M{$^{lle}$} Marthe. Les jeunes filles ne sont jamais pressées de s'endormir.

Têtes en l'air, les deux ombres s'immobilisèrent dans leur examen.

Damiens était immobile aussi.

Elles recommencèrent à s'animer, et leur dialogue redevint visible.

A des nuances assez accusées, on pouvait flairer une ombre-maître et une ombre-valet.

L'ombre-maître recula, revint sur ses pas, et se tournant vers l'autre :

— Il faudrait regarder par-dessus le mur.
— Oui.
— Mais le mur est plus haut que nous.
— N'est-ce que cela? fit l'ombre-valet, prêtez-moi votre dos.
— J'aime mieux que tu me prêtes le tien.

Le groupe se forma.

La grande ombre monta sur la petite ombre, qui était aussi une grosse ombre.

Elle s'éleva par-dessus le mur; mais elle s'y arrêta à mi-corps.

Retenue par les coudes, elle se contenta d'étudier les lieux.

— Qu'est-ce que cela veut dire? pensait Damiens; des voleurs?...

Avant d'admettre cette supposition vulgaire, il voulait au moins distinguer les traits du nocturne inspecteur.

Un mouvement opéré par celui-ci en détournant la tête, probablement pour communiquer ses observations à son compagnon, fit tomber sur ses traits un jet de lune.

— C'est bien, dit Damiens; maintenant je suis sûr de le reconnaître entre mille !

Il avait bien pensé à descendre prestement et à gagner la ruelle. Mais avant qu'il eût réussi à réveiller le suisse et à faire le tour de l'hôtel, les deux quidams pouvaient s'esquiver.

Il préféra demeurer à son poste.

L'ombre se laissa glisser au bout de quelques secondes.

Le groupe se défit; chacune d'elles se retrouva sur pied.

Elles échangèrent encore cinq ou six paroles; et elles reprirent le chemin par lequel elles étaient venues, non sans se retourner plusieurs fois.

— Oh! oh! murmura Damiens, voilà qui présage du nouveau.

Il se pencha inutilement pour les suivre du regard; le bruit léger de leurs pas s'éloigna peu à peu et se perdit tout à fait.

## IX

### QUEL DRÔLE DE PROCUREUR !

Avec la nature qu'on lui connaît, Damiens ne dormit pas de toute la nuit.

Le lendemain matin, il se rendit au bureau de la Poste, et sut qu'il était arrivé la veille deux inconnus, un grand et un petit.

Ces deux inconnus qui venaient de Paris, et à qui Arras semblait être absolument étranger, s'étaient informés immédiatement d'une hôtellerie.

On leur avait indiqué le Plat-d'Etain, sur la Grande-Place, comme la première et celle qui était exclusivement fréquentée par les voyageurs de distinction.

Mais ces deux inconnus, dont le train était assez modeste et qui paraissaient vouloir se dérober à l'attention, se rabattirent sur l'auberge des Trois-Agaches, rue des Agaches, à laquelle ils se firent conduire par un petit décrotteur stationnant ordinairement au coin du bureau de la Poste.

Damiens se dirigea vers l'auberge des Trois-Agaches,

dont le propriétaire était de ses connaissances. Il entra dans une salle basse qui était une salle commune.

Quelques hommes s'y trouvaient attablés, buvant de la bière.

— Tiens, monsieur Damiens! dit l'hôte en ôtant sa pipe d'entre ses dents; comment vous portez-vous aujourd'hui, et quel hasard de vous voir chez moi, monsieur Damiens?

Damiens était connu de tous les gens d'Arras; il comptait un grand nombre de parents dans la province.

Il répondit à peine au bonjour du cabaretier, et le tirant à part :

— Vous avez deux voyageurs arrivés d'hier? lui demanda-t-il.

— D'hier, à six heures.

— Un grand et un petit?

— Non, un gros et un maigre.

— C'est cela, dit Damiens; qu'est-ce qu'ils ont fait depuis leur arrivée?

— D'abord, ils ont soupé, et bien soupé, ma foi! le gros surtout.

— Le petit. Et puis?

— Ils sont allés se promener par la ville.

— Et ils sont rentrés à onze heures? continua Damiens.

— A onze heures, en effet.

— Mon cher monsieur Bultel, j'ai le plus grand intérêt à connaître ces deux individus. Savez-vous ce qu'ils sont et ce qu'ils font?

— Mon premier devoir est de demander leurs passeports à tous ceux qui logent chez moi, et mon second d'inscrire leurs noms, prénoms et professions sur mon livre d'hôtel.

— Voyons vite.

L'aubergiste des Trois-Agaches alla prendre un registre et fit lire à Damiens ces deux lignes :

« Hilaire-Justin Legentil, procureur à Versailles, 38 ans.

« Briasson, natif de Paris, domestique, 36 ans. »

— Un procureur et son domestique, dit Damiens.

— Le maître, c'est le maigre, fit observer l'hôtelier.

— Le grand. Où les avez-vous logés ?

— Au premier étage, dans la plus belle chambre.

Damiens réfléchissait. Il se demandait ce que pouvait bien faire un procureur sur un mur, à onze heures du soir, avec son domestique lui servant de courte échelle.

— M. Legentil ne doit pas être un procureur comme les autres, pensait-il.

— Est-ce là tout ce que vous voulez savoir ? dit l'hôtelier.

— Est-ce là tout ce que vous savez ? répliqua Damiens.

— Absolument tout.

— Merci donc, mon cher monsieur Bultel. A présent, faites-moi apporter de la bière.

— Avec grand plaisir, monsieur Damiens, et de la plus fraîche.

— Un mot : votre hôtel n'a pas d'autre sortie que celle-ci ?

— Non, dit M. Bultel.

— Très-bien ; alors je m'installe ici, à cette table, près de la porte.

— Pourquoi faire ? demanda l'aubergiste.

— Pour voir M. Legentil et son domestique lorsqu'ils descendront.

Ils ne tardèrent pas à descendre.

M. Legentil venait le premier, naturellement, en sa qualité de maître.

Briasson suivait à trois pas, en valet respectueux.

Tous les deux étaient vêtus simplement et correctement.

M. Legentil, une grande canne à la main, le visage composé, sévère, presque rogue, l'habit noir collé aux flancs, mine de corbeau et d'héritier, avait parfaitement l'air d'un procureur.

Peut-être même un regard exercé aurait-il trouvé qu'il avait trop l'air d'un procureur.

Briasson était court et vulgaire ; un domestique de l'école de Sancho.

Ils s'avancèrent vers l'hôtelier des Trois-Agaches, qui avait continué de s'entretenir avec Damiens.

Celui-ci devint attentif.

Il n'eut pas besoin de regarder deux fois M. Legentil pour reconnaître en lui son homme de la nuit précédente, le curieux dont un rayon de lune avait trahi les traits.

Mais son étonnement devint extrême lorsqu'il entendit M. Legentil prononcer les paroles suivantes :

— Monsieur notre hôte, vous connaissez sans doute parfaitement Arras?

— Parfaitement.

— Nous, nous ne l'avons vu encore que la nuit, en nous aidant des indications des passants, et ces indications sont un peu sorties de notre mémoire. Nous retrouverions difficilement notre chemin aujourd'hui. Voulez-vous me faire le plaisir de m'indiquer l'hôtel de M. de Crespy?

L'aubergiste jeta un coup d'œil à Damiens.

— L'hôtel de M. de Crespy? répéta l'aubergiste.

— Oui, répéta le procureur.

— Je vais avoir l'honneur de vous y conduire, monsieur, si vous voulez bien le permettre, dit Damiens.

M. Legentil s'inclina et accepta.

On sortit.

Le trajet fut employé à des banalités : le mauvais état du pavé à Arras, l'aspect original de certaines maisons, l'éloge du beffroi.

Enfin, Damiens se hasarda à dire :

— Ces messieurs arrivent de Versailles?

— Qu'est-ce qui vous le fait supposer? demanda M. Legentil avec étonnement.

— Oh! rien.

— Cela se voit peut-être à notre tournure, dit Briasson en riant.

— Je doute que vous vous plaisiez beaucoup à Arras... au cas où votre intention serait d'y rester quelques jours, reprit Damiens.

M. Legentil lui jeta un regard de travers et feignit de n'avoir pas entendu.

Ce fut encore le valet qui se chargea de répondre pour le maître.

— J'espère bien que nos affaires y seront promptement terminées, dit Briasson; je ne suis pas né pour la province, moi.

— Ah! vous avez des affaires à Arras? dit Damiens.

M. Legentil fit un signe de prudence à Briasson, qui retint sa langue.

Damiens ne se rebuta pas.

— Arras est une ville sans ressources, sans attrait, continua-t-il.

— Trop de bière, ajouta Briasson.

La conversation se maintint dans ces notes insignifiantes jusqu'à ce qu'on fût arrivé devant l'hôtel de Crespy.

Là, les trois hommes s'arrêtèrent.

— Je vous remercie d'avoir bien voulu nous accompagner jusque là, dit M. Legentil à Damiens, en soulevant à demi son chapeau.

— Bien obligé, camarade, dit Briasson en l'imitant.

— Cela n'en vaut pas la peine, répondit Damiens.

— Peut-être vous avons-nous dérangé de vos occupations, ajouta le procureur.

— Point.

— Ou tout au moins de votre chemin, ajouta Briasson.

— Mon chemin était le vôtre.

— Adieu donc, fit M. Legentil en soulevant le lourd marteau.

La porte roula sur ses gonds rouillés.

Au moment d'entrer avec son valet, M. Legentil se retourna, et vit Damiens toujours derrière lui.

— Vous restez? dit-il étonné.

— Non, répondit Damiens; j'entre avec vous.

— Pourquoi?

— Parce que je demeure à l'hôtel de Crespy, fit-il en souriant.

— Bah! s'écria M. Legentil.

— Comme cela se trouve! s'écria Briasson.

— Que ne le disiez-vous tout de suite? reprit le procureur.

— Vous ne m'avez rien demandé, dit Damiens.

— Ce n'est pas comme vous, murmura Briasson.

— Alors vous êtes en condition chez M. de Crespy? dit M. Legentil.

— Son valet de chambre... Mais entrez donc.

Un coup de sifflet du suisse annonça une visite, comme c'était l'usage.

Damiens précéda les deux voyageurs dans un vestibule, après leur avoir fait traverser la cour.

— Attendez-moi là, Briasson, dit M. Legentil à son domestique.

— Non, dit Damiens ; je vais vous conduire à l'office, camarade ; vous y serez mieux qu'ici.

— Voilà une bonne inspiration ! s'écria le gros valet tout joyeux.

— Briasson, comportez-vous avec la réserve dont je vous ai toujours donné l'exemple, dit M. Legentil.

Il paraît que Briasson était sujet à caution.

Lorsque Damiens revint vers le procureur, il lui demanda :

— Qui dois-je avoir l'honneur d'annoncer à M. de Crespy ?

— Ce n'est pas à M. de Crespy que j'ai à parler, dit le procureur.

— A qui donc ?

— Je suis porteur d'un message pour une de ses parentes qui demeure dans le même hôtel.

— Mme Sidonie de Labourdois ? prononça Damiens.

— De Labourdois, c'est cela.

— Cela ne me regarde plus ; je vais aller prévenir sa femme de chambre.

Cinq minutes après, M. Legentil était introduit chez la tante Sidonie.

Il y tombait en pleine bourrasque ; la béquille à bec d'or s'exerçait contre je ne sais plus quelle pauvre servante, qui avait cassé — ou failli casser — quelque chose en porcelaine.

— Buse ! pécore ! idiote ! que le ciel te brise à ton tour ! Voyez cette effrontée, si elle trouvera une parole d'excuse ou de regret ! Ce n'est pas ma chère amie du

Hausset qui t'aurait gardée à son service une seconde de plus après ce beau trait-là !

Puis, sans transition, tournant la tête vers l'homme maigre et grave qui venait d'entrer et qui demeurait immobile au milieu de la chambre :

— Qui êtes-vous ? que me voulez-vous ? faites vite, car vous voyez que j'étouffe de colère !

— J'attendrai que vous soyez remise, madame, dit tranquillement M. Legentil.

— Qu'est-ce qu'il dit ? s'écria la tante Sidonie. Que vient faire cet homme ? Je n'ai pas entendu. Qui êtes-vous, l'ami ?

M. Legentil ne se laissait pas aisément effaroucher.

Il salua, et dit :

— Avant de vous répondre, madame, je vous prie de vouloir bien faire retirer vos femmes. Les choses que j'ai à vous dire ne souffrent pas de témoins.

Le sang-froid du procureur imposa à la tante Sidonie, qui fit aux domestiques un geste de sa béquille en leur disant :

— Allez, mais ne vous éloignez pas.

La porte refermée :

— Parlez maintenant, dit-elle, nous sommes seuls ; à quoi bon ce mystère ?

— Madame, dit M. Legentil, je vous apporte la réponse de M$^{me}$ la marquise de Pompadour à la lettre que vous lui avez écrite dernièrement.

La tante Sidonie laissa échapper une exclamation de joie.

— J'en étais sûre ! s'écria-t-elle ! Quand je disais ! Donnez, monsieur, donnez !

Ses maigres doigts s'allongeaient en tremblant vers le large pli aux armes de la marquise que M. Legentil lui présentait.

Voici ce que cette lettre contenait :

« Versailles, le ...... 1755.

« Ma chère baronne,

« Vous avez eu raison de faire appel à mes souvenirs de jeune fille. Les bons jours que les jours d'autrefois, et comme ils contrastent avec ceux d'aujourd'hui ! J'étais heureuse alors !

« Je suis disposée à m'intéresser à votre jeune protégée, si elle est aussi charmante et aussi touchante que vous la dépeignez. Confiez-vous à l'homme que je vous envoie : il est tout à ma discrétion et il a tous mes pouvoirs.

« Votre bonne amie,

« JEANNE-ANTOINETTE. »

La tante Sidonie avait lu cette lettre d'un œil humide.

— Quel cœur ! murmura-t-elle après avoir fini.

— Et quel esprit ! ajouta M. Legentil.

Après avoir terminé la lecture de la lettre de M$^{me}$ de Pompadour, la tante Sidonie s'adressa au procureur :

— Excusez-moi, monsieur, de vous avoir reçu d'une façon aussi cavalière... et de ne vous avoir même pas encore invité à prendre un siége.

— L'oubli est réparé, dit-il en s'asseyant.

— La vie de province nous fait oublier quelquefois les plus simples notions de la convenance.

En parlant ainsi, les yeux de la tante Sidonie s'attachaient curieusement sur l'envoyé de la marquise.

— Ainsi, monsieur, lui dit-elle, vous vivez dans l'intimité de mon illustre amie ?

— Mon Dieu ! oui, répondit-il en affectant la modestie.

— Quel bonheur est le vôtre !... Monsieur... monsieur...

— Legentil.

— Legentil de ?...

— Legentil de Versailles, répondit-il sans comprendre.

La tante Sidonie ne dissimula pas une légère grimace. Elle s'étonna que son illustre amie ne lui eût pas envoyé un homme de condition.

— Vous la voyez fréquemment ? demanda-t-elle.

— Presque tous les jours. M^me la marquise me fait l'honneur de me prendre pour conseil dans beaucoup de circonstances délicates.

— Vous êtes avocat peut-être ?

— Je suis procureur.

La grimace reparut, plus caractérisée cette fois. Un procureur ! A quoi donc pensait la chère marquise de lui envoyer une semblable espèce ?

Pour expier sa condition et sa profession, ce devait être un homme d'un mérite bien extraordinaire.

La tante Sidonie adopta cette idée, et reprenant la conversation :

— Vous connaissez sans doute les termes de cette lettre ? lui dit-elle.

— M^me la marquise l'a écrite devant moi.

— Ah !

— Oui ; je suis au courant de tout. Vous pouvez parler à cœur ouvert.

Il croisa une jambe sur l'autre par un mouvement d'une familiarité excessive, et continua :

— Nous disons donc que nous avons une jeune fille à placer. C'est pour le mieux. La jeune fille est un miracle de nature, une beauté incomparable, cela est entendu. Sage comme la déesse de la Sagesse elle-même, et, pardessus le marché, une éducation de premier ordre. Nous n'en doutons pas; mais cependant, pour remplir le mandat qui m'a été confié, il est nécessaire que je voie cette Vénus; il est indispensable que je contemple cette Minerve.

— C'est trop juste.

La tante Sidonie sonna.

— Priez M<sup>lle</sup> Marthe de descendre sur-le-champ auprès de moi.

M. Legentil reprit la parole :

— La jeune personne est sans doute orpheline? Les orphelines abondent cette année chez nous.

— Pas du tout : Marthe a sa mère et son grand-père.

— Tant pis.

— Comment, tant pis ! s'écria la tante Sidonie stupéfaite.

— Je veux dire, reprit M. Legentil, que nous aurons à faire face à plus d'exigences.

— Quelles exigences?

— Les parents ne sont pas probablement riches. Nous connaissons cela. Il y aura des pensions à donner.

— Mais, monsieur, dit aigrement la tante Sidonie de plus en plus étonnée, nous n'avons que faire de vos pensions. Sans être très-fortunés, nous ne sommes pas pauvres. Nous avons de quoi vivre largement et honorablement.

— Je n'y suis plus alors, dit M. Legentil.

— M<sup>me</sup> de Pompadour ne vous a donc pas renseigné sur notre état de maison?

— C'est vous qui n'aurez pas renseigné M<sup>me</sup> de Pompadour.

A ce moment Marthe entra.

Elle était vêtue avec une angélique simplicité qui rehaussait l'harmonie de ses charmes.

Elle fit une courte révérence à l'étranger, et courut présenter son front à sa tante.

— Comme tu es fagotée, petite folle! lui dit celle-ci; tu n'as donc ni goût ni coquetterie!

— Mon avis est, dit le procureur ébloui, que mademoiselle est habillée à ravir.

— Vous y mettez trop de complaisance, répliqua la tante.

Et s'adressant à Marthe :

— Tu peux lever les yeux sur monsieur, ma mignonne. Monsieur est un ami de...

— Un ami de votre famille, mademoiselle, interrompit-il politiquement.

— C'est ce que je voulais dire, fit la tante; M. Dugentil.

— Legentil.

— Un magistrat, dont les lumières sont très-appréciées... à Versailles; à Versailles, entends-tu?

— Oui, ma tante.

— Mais qu'est-ce que tu as, petite? On dirait que tu es préoccupée, inquiète...

Marthe ne se sentait pas à l'aise, en effet.

La cause de ce trouble était une rencontre qu'elle venait de faire avant d'entrer au salon.

Au détour d'un corridor, Damiens avait surgi devant elle et lui avait dit précipitamment à demi-voix :

— Méfiez-vous de l'homme qui est là-dedans!

Marthe était habituée aux façons mystérieuses de Damiens; il ne lui avait jamais adressé la parole en dehors des nécessités de son service. Pour qu'il se départît aujourd'hui de cette réserve vis-à-vis d'elle, et surtout pour qu'il osât lui donner un avis, il fallait que les circonstances fussent graves.

Avant qu'elle eût eu le temps de lui demander un mot d'explication, il avait disparu.

Voilà ce qui impressionnait Marthe.

— Tu ne réponds pas, petite, disait la tante Sidonie ; parle donc, ne sais-tu plus t'exprimer ?

— Que voulez-vous que je dise, ma chère tante ? Je n'ai rien à dire ; ne m'avez-vous pas appris vous-même que la modestie et le silence étaient les meilleurs apanages d'une fille de condition ?

— A merveille ! s'écria M. Legentil.

— Alors exécute-nous cette jolie sonate de ce musicien en *i* que tu joues si bien... M. Legentil sera enchanté de l'entendre.

— Certes !

— Vous allez juger de son talent sur le clavecin. Allons, Marthe, commence.

— Mon clavecin est exécrable, vous le savez bien, ma tante, vous me l'avez dit cent fois.

— Aujourd'hui c'est autre chose ; je suis sûre que tu en tireras un fort bon parti.

— Dispensez-moi, supplia la jeune fille ; aussi bien, je ne retrouve plus mon cahier.

— Une défaite !

— Ma tante...

M. Legentil pensa qu'il était convenable d'intervenir.

— Je ne voudrais pas, dit-il, que mon insistance pût être désagréable à mademoiselle.

Marthe ne put s'empêcher de lui adresser un regard de remerciment.

En même temps M. Legentil faisait à la tante Sidonie un signe d'intelligence qu'elle comprit aussitôt.

— Puisque monsieur a la bonté de t'excuser, dit-elle, tu peux remonter dans ta chambre, mignonne. Tu y retrouveras sans doute ton cahier de musique. Dis adieu à M. Legentil... à ce bon M. Legentil.

La jeune fille se tourna vers lui avec effort.

Il se leva et voulut faire acte de galanterie en lui prenant la main.

Mais elle recula vivement, et se sauva du salon plutôt qu'elle n'en sortit.

— Petite sauvage! grommela la tante Sidonie.

— Elle est adorable! s'écria M. Legentil avec enthousiasme.

— N'est-ce pas?

— Vous m'en voyez émerveillé, et l'on sait si je suis difficile.

— Vous, monsieur le procureur!

— Dame! il m'en est passé sous les yeux depuis quelques années!

— Peste de l'égrillard! Qui l'aurait soupçonné? quel feu!

— Nous n'avons rien de pareil à Versailles, ma parole d'honneur.

— J'en étais sûre, dit la tante Sidonie, dont la figure s'épanouissait... A présent, causons sérieusement.

— Causons, soit.

— Qu'est-ce que ma bonne, ma chère amie la marquise compte faire pour Marthe?

— Vous le devinez bien.

— Pas le moins du monde.

M. Legentil regarda en face cette vieille figure comme pour y surprendre une intention moqueuse. Mais il n'y découvrit rien qu'une expression de curiosité un peu crédule.

— Madame la marquise placera M<sup>lle</sup> Marthe comme elle a placé les autres, répondit-il.

— Quelles autres?

— Ses autres protégées. Nous avons auprès de Versailles, dans Versailles même, des retraites charmantes, cachées à tous les yeux, embellies de tous les trésors de la nature et de l'art. Le temps s'y passe dans une fête continuelle...

— Qu'est-ce que vous me chantez, monsieur le procureur, avec vos retraites?

— Je réponds à vos questions, madame; c'est un de ces asiles privilégiés que madame la marquise destine à votre nièce. Elle n'y sera pas seule, d'ailleurs; elle y trouvera de jeunes compagnes, dont quelques-unes appartiennent comme elle à d'excellentes familles.

— Que veut dire cela? Est-ce que ma chère marquise tourne à la Maintenon, et se serait-elle mise à la tête d'une autre maison de Saint-Cyr?

— Cela y ressemble un peu... excepté que cela est tout à fait différent, dit M. Legentil en souriant.

— Oui dà?

— Ce n'est pas exclusivement pour le ciel que madame la marquise travaille en formant ses pensionnaires, quoique les idées religieuses ne soient point exclues de son programme. Le Dieu qu'on leur enseigne à révérer n'est point précisément assis sur un trône de nuages; il a un manteau semé de fleurs de lys d'or, et son royaume est véritablement de ce monde. Dans tous les cas, nos jeunes filles sont admirablement traitées; d'aimables directrices ne sont occupées qu'à varier leurs plaisirs et à leur faire oublier leur captivité passagère, tout en les préparant aux honneurs qui les attendent.

De ces discours dont chaque phrase tournoya dans sa tête en la remplissant de stupeur, la tante Sidonie ne retint pour l'instant que les derniers mots.

— Et ces honneurs? dit-elle avidement.

— Les plus grands, les plus enviables de tous! s'écria-t-il.

— Mais encore faudrait-il les définir, mon cher monsieur Legentil, car si vous parlez bien, vous parlez un peu par énigmes. Ainsi, Marthe pourrait-elle prétendre au rang de dame du palais, par exemple?

— Dame du palais... Hum!

— Eh bien?

— Ensuite, je ne dis pas.

— Quoi, ensuite?

— Elle ne pourrait être maintenant que demoiselle du palais, dit M. Legentil en faisant l'agréable, et vous savez bien que la charge n'existe pas.

— Mais puisque Marthe se marie dans quinze jours.

M. Legentil bondit sur son siége.

— Qu'est-ce que vous venez de dire? J'ai mal entendu! les oreilles m'ont tinté.

— Je dis que ma nièce se marie prochainement.

— Elle se marie? Ce n'est pas possible.

— Cela est cependant; Marthe épouse un parfait gentilhomme qui la conduira à la cour, et qui la présentera lui-même à la marquise de Pompadour.

— Mais ce n'est plus la même chose! s'écria M. Legentil en se démenant; vous n'y songez pas.

— Quel inconvénient y a-t-il à cela?

— Vous le demandez!

— Certainement, car je n'y suis plus, vous me bouleversez depuis une demi-heure! dit la tante Sidonie.

— Ce mariage ne doit pas avoir lieu; il empêcherait tout, comprenez donc...

— Pourquoi ce mariage empêcherait-il la protection de la marquise?

— Parce que M$^{me}$ la marquise n'a pas arrangé les choses de la sorte.

— Comment les a-t-elle arrangées? Pour Dieu, faites-moi le plaisir de me l'apprendre, monsieur! Je suis sur des charbons ardents.

— Rien de plus simple. Il faut que mademoiselle votre nièce quitte Arras le plus tôt possible.

— Aussitôt après son mariage, volontiers.

— Non pas... avant son mariage.

— Oh! dit la tante Sidonie en serrant les poings d'impatience.

— Pas de mariage, voilà notre condition.

— Mais qu'est-ce que ce mariage vous fait donc?

M. Legentil se mit à rire d'une façon impudente.

— A moi, rien; mais au roi!

Le secret était échappé.

La tante Sidonie reçut comme une secousse électrique et devint effroyablement pâle.

Après un silence :

— Attendez donc, dit-elle lentement en fixant M. Legentil d'une étrange manière; j'ai entendu parler, en effet, de quelque chose comme cela, mais sans vouloir y croire... d'enlèvements de jeunes filles destinées aux plaisirs royaux, de marchés honteux contractés avec des parents avilis... Mais qu'est-ce que ces infamies ont de commun avec M<sup>lle</sup> de Crespy et moi?

Son regard indigné clouait M. Legentil sur place.

— Répondez donc! lui cria-t-elle.

— Madame, je ne suis que l'envoyé de M<sup>me</sup> la marquise de Pompadour.

— Ce n'est pas vrai, tu mens!

— Madame!

— Tu mens!

M. Legentil commençait à s'inquiéter.

Il y avait de quoi.

La tante Sidonie était vraiment terrible à voir.

Sa fierté native venait de se réveiller tout entière.

Ce n'était pas une nature perverse, c'était une tête étourdie et imprudente. Elle voulait bien lancer Marthe dans l'aventure, mais à aucun prix elle n'aurait consenti à en faire l'objet d'un ignoble marché.

— Ainsi, reprit-elle, tu venais tranquillement ici recruter pour tes retraites mystérieuses, pour tes couvents cachés ! Je vois maintenant l'espèce de procureur que tu es. Et j'ai eu la sottise de te faire voir ma nièce, à toi, misérable. Je n'aurai pas assez de toute ma vie pour me le reprocher !

— Il y a sans doute un malentendu entre vous et M$^{me}$ la marquise, grommela M. Legentil.

— Hors d'ici, bas coquin !

Il se leva effaré.

— Jour de Dieu ! exclama-t-elle, je ne suis qu'une femme, et une femme infirme... mais tu porteras la marque de mon courroux !

Et avant que M. Legentil pût se douter de rien, il reçut sur la tête deux ou trois coups de béquille assénés avec force.

— Au secours ! s'écria-t-il.

— Tiens, maraud ! tiens, drôle !

— A moi ! dit M. Legentil en gagnant la porte.

La tante Sidonie ne se possédait plus.

— Arrêtez-le, et bâtonnez-le comme il le mérite !

Mais M. Legentil était déjà dans l'escalier, qu'il descendait quatre à quatre.

Sur le dernier degré, il alla donner contre un individu qui le reçut presque dans ses bras.

— Ouf ! dit celui-ci en se reculant pour amortir le choc.

— A l'aide ! exhalait encore machinalement M. Legentil.

— Eh! mais, je ne me trompe pas, dit le survenant, je reconnais ce visage-là...

— Sauvez-moi de cette folle!

— Ah! ça, mon cher, il faut donc toujours que je vous sauve, à Arras comme à Paris, dans la rue des Trois-Faucilles comme dans la rue de la Vieille-Monnaie?

— Hein!... fit le procureur.

— Parbleu! c'est bien vous, monsieur Lebel; vous y mettez de l'obstination, en vérité.

— Monsieur, monsieur... je ne suis pas ce que vous voulez dire.

— Regardez-moi bien en face, s'il vous plaît.

— M. le comte de Chantemesse!

— En personne. Comment se fait-il que je vous trouve deux fois sur mes pas, en moins de huit jours, à cent lieues de distance?

Damiens survint à l'instant.

— Je vous dirai, moi, monsieur le comte, si vous le voulez, ce que vient faire ici M. Legentil.

— Qui est-ce que vous appelez M. Legentil? répliqua le comte de Chantemesse; monsieur s'appelle Lebel... à ce qu'il m'a dit, du moins.

— Lebel à Paris, soit; Legentil à Arras; cela prouve qu'il ne dédaigne pas les jeux de mots, répondit Damiens.

Démasqué, M. Lebel crut pouvoir payer d'audace.

— En m'envoyant ici, dit-il, M<sup>me</sup> la marquise de Pompadour ne croyait pas m'envoyer dans un guet-apens.

— Où voyez-vous trace de guet-apens là où vous me rencontrez, monsieur? dit le comte de Chantemesse. Personne ne vous empêche de passer, je pense.

— On vous pousse seulement un peu, murmura Damiens.

— Je rendrai compte à Versailles de ma mission, dit arrogamment Lebel.

— N'oubliez pas la béquille de la tante Sidonie, dit Damiens.

Au moment où il franchissait le seuil du vestibule, M. Lebel sentit sur son épaule la puissante main du comte de Chantemesse.

— Ecoutez, monsieur Lebel, voilà la deuxième fois que je vous laisse aller, prenez garde à la troisième ; je pourrais bien ne pas vous lâcher cette fois-là. Adieu, monsieur Lebel.

— Adieu, monsieur Legentil.

C'était Damiens qui raillait.

Lebel ne souffla mot ; il se rappelait le service que lui avait rendu le comte de Chantemesse.

Une fois dehors, il respira bruyamment, et, se retournant vers l'hôtel de Crespy en grinçant des dents :

— Oh ! je me vengerai de ce valet, dit-il...

Il n'avait pas fait dix pas qu'il se souvint d'avoir oublié son acolyte Briasson à l'office.

— Bah ! murmura-t-il en continuant sa route, un ivrogne, ça se retrouve toujours.

# X

## LES SCRUPULES DU CHEVALIER

Le chevalier Pierre de Chantemesse n'avait pas eu de peine à se laisser reprendre par la province.

Les premiers jours de son retour à Arras furent des jours de fête; la meilleure société s'empressa de lui faire accueil. Sa présence, jointe à la nouvelle du mariage de son frère avec M<sup>lle</sup> de Crespy, devint le prétexte de plusieurs grands dîners et divertissements.

On sait que la province excelle dans ces manifestations gastronomiques, où l'abondance n'exclut ni le luxe ni la recherche. Gamaches blasonnés, les gentillâtres de l'Artois se piquèrent d'émulation tour à tour et tuèrent une notable quantité de veaux gras en l'honneur de leur jeune compatriote.

A ces fêtes qui réunirent les familles de Chantemesse et de Crespy, les deux fiancés, Hector et Marthe, eurent de fréquentes occasions de se rencontrer et de se parler, seuls au milieu de la foule.

Mais, au grand étonnement du chevalier, Hector profitait peu de ces occasions dont un cœur ardemment épris eût remercié le ciel. Il se montrait auprès de Marthe plus aimable qu'ému ; et chaque fois qu'il lui adressait la parole rien ne trahissait en lui un trouble intérieur.

On l'aurait dit marié depuis dix ans.

Marthe, de son côté, avait un air de préoccupation triste qui la quittait rarement et qui, s'il ne pouvait être pris pour de l'indifférence, ne pouvait guère non plus être considéré comme l'indice d'un tendre sentiment.

Le chevalier s'étonnait et souffrait de cette double attitude. Personne ne lui semblait mériter plus que M<sup>lle</sup> de Crespy un culte de tous les instants ; il ne concevait pas qu'on pût la voir sans l'admirer, lui parler sans l'aimer.

Il lui avait parlé, lui, — plus souvent que son frère ; — il lui avait rappelé, d'une voix tremblante, leur enfance commune, leurs premières impressions partagées. Elle, à son tour, elle lui avait répondu timidement que ce temps-là était resté le meilleur de sa vie, et elle lui avait avoué en rougissant qu'elle en conservait de menues reliques : estampes échangées, livres lus à deux, épaule contre épaule. Et ils avaient été surpris et ravis l'un et l'autre de se trouver tant de mémoire !

Cet entretien s'était renouvelé plusieurs fois, et le chapelet des souvenirs avait été encore égrené. Insensiblement on se reprit à nouer une intimité innocente. On s'appelait *ma sœur* et *mon frère*. Cela leur paraissait fort naturel, ainsi qu'à tout le monde. Les parents eux-mêmes semblaient être de complicité. A table, on les plaçait l'un à côté de l'autre ; — à la promenade, on ne manquait pas d'engager le chevalier à offrir son bras à M<sup>lle</sup> de Crespy. C'est le devoir de tout beau-frère, ajoutait-on.

Le chevalier s'empressait d'accomplir ce qu'on appelait son devoir, pendant que les joues de Marthe se teignaient du rose le plus vif.

Marthe n'avait jamais rougi au bras du comte Hector.

Le chevalier, avec son intelligence naturelle et son expérience acquise, ne pouvait se méprendre longtemps à ces symptômes.

Il aimait Marthe.

Il aimait la femme destinée à son frère.

Il l'aimait, non pas comme il avait aimé toutes les femmes jusqu'à présent, mais d'un amour élevé, sincère.

Cela était bien plus dangereux!

Là, pourtant, n'était que la moitié du danger.

Après tout, il pouvait, — non sans efforts cependant, — imposer silence à son cœur, étouffer son amour, ou du moins en refouler l'expression.

Mais ce qu'il ne pouvait pas, ce qui était au-dessus de ses forces et de sa volonté, c'est que Marthe en fit autant de son côté.

Marthe l'aimait!

Marthe aimait le frère de l'homme qu'on lui destinait.

Elle l'aimait de ce premier amour pur et profond, qui demeure souvent l'amour de toute la vie parce qu'il a ses racines dans l'enfance.

Que devait-il faire en présence de cet amour qui ne savait pas se défendre?

Quelle conduite tenir, quel parti prendre vis-à-vis d'elle et vis-à-vis de lui-même?

Voilà ce que se demandait le chevalier de Chantemesse.

Se laisser aller au courant des choses, — comme il avait un peu fait jusqu'alors, — s'étourdir sur sa situation, n'était-ce pas accepter un compromis indigne? N'était-ce pas surtout détruire en germe le bonheur de son frère?

Le comte Hector avait en lui une confiance absolue, et cette confiance redoublait son supplice.

Il faut dire aussi que le comte abusait de cette confiance à l'égard du chevalier; il semblait même parfois goûter un cruel plaisir à étaler devant lui le spectacle de son prochain bonheur.

— Est-ce que je ne vous fais pas envie? lui demandait-il en le regardant avec une expression indéfinissable.

Pierre tressaillait et ne répondait pas.

— Est-ce que vous ne voudriez pas avoir une femme comme Marthe? continuait le fraternel bourreau.

Pierre essayait de sourire.

Mais son frère ne se tenait pas pour battu : il voulait une réponse.

— Voyons, à présent que vous voilà revenu à la vie calme et raisonnable, ne souhaiteriez-vous pas un intérieur embelli par une jeune femme aimée, et comme fleuri par son visage, et comme parfumé par son âme?

— A quoi me servirait de souhaiter? disait le chevalier avec un haussement d'épaules; il n'y a pas deux Marthe.

— Peut-être.

— Cessez ce jeu, mon frère.

— Je voudrais vous voir heureux autant que moi, Pierre.

— Cela est impossible.

— Qui sait? Vous n'avez qu'à vouloir.

— Encore! disait le chevalier, les sourcils assombris.

— Je vous guiderais dans votre choix; je sais ce qu'il vous faut.

— Non, répétait le chevalier, songeant à Marthe.

— Notre père serait si heureux de vous avoir toujours auprès de lui...

— Taisez-vous !

— De compter sur ses deux fils pour lui fermer les yeux...

— Je ne vous savais pas méchant, Hector.

Un jour que la conversation avait fatalement repris ce tour qui était si pénible au chevalier, le comte dit tout à coup à son frère :

— Vous savez que c'est demain qu'on signe le contrat.

— Si tôt? fit celui-ci.

— C'est pour onze heures, et l'on compte sur vous.

Le chevalier ne fut pas maître d'un mouvement de mauvaise humeur.

— Qu'a-t-on besoin de moi pour cela? murmura-t-il; je n'entends rien au grimoire des hommes de loi.

— Dans nos vieilles familles, Pierre, un contrat à signer est plus qu'une formalité, c'est un événement. Tous les parents se font un devoir d'y assister.

Le chevalier se tut, mais son visage demeura contracté.

Ce soir-là on sut qu'il avait demandé l'adresse d'une maison de jeu, et qu'il était rentré fort tard à l'hôtel de Chantemesse, la tête un peu fumeuse des vapeurs du champagne...

Cela ne l'empêcha pas de se rendre de grand matin dans la chambre à coucher du comte Hector.

— Vous, mon frère! dit celui-ci, en s'étonnant de la figure défaite du chevalier.

Il comprit que quelque chose de grave se passait en lui, et il se disposa à l'écouter.

— Mon frère, dit Pierre, je viens vous prévenir que je repars pour Paris.

— Quand?

— Aujourd'hui même.

— Vous perdez l'esprit, chevalier.

— Je le retrouve, au contraire.

— Quoi! le jour de la signature du contrat.

— On le signera sans moi.

— Vous n'y songez pas, mon frère, dit le comte; d'où vous peut venir cette détermination subite?

— Je manque d'air ici, j'étouffe! s'écria le chevalier; ne vous en apercevez-vous donc pas?

— Non, dit le comte.

— Je veux revoir Paris, je n'y tiens plus.

— Toujours Paris!

— Eh bien, oui, toujours! c'est le seul endroit où l'on puisse se retremper et se distraire... le seul aussi où l'on puisse oublier.

— Oublier quoi? dit le comte en attachant un œil perçant sur son frère.

Le chevalier ne répondit pas à cette interrogation.

— Bref, je pars, reprit-il; voilà qui est clair; je retourne à l'Opéra; j'ai soif de musique et de ballets. A propos, j'ai reçu une lettre de la Bénard.

— Ah! je vous en félicite. Est-ce là le motif qui vous fait si brusquement quitter Arras?

— Peut-être.

— Nos amis seront surpris; nos parents seront affligés.

— Vous saurez m'excuser auprès d'eux, je pense.

— Et auprès de Marthe?...

Le chevalier tressaillit.

Il fit deux ou trois tours dans la chambre sans ouvrir la bouche.

— Eh bien, Pierre? reprit le comte.

— Vous pouvez bien vous passer de moi pour être heureux, dit-il avec un accent amer.

— Accordez-nous au moins quelques jours.

Le chevalier secoua négativement la tête.

— Quoi! pas même vingt-quatre heures?

— Je ne le puis.

— Ah! mon frère! que voulez-vous que je pense?

— Pensez ce que vous voudrez, dit-il douloureusement; il faut que je parte.

— Il le faut?

— Oui.

— Mais ce n'est pas là un départ, s'écria le comte, c'est une fuite!

— Une fuite, vous l'avez dit, répéta sourdement le chevalier; c'est une fuite, je fuis devant...

— Devant?...

— Ah! tenez, Hector, ne cherchez pas à pénétrer le vrai motif de ma résolution!

— Et si je l'avais pénétré!

— Que dites-vous?

— Je dis que Paris vous est indifférent, je dis que l'Opéra ne vous rappelle pas, je dis que vous n'avez pas reçu de lettre de Mlle Bénard.

— Hector!

— Eh! morbleu! je lis dans votre cœur aussi bien que vous-même.

Le chevalier fit un signe de doute.

Alors le comte, se plaçant presque sous ses yeux, lui dit :

— Vous partez parce que vous aimez Marthe.

— Ciel!

— Osez dire que non!

— Mon frère!... s'écria le chevalier en se jetant dans ses bras et en fondant en larmes.

— Remettez-vous, Pierre, dit le comte après quelques instants; je connaissais votre secret.

— Est-il vrai? Quelle confusion pour moi!

— Pourquoi cela? Vous n'êtes pas responsable des élans de votre cœur.

— Et c'est vous qui cherchez encore à me justifier, cher Hector! Ne m'accablez pas de votre générosité. Si vous saviez toutes mes luttes, tous mes combats!

— Je les devine.

— Ah! je respire mieux maintenant, je me sens plus à l'aise, mon regard à la hauteur du vôtre!

— Moi aussi, dit le comte, je souffrais de votre contrainte, et je n'attendais qu'une occasion de vous en débarrasser : mais il importait que cette occasion vînt de vous et que les choses fussent tendues à l'excès.

— Je ne comprends pas bien, dit le chevalier; je comprends seulement que vous êtes bon et noble.

— J'ai peut-être à cela moins de mérite que vous ne supposez, reprit le comte avec le sourire particulier qu'on lui a déjà vu.

— Grâce à Dieu, et surtout grâce à vous, mon frère, je pourrai partir soulagé.

— Encore partir?

— Plus que jamais à présent!

— Oh! l'obstiné que vous faites!

Le chevalier regarda le comte avec étonnement.

— Comment pourrais-je ne pas partir? J'aime Marthe, vous l'avez dit.

— Eh bien!

— Et j'en suis convenu.

— Eh bien?

Pour la seconde fois, le chevalier regarda le comte comme s'il doutait de sa raison.

Mais celui-ci était calme et souriant.

— Puisque vous aimez Marthe, épousez-la, dit le comte.

Le chevalier crut avoir mal entendu.

— Epouser... Marthe? dit-il.

— Certainement.

— L'heure et la circonstance sont mal choisies pour la plaisanterie, Hector.

— Je ne plaisante pas.

— Oh! mon frère! s'écria le chevalier, vous finiriez par me rendre fou; je vous cède la place... Adieu!

Le comte le retint et lui dit :

— Alors, écoutez-moi. Je suis sérieux cette fois, voyez. Je vais tout vous apprendre. Il ne faudra pas trop m'en vouloir, car j'ai agi dans un bon motif. Il s'agissait de vous arracher à Paris, Pierre, de vous sauver de vous-même et des autres. Nous l'avions résolu; notre vieille province, nos vieilles familles tiennent à leurs enfants; cela se conçoit. Nous avons concerté et rejeté plusieurs moyens; j'ai proposé un subterfuge. Les voies ordinaires n'auraient pas réussi auprès de vous; je serais allé vous trouver en vous disant : « Pierre, je viens vous emmener pour vous marier! » vous m'auriez ri au nez et avec raison. En vain vous aurais-je vanté la beauté, les qualités, la fortune de celle qu'on vous avait choisie, vous n'auriez rien voulu entendre. Je vous connais. Il fallait procéder autrement. Vous savez comment je m'y suis pris : je vous ai dit qu'il s'agissait de moi, de mon propre mariage. En réalité, il s'agissait de votre union avec M^lle de Crespy, union jadis projetée entre nos parents, rêvée par M. de Crespy et par notre mère...

— Il se pourrait! interrompit le chevalier.

— Mais cette union offrait vingt obstacles : d'abord rien n'était moins certain que votre consentement; on ne pouvait pas répondre davantage de celui de Marthe. Il fallait vous rapprocher l'un de l'autre, en vous laissant ignorer à tous les deux nos intentions. C'est ce qui a été fait. Nos familles ont longtemps hésité avant d'adopter mon plan; j'ai répondu de tout; j'ai accepté de passer aux yeux du monde pour le fiancé de Marthe, — puisse-t-elle me le pardonner! — quitte à résigner ce titre jusqu'au jour où vous seriez amené à le souhaiter. J'ai compté pour cela sur le charme irrésistible de Marthe. L'événement n'a pas trompé mes prévisions. Jugez de ma joie lorsque je vous ai vu insensiblement subjugué par sa grâce innocente. Mes combinaisons triomphaient au delà de mon espoir. Un frère moins désintéressé que moi aurait même été secrètement froissé d'un succès aussi complet.

Le comte avait cessé de parler.

Des larmes de bonheur coulaient le long des joues du chevalier.

— Quel roman me faites-vous là, Hector? dit-il d'une voix entrecoupée.

— Un roman qui va se dénouer tout à l'heure vulgairement par un contrat.

— Comment! ce contrat dont vous me parliez...

— Etait le vôtre. Y refuserez-vous votre signature à présent?

Le chevalier passa la main sur son front.

— Non, je ne puis croire à tout ce que vous venez de me dire. Vos paroles bourdonnent dans ma tête; je me sens chanceler. Un rêve ne se réalise pas si complètement et si magnifiquement.

— Une fois par hasard.

— Vous avez pu imaginer et diriger une telle comédie, mon frère?

— Que voulez-vous? Nous ne savons qu'inventer en province pour passer le temps! Il faut être indulgent pour nous.

— Machiavel !... Je m'explique maintenant une foule de choses.

— Allez vous habiller pour le contrat, Pierre, dit le comte en jetant les yeux sur la pendule.

— C'est juste.

Au moment de franchir le seuil de la chambre, le chevalier s'arrêta saisi par une réflexion :

— Mais...

— Quoi? demanda le comte.

— Il me vient une idée affreuse.

— Laquelle?

— Si M<sup>lle</sup> de Crespy allait refuser sa signature, elle?

— Rassurez-vous, dit le comte; pendant que je prenais sur moi de détruire vos scrupules, M. de Crespy en faisait autant de son côté vis-à-vis de sa petite-fille.

— Vous avez réponse à tout, Hector.

— Ne m'avez-vous pas dit, Pierre, en mettant le pied dans Arras : « Que votre volonté s'accomplisse ! »

## XI

### RETOUR DE BRIASSON

Nous avons laissé M. Legentil, ou plutôt M. Lebel, — puisque nous avons vu son identité rétablie par le comte de Chantemesse, — au moment où il sortait, c'est-à-dire où on le chassait de l'hôtel de Crespy.

Le dos endolori des coups de béquille de la tante Sidonie, Lebel (supprimons-lui le *monsieur*) était rentré tout d'une traite à l'auberge des Trois-Agaches, autant pour y attendre son acolyte Briasson que pour réfléchir sur le parti qu'il avait à prendre.

Quel qu'eût été son échec, Lebel n'était pas homme à abandonner la partie. Au contraire, Marthe était une proie trop belle pour qu'il y renonçât; son admiration avait été sincère lorsqu'elle s'était offerte à ses regards, — et dès cette minute là il s'était juré que ce diamant irait resplendir dans l'écrin royal.

Précisément, le Parc-aux-Cerfs était assez pauvrement approvisionné en ce moment : des ingénuités banales, rien qui sortît de l'ordinaire. Le roi, qui habituellement ne faisait guère d'observations, le roi s'était plaint ; grave symptôme! Sa Majesté avait dit un matin, en bâillant, pendant qu'on lui passait son grand cordon par dessus sa veste brodée d'or :

— Ah çà! il n'y a donc plus de jolies filles dans mon royaume!

Ce jour-là, tout Versailles avait été sans dessus dessous. On ne rencontrait que visages décomposés dans les petits appartements; chacun s'attendait fermement à un changement de ministre. Messagers d'aller et venir. Prévenue la première, Mme de Pompadour avait jugé le péril imminent. Elle voyait déjà sa puissance ébranlée ; il fallait aviser. C'était au milieu de ces gros événements qu'était survenue la lettre de la tante Sidonie. La marquise n'y avait rien compris, sinon qu'on lui parlait d'une belle jeune fille; et comme le Parc-aux-Cerfs manquait d'une belle jeune fille, elle avait mandé Lebel.

— Partez sur-le-champ, lui avait-elle dit, et ramenez à tout prix cette demoiselle!

A quelle branche ne s'accroche-t-on pas lorsqu'on a peur! Cette inconnue était déjà devenue une chance de salut pour Mme de Pompadour. Elle l'annonça à deux ou trois intimes. Le soir on parla, au petit jeu, de la *jeune fille d'Arras.*

Quant à Lebel, il était parti avec des pouvoirs illimités, comme toujours, et muni d'un passeport de M. Berrier, à l'aide duquel il pouvait, à première réquisition, se faire assister de tous les agents de la police haute et basse.

Il n'avait emmené avec lui que Briasson, un drôle, moitié camarade, moitié domestique, ayant l'habitude de ces sortes d'aventures.

On sait le résultat humiliant de leur ambassade. Lebel en souffrit profondément. Mais son esprit ne songea qu'à se relever promptement. Une transaction ne lui avait pas réussi; il opérerait autrement. Ayant échoué au grand jour, il dresserait ses batteries dans l'ombre. On n'avait pas voulu compter avec Legentil, on allait avoir à lutter avec Lebel. Et dame! Lebel, ce n'était pas rassurant. Il était peu scrupuleux sur le choix des moyens. Il en avait déjà combiné une douzaine, tous plus expéditifs les uns que les autres, avant que Briasson ne fût revenu à l'auberge des Trois-Agaches.

Lebel commençait à s'impatienter de son compagnon, lorsque, à la tombée de la nuit, il le vit arriver pâle et se soutenant à peine.

— Ivre? dit Lebel, qui avait l'habitude de l'interroger d'un mot.

— Ivre et moulu, répondit Briasson en se frottant l'échine.

— Toi aussi? reprit Lebel, qui eut aussitôt regret de cette parole.

— Comment! balbutia Briasson; est-ce que tu aurais eu ta part...

— Du vin? non.

— Ah! le vin était bon, il faut être juste; cela m'a remis de leur sotte bière... et le sommelier aussi était un brave homme... M. Van... Van...

— L'as-tu fait causer, au moins?

— Certes, je l'ai fait causer, dit Briasson; je ne perds jamais la carte, moi. Mais pour le faire causer, il a fallu le griser.

— Ah!

— Et je l'ai grisé. J'ai grisé M. Van...

— C'est bon. Assieds-toi, tu vas tomber. Maintenant parle. Est-ce aussi le sommelier qui t'a rossé?

— Rossé! répéta Briasson, froissé du terme.

— N'est-ce donc pas ainsi que cela s'appelle?

— Non, ce n'est pas M. Van... qui m'a...
— Qui donc?
— C'est l'autre, murmura Briasson, devenu sombre.
— Quel autre?
— Le domestique... celui qui s'était offert ce matin pour nous conduire à l'hôtel de Crespy.

Lebel poussa une exclamation.

— Je me suis méfié de cet homme dès que je l'ai vu, dit-il.

— Ah! qu'il me tombe seulement sous la main! ajouta Briasson.

— Nous l'y ferons tomber, sois tranquille. Sais-tu son nom au moins?

— Amiens, je crois... ou Damiens.

— C'est bon. Je le hais autant que toi, plus que toi.

Le visage de Lebel respirait une rage singulière.

Il ne pouvait pardonner à Damiens d'avoir été le témoin de son renvoi honteux de l'hôtel de Crespy. Cette idée l'exaspérait. Aussi désirait-il se venger de Damiens plus encore que de la tante Sidonie. Les coups de béquille de l'une lui tenaient moins au cœur que les ricanements de l'autre.

Les gens comme Lebel haïssent surtout parmi leurs semblables, parce que c'est par leurs semblables qu'ils se sentent devinés.

Lebel marchait devant Briasson assis.

Il s'arrêta, et, plus calme, reprit ainsi l'entretien :

— Tu sais que j'ai échoué.

— Je m'en suis douté aux coups de bâton que j'ai reçus, répliqua Briasson.

— Les parents ont refusé.

— Ces gens-là ne savent pas vivre. Alors?

— Alors nous ferons comme d'habitude, lorsqu'on nous refuse un consentement.

— Nous nous passerons du consentement. T'adresseras-tu à la petite? demanda Briasson.

— Non, cela serait inutile; j'ai vu cela tout de suite, dit Lebel.

— Un enlèvement pur et simple?

— Oui.

— Cela vaut toujours mieux; on s'explique après. Quand agissons-nous?

— Dès demain, avant que notre mésaventure n'ait transpiré, ce qui arrivera certainement... quoique la tante Sidonie n'ait aucun intérêt à ébruiter un scandale qui rejaillirait en partie sur elle.

— Demain, soit.

— Il est bon que nous quittions ce soir même cette auberge où le valet Damiens a trop d'intelligences. Nous irons demeurer à l'autre extrémité de la ville. Nous changerons de noms.

— Très-bien, dit Briasson.

— Ah! il nous faut une revanche éclatante!

Et devenant tout à coup rêveur, Lebel dit :

— Je donnerais quelque chose pour savoir ce que le comte de Chantemesse allait faire à l'hôtel de Crespy.

— Combien donnerais-tu? demanda Briasson qui releva la tête.

— Tu le sais?

— Est-ce que je ne t'ai pas dit que j'avais fait causer M. Van... Van...

— Eh bien! que t'a-t-il appris du comte de Chantemesse?

— C'est lui qui va épouser M<sup>lle</sup> de Crespy.

— Hein?

Lebel se sentit comme frappé d'un coup de foudre.

— Qu'as-tu donc? dit Briasson inquiet.

— Répète... répète encore... C'est le comte de Chantemesse qui va devenir le mari de M<sup>lle</sup> de Crespy?

— Le comte Hector de Chantemesse, oui.

— Tu en es bien sûr?

— Parbleu! c'est le bruit de tout l'hôtel.

— Fatalité! murmura Lebel en se laissant tomber sur un siège.

Briasson le regardait d'un air ahuri.

— Qu'est-ce qui te prend? Te trouves-tu mal?

— Allons, dit Lebel avec un soupir, il faut renoncer à nos projets.

— Es-tu fou?

— Non; tout est fini, te dis-je.

— Pourquoi?

— Le comte de Chantemesse m'est sacré; j'ai une dette de reconnaissance à acquitter envers lui.

Rien ne saurait peindre l'étonnement de Briasson.

Quoi! c'était Lebel qui parlait ainsi; Lebel, accoutumé jusqu'à présent à méconnaître tous les obstacles et à exécuter tout ce qu'il avait projeté!

Lebel avait quelque chose d'humain. Il y avait quelque chose de sacré pour Lebel!

Les bras en tombaient à Briasson. Cela dépassait tellement son intelligence qu'il n'essaya même pas de discuter. Il se contenta de murmurer:

— Que dira M<sup>me</sup> la marquise de Pompadour en nous voyant revenir les mains vides?

— Il n'y a pas que M<sup>lle</sup> de Crespy au monde, répliqua Lebel. Et puis, d'ici à quelques jours d'autres événements occuperont peut-être Versailles; la marquise de Pompadour nous aura oubliés.

— Hum! elle n'oublie pas si vite que cela.

— Eh bien! je lui dirai que la jeune personne était laide.

— Et si elle apprend le contraire? Tu sais bien qu'elle a sa contra-police.

— Au diable tes réflexions! s'écria Lebel; crois-tu donc que je me résigne gaiement! Je te répète qu'il n'y faut plus penser.

— Alors, nous faisons nos paquets pour Paris?

— Non pas, nous restons encore à Arras; n'avons-nous pas à nous occuper du sieur Damiens?

Du moment que Lebel restait, tout espoir ne semblait pas perdu aux yeux de Briasson.

— Que vas-tu faire de ce valet? demanda-t-il.

— Je ne sais. Pour le moment je vais l'envoyer en prison.

— Bravo!... Pour quel motif?

— Pour aucun motif, répondit Lebel.

— C'est juste, je m'exprime mal; je voulais dire : Sous quel prétexte?

— Je n'ai pas besoin de prétexte; Damiens couchera demain en prison par la vertu d'un de ces papiers-là.

Lebel avait toujours sur lui, lorsqu'il voyageait, deux ou trois ordres d'arrestation en blanc, destinés à le débarrasser provisoirement des individus qui pouvaient le gêner dans ses expéditions.

Il tira un de ces papiers de son habit.

— Vois-tu? dit-il à Briasson.

— Oui.

— Il n'y a plus qu'à le remplir.

— Un nom à mettre.

— Tu as précisément auprès de toi une plume et de l'encre, dit Lebel.

— C'est compris.

Briasson apposa avec empressement le nom de Damiens sur le mandat d'arrêt.

— Voilà de quoi vous faire payer vos insolences, mons Damiens! dit Lebel.

De son côté, Briasson :

— C'est singulier, mon dos ne me fait déjà presque plus mal !

## XII

### AU NOM DU ROI

Suivons encore ces deux marauds.

Ce sont eux qui vont nous ramener à l'hôtel de Crespy.

Auprès d'une fenêtre donnant sur la cour, Marthe brodait à côté de la tante Sidonie.

Toutes deux gardaient le silence, mais leur imagination allait bon train.

La tante Sidonie était morose, ramassée sur elle-même, l'œil incertain.

Avec ce grain de malice qui n'abandonne jamais les jeunes filles, Marthe lui dit tout à coup :

— Vous savez, ma tante, j'ai retrouvé ma sonate.
— Quelle sonate, mon enfant ?

— Celle que vous vouliez me faire jouer devant M. Legentil.

La tante eut un pli sur le front et une moue à la lèvre.

— A propos, vous ne me parlez plus de M. Legentil? reprit Marthe.

— Ah! c'est vrai... Tu ne sais pas... on ne t'a pas dit... ce Legentil était un drôle.

— J'ai entendu raconter par les domestiques que vous vous étiez emportée contre lui.

— Oui... cela ne vaut pas la peine qu'on en parle. Ah! mignonne, il paraît que la cour est bien changée depuis mon absence. Une corruption effroyable! des mœurs d'une licence! On ne se douterait de rien à lire ce sot *Mercure* auquel nous sommes abonnés.

— Eh bien! dit Marthe poursuivant son idée, la figure de ce M. Legentil me déplaisait beaucoup, je ne saurais définir pourquoi...

— Il faut croire que ma bonne amie la marquise de Pompadour aura cédé, elle aussi au torrent. Tout cela est bien désolant...

La tante Sidonie retomba dans sa rêverie mélancolique.

Elle en sortit pour dire à sa nièce :

— Quel est ton directeur, petite?

Fort étonnée, Marthe lui fit répéter sa question.

— Mon directeur est toujours l'abbé Morguin; je n'en ai jamais eu d'autre depuis mon enfance.

— L'abbé Morguin? Un petit, n'est-ce pas, frisé, poupin?

— Non, ma tante, un homme de cinquante ans, un peu courbé, à la vue faible.

— Tu lui diras que je veux le voir.

— Vous, ma tante?

— Oui, je le prendrai peut-être pour mon directeur, moi aussi.

Marthe interrompit sa broderie.

— Cela t'étonne, dit la tante Sidonie. Que veux-tu? je suis dégoûtée du monde, j'ai vu de trop près les turpitudes de cette époque. Et puis, il est de bon goût d'avoir un directeur. Je recevais quelques ecclésiastiques autrefois, à Paris, du temps de ma chère d'Etioles... des petits-collets, comme on les appelait. Ils étaient fort aimables. J'ai connu l'abbé de Bernis entre autres : ce méchant diable de Voltaire l'avait surnommé Babet-la-Bouquetière... Oh! ce n'est pas un directeur comme cela qu'il me faut! ajouta la tante Sidonie, surprenant un mouvement de sa nièce.

— L'abbé Morguin n'est jamais allé à Paris.

— Tant mieux, il sera plus indulgent étant plus ignorant. Pourvu qu'il ne se montre pas trop sévère pour une pauvre pécheresse comme moi! Ah! c'est que...

Elle s'interrompit.

— C'est que quoi, ma tante? dit Marthe.

— Rien, ma nièce; tu m'enverras ton abbé Morguin, c'est convenu.

Les deux femmes reprirent leur broderie.

Un bruit inaccoutumé se fit entendre dans la cour.

— Qu'est-ce que cela, petite? Regarde donc, dit la tante Sidonie.

— Ah! mon Dieu! ce sont des soldats, s'écria Marthe.

— Des soldats ici? qu'est-ce que cela signifie?...

C'était l'escouade requise par Lebel pour l'arrestation convenue.

Un exempt la commandait.

Au bruit que fit cette petite troupe en débouchant dans la cour et à la rumeur qui se répandit immédiatement dans tout l'hôtel, M. de Crespy parut sous le vestibule.

— Monsieur, lui dit l'exempt, j'ai le regret de vous annoncer que je suis chargé d'arrêter un de vos gens.

— Lequel, monsieur ?

— Le nommé Damiens.

— C'est bien, monsieur, faites votre devoir, dit M. de Crespy.

Lorsque Damiens parut :

— Au nom du roi, lui dit l'exempt en le touchant de son petit bâton, je vous arrête.

Damiens ne manifesta aucune surprise.

— Je suis prêt à vous suivre, dit-il, je sais pourquoi l'on me recherche.

Ce fut à l'exempt d'être surpris.

Il avait été prévenu par Lebel qu'il y avait lieu de s'attendre de la part de Damiens à de vives récriminations, à des protestations d'innocence, peut-être même à une résistance physique.

Au lieu de cela, il se trouvait en face d'un homme parfaitement calme et soumis, sachant pourquoi on l'arrêtait.

L'exempt était moins avancé que lui.

Damiens se tourna vers M. de Crespy et lui adressa la parole en ces termes :

— Monsieur, je vous serai obligé de déclarer publiquement que je me suis toujours comporté chez vous comme un honnête serviteur.

— C'est vrai, fit M. de Crespy.

— De mon côté, je dois vous dire que les motifs de mon arrestation n'ont aucun rapport à mon séjour chez vous. La cause pour laquelle on m'arrête remonte à plus de trois mois.

L'exempt continuait à être de plus en plus étonné.

Il n'était pas le seul d'ailleurs. Parmi les soldats de son escorte, il y en avait un qui recueillait avec tant d'avidité les paroles de Damiens, qu'il en laissa tout à coup tomber son fusil.

Sous les moustaches postiches de ce soldat, personne n'aurait pu reconnaître Lebel, qui, toujours en vertu de ses pouvoirs exceptionnels, avait obtenu de faire partie de l'escouade pour mieux surveiller son ennemi.

Il eut, comme on voit, à se féliciter de cette idée.

— Est-ce que, sans le savoir, se disait Lebel, j'aurais aidé la justice à capturer un coupable important? Comme j'avais raison de me méfier de ce Damiens!

— Marchons! dit l'exempt.

La petite troupe sortit de l'hôtel de Crespy, emmenant Damiens.

Comme on prenait le chemin de la prison, le faux soldat trouva le moyen de glisser quelques mots à l'oreille de l'exempt.

— Soit, dit celui-ci.

Il donna l'ordre à ses hommes de tourner court et de se diriger vers le logis du commissaire.

Ce commissaire était le même qui, sur la signature de M. Berrier, avait autorisé l'arrestation de Damiens.

C'était un homme comme un autre, ni bon ni méchant, exerçant consciencieusement sa profession. Il s'appelait Hangest et était du pays. On n'en pouvait pas dire autre chose.

Il s'était incliné devant Lebel, — ou plutôt devant M. Legentil, procureur, — dont les commissions exceptionnelles lui avaient imposé.

Il n'avait demandé aucune explication, n'étant pas curieux de sa nature, et il ne songeait déjà plus à cette affaire lorsqu'on lui annonça de nouveau M. Legentil.

M. Legentil, ou Lebel, ou le soldat.

— Qu'y a-t-il? dit le commissaire.

— Il y a que je vous amène le prisonnier; il est en bas.

— Eh bien ! qu'est-ce que vous voulez que j'en fasse ? répliqua M. Hangest étonné ; pourquoi ne l'avez-vous pas conduit directement en prison ?

— Je l'y conduirai, soyez tranquille ; en attendant, il est important que vous l'interrogiez.

— Mais je ne le connais pas, moi ! Sur quoi voulez-vous que je l'interroge ?

— Interrogez toujours, monsieur le commissaire.

— A quoi bon ? Ce pauvre diable va me fatiguer de ses plaintes, de ses réclamations...

— Point du tout. Il a les yeux secs comme vous et moi, dit Lebel.

— Dans ce cas, et puisqu'il en prend si bien son parti, raison de plus pour le laisser en repos.

Effectivement, ce commissaire manquait de curiosité.

— Ah ça ! dit M. Legentil, vous ne comprenez donc pas le beau rôle que je vous ai destiné dans cette affaire ?

— Un beau rôle, à moi !

— Certainement. Réjouissez-vous, monsieur le commissaire, nous tenons un coupable.

— Pour de bon ?

M. Legentil eut un accès de dignité.

— Croyez-vous que je vous aurais fait arrêter un innocent ? s'écria-t-il.

— Je ne crois rien, répondit le commissaire ; j'exécute ou je fais exécuter les ordres que je reçois, voilà tout. Vous êtes venu, un mandat à la main, me parler d'un homme à arrêter ; il est arrêté ; maintenant vous me parlez d'un homme à interroger, c'est ici que commence mon embarras.

— Je vous aiderai, monsieur le commissaire.

— J'y compte bien. De quoi est-il coupable ?

— De quoi ?

— Oui, de quel délit? de quel crime? Il est tout naturel que je vous demande cela, ce me semble.

— Ah! voilà, dit Lebel, c'est ce que j'ignore.

— Mais alors comment savez-vous que cet homme est coupable?

— Parce qu'il l'avoue.

— Il avoue quoi?

— Tout.

— Monsieur Legentil, dit le commissaire, si vous n'étiez pas revêtu d'un caractère particulier et tout à fait sérieux, je serais tenté de croire que vous vous moquez de moi.

— Ce sont les événements qui se moquent de nous deux, monsieur le commissaire. Je vous répète que cet homme s'attendait à être arrêté. Il a quelque chose sur la conscience. En l'interrogeant avec votre habileté, vous pouvez provoquer ses aveux.

Le commissaire sonna.

— Introduisez cet homme, dit-il.

— Encore une prière, monsieur le commissaire, fit M. Legentil.

— Parlez.

— De même que j'ai assisté à l'arrestation, je désirerais assister à l'interrogatoire.

— Rien de plus facile, monsieur Legentil; vous n'avez qu'à conserver votre uniforme; vous serez censé garder la porte de mon cabinet.

Au même instant, Damiens parut, accompagné de l'exempt.

Damiens n'avait rien perdu de son calme, mais une teinte de tristesse était répandue sur sa physionomie.

Après les premières questions d'usage, auxquelles Damiens répondit d'une voix assurée, le commissaire dit :

— Vous portez un nom assez commun dans la province.

— Nous sommes beaucoup dans notre famille, en effet, dit Damiens.

— Avez-vous encore votre père ?

— Oui, monsieur; il a soixante-treize ans, et est portier de la prévôté d'Arcq, dépendant de l'abbaye de Saint-Bertin.

Le commissaire sembla recueillir ses souvenirs.

— Je connais moi-même un Damiens à Saint-Omer, dit-il; un artisan, je crois...

— Un peigneur de laine. C'est Joseph, mon frère aîné.

— Un brave homme, ajouta le commissaire.

— Oh! oui, s'écria Damiens avec émotion, un digne cœur... mais qui a bien de la peine à gagner son existence.

— Que n'avez-vous eu plus souvent son exemple sous les yeux !

— Je l'ai eu constamment, monsieur le commissaire; mais que voulez-vous? on n'arrange pas sa vie comme on veut.

— Depuis combien de temps êtes-vous au service de M. de Crespy?

— Depuis quatre-vingt-dix-sept jours.

— Où étiez-vous auparavant?

— Vous le savez bien, dit Damiens avec un haussement d'épaules.

Il y eut à ce moment un échange de regards entre le commissaire et le faux soldat.

— Nous le savons en effet, reprit le commissaire; mais la justice a ses formalités, desquelles il ne nous est pas permis de nous écarter. Il s'agit, pour nous, magistrat, de vérifier la sincérité de vos dépositions et si ce que vous dites s'accorde avec ce que nous savons. Je vous répète donc : Où étiez-vous avant d'être à Arras?

— A Paris, monsieur le commissaire.

— En condition, probablement?

— En condition.

— Chez qui?

Damiens hésita.

— Voyons, dit le commissaire, puisque nous le savons...

— Chez M. Michel.

— Rappelez quel était ce sieur Michel et où il demeurait.

— C'était un négociant venu de Saint-Pétersbourg et descendu chez son ami M. Desprez, marchand drapier...

— Rue?...

— Rue des Bourdonnais, sur la paroisse de Saint-Germain-l'Auxerrois.

— Par qui aviez-vous été adressé à ce sieur Michel?

— Par Christophe, le cocher de M. Richard.

— M. Richard?...

— Le payeur des gages de messieurs du Parlement.

— Combien de temps êtes-vous resté au service de Michel?

Damiens laissa échapper pour la seconde fois un mouvement d'impatience.

— Mais puisque vous le savez! dit-il.

— N'importe, précisez... Nous vous l'ordonnons, dit le commissaire.

— Je suis entré chez M. Michel le dimanche, et j'en suis sorti le mardi.

— Que s'est-il passé dans un si court espace de temps, et quels sont les faits qui ont motivé votre départ subit?

— Comme vous êtes cruel! murmura Damiens.

— Eh bien?

— C'était le lundi, à midi. M. Michel était sorti pour vaquer à ses affaires, en me recommandant de l'attendre... Au fait, il vaut mieux que je vous dise les choses moi-même, car on vous les a peut-être mal racontées...

Le commissaire et M. Legentil étaient tout oreilles.

Damiens continua avec effort.

— J'avais remarqué la veille, au fond de l'armoire qui est dans la chambre à coucher, un grand portefeuille de maroquin noir. Je savais que c'était là qu'il mettait une partie de son argent... La clef était restée sur la serrure ; j'étais seul. La première heure, je chassai la tentation ; j'essayai de penser à autre chose ; je me mis à la fenêtre et je regardai les passants... Mais j'avais toujours l'idée à ma pauvre femme. Il faut que vous sachiez, monsieur le commissaire, que ma femme, qui demeure rue du Cimetière-Saint-Nicolas-des-Champs, a pour profession de garder les malades... mais il n'y a pas toujours des malades. La veille, nous n'avions pas un sou chez nous... ni chez ma fille. Ma fille est enlumineuse de découpures pour les marchands d'images de la rue Saint-Jacques. Ce ne sont pas des métiers très-lucratifs. J'avais la mort dans l'âme, cela se conçoit. Monsieur le commissaire, je ne suis pas né voleur... je n'aurais pas vu ce portefeuille que rien ne serait arrivé ; j'aurais continué à souffrir, ma pauvre femme aussi, ma fille aussi. Dieu nous aurait peut-être sauvés, comme il avait déjà fait plusieurs fois. Mais j'avais vu le portefeuille.

Damiens s'interrompit.

Il souffrait visiblement en faisant ce récit.

— Une autre heure se passa ainsi, continua Damiens ; quoique ayant le dos tourné, je voyais toujours la clef laissée à l'armoire ; il me semblait même l'entendre s'agiter dans la serrure, et m'appeler et m'engager au vol. Comme les maîtres sont imprudents ! Il n'y avait cependant rien de décidé dans mon esprit; je combattais encore. S'il m'avait été permis de sortir, le grand air aurait probablement dissipé mes mauvaises pensées; mais M. Michel m'avait expressément ordonné d'attendre son retour. J'aurais dû lui désobéir, quitte à lui en avouer la raison. Je m'obstinai au contraire; j'entendis sonner trois heures, puis quatre heures. Il ne revenait pas. J'allais de la fenêtre à la porte, que j'ouvrais pour écouter dans l'escalier. Oh! comme je l'appelais!

— Abrégez, dit le commissaire avec l'apparente insensibilité des magistrats.

— Qu'est-ce que vous voulez que j'abrége! répliqua Damiens surpris; je ne sais raconter les choses que comme elles me viennent. Pourquoi me commandez-vous de parler? Laissez-moi me taire, ce sera plus vite fini.

— Diable! murmura M. Legentil à part lui.

— Continuez alors, fit le commissaire.

— Je disais donc, reprit Damiens, que j'entendais toujours le petit bruit de la clef. C'était sans doute le sang qui me bourdonnait aux oreilles. Le sang m'a toujours beaucoup tourmenté, monsieur le commissaire. Tout à coup je n'y tins plus, je me précipitai brusquement sur l'armoire, et je l'ouvris toute grande. Le portefeuille me sauta aux yeux, le grand portefeuille, énorme, gonflé, sombre. « Pour le coup, m'écriai-je, M. Michel va rentrer! M. Michel va revenir! » Mais non, j'étais bien seul, on me laissait seul.. avec le portefeuille! Je le saisis d'une main tremblante; il était si lourd que je manquai de le faire tomber. En le tournant et le retournant, je m'aperçus qu'il était fermé par une serrure; cette découverte me soulagea, et je me dis : « Bon! il n'y a pas moyen de l'ouvrir, je n'irai certainement pas le briser. » Pourtant je ne le remettais pas dans l'armoire, je continuais à le manier fiévreusement. Il ne fermait sur deux de ses côtés que par des rubans noués. « Allons, c'est la destinée qui le veut! » m'écriai-je. Furieux contre moi-même, je ne m'amusai pas à dénouer les cordons, je les arrachai, et introduisi la main dans le portefeuille. Pendant ce temps je ne cessais d'appeler M. Michel au milieu de mes larmes. Un instant je crus l'entendre monter. Mais non; je devais être coupable jusqu'au bout.

Damiens reprit haleine.

M. Legentil triomphait.

— Combien y avait-il dans ce portefeuille? dit le commissaire.

— Je ne sais pas, répondit Damiens; je tâtai deux bourses, et je pris au hasard dans l'une d'elles une poignée de louis. J'ai appris plus tard que M. Michel m'avait accusé d'avoir pris quatre rouleaux de cinquante louis chacun. C'est une fausseté. J'ai volé, eh bien! oui, mais je n'ai volé que ce dont j'avais besoin. Sur le moment je n'ai pas compté, j'étais trop agité. C'est après que j'ai vu que j'avais pris cent trente louis... pas un de plus, je l'affirme sur le salut de mon âme. J'aurais pu facilement remplir mes poches, j'étais à même, je ne l'ai pas fait.

Le commissaire dit :

— Il sera pris acte de votre déclaration. Poursuivez.

— Où en étais-je? Ah! je venais de faire le coup. Je ne sais pas comment j'eus la présence d'esprit de replacer le portefeuille et de refermer l'armoire. Je fis cela machinalement sans doute. Puis je sortis. Peut-être encore si j'avais rencontré M. Michel dans l'escalier, lui aurais-je tout rendu en me jetant à ses pieds. Le sort ne le voulut pas. Une fois dehors, je marchai tout droit devant moi, sans but, ne pensant à rien. La nuit était verue; sous un pont, je comptai mon argent. Mon argent ! Je mis quarante louis de vingt-quatre livres dans un petit sac que j'avais sur moi. Ensuite, les idées un peu plus nettes, j'allai à la poste et je retins une place pour Arras.

— Pourquoi ? demanda le commissaire.

— Oui, pourquoi ? répéta mentalement M. Legentil.

Damiens sembla embarrassé.

— Je ne voulais pas rester à Paris dans la crainte d'être arrêté. Et puis j'avais l'envie de revoir mon pays où je n'étais pas allé depuis plusieurs années. Quelques heures restaient encore devant moi; j'en profitai pour aller dire adieu à ma femme. Je lui cachai la mauvaise action que j'avais faite, lui disant seulement que j'avais trouvé une place à Arras et qu'on m'avait avancé le voyage. Nous fîmes monter un ordinaire du Vieux-Chêne. Elisabeth mangea de bon appétit; moi je la regardais sans pouvoir l'imiter; les morceaux ne passaient pas. Ah ! l'argent volé ! Ma femme ne m'adressait aucune observation; elle est habituée à me voir préoccupé et triste. Le malheur nous a depuis longtemps rendus silencieux l'un et l'autre. Vers huit heures, ma fille arriva... Vous voyez bien, monsieur le commissaire, que je vous fatigue de ces détails; et si vous saviez le mal que cela me fait de me les rappeler !

— Allez toujours, dit M. Hangest.

— D'ailleurs, mon récit touche à sa fin. Ma femme et ma fille me proposèrent de m'accompagner jusqu'à la voiture, j'y consentis. Comme elles se préparaient pour sortir, j'entrai dans la cuisine sous un prétexte quelconque et je déposai furtivement mon sac sur le coin du manteau de la cheminée, du côté des fourneaux. « Elisabeth le trouvera demain, pensai-je, et j'éviterai ainsi toute explication. » Je ne voulus point qu'elles vinssent plus loin que Saint-Merri ; je n'étais pas tranquille dans la rue. Là, elles m'embrassèrent toutes deux en me souhaitant bon voyage et bonne chance. Bonne chance, moi ! à moi ! Est-ce qu'il n'y a pas là de quoi rire, monsieur le commissaire ?

— Non, répondit celui-ci.

Ce drame sec et nu lui avait donné froid à plusieurs reprises.

— Est-ce tout ?

— Vous savez le reste, dit Damiens. Je me croyais caché et oublié depuis trois mois chez M. de Crespy. Un mauvais génie est venu m'y relancer. Je subirai mon châtiment. Mais, monsieur le commissaire, je n'ai volé que cent trente louis, je vous le jure !

— Ainsi vous n'avez pas autre chose à déclarer ?

— Pas autre chose, répondit Damiens.

— Cherchez bien.

— J'ai tout dit.

Comme on l'a vu, le commissaire ne s'était pas défendu d'une certaine émotion.

Il n'en avait pas été ainsi de Lebel, qui, sous son uniforme d'emprunt, s'était tenu à quatre pour ne pas intervenir plusieurs fois dans l'interrogatoire.

Il considérait Damiens comme sa création, et il mettait son amour-propre à vouloir l'élever à la hauteur d'un criminel.

Voyant que le commissaire, — entièrement désintéressé dans cette affaire, — allait borner là ses questions, Lebel se hasarda à sortir de son rôle, et, d'une voix qu'il cherchait à déguiser, il émit cette opinion doucereuse :

— Monsieur le commissaire ne serait-il pas d'avis qu'on demandât à l'accusé quel emploi il a fait du reste de l'argent dérobé ?

— C'est juste, dit M. Hangest.

Damiens avait eu un sursaut en entendant cette voix ; il se tourna vivement du côté où elle était partie... Les moustaches et le fusil l'abusèrent.

Il en demeura cependant inquiété.

— Accusé, vous avez entendu? dit le commissaire ; donnez-nous l'emploi que vous avez fait de la somme soustraite au sieur Michel.

— L'emploi... l'emploi... murmura Damiens; est-ce que je m'en souviens? Sait-on où va l'argent impur!

— Réfléchissez, Damiens, que deux mille francs environ ne représentent pas une somme insignifiante; vous avez une certaine suite dans la conduite, de la mémoire... Continuez à éclairer la justice et à mériter de la sorte sa bienveillance.

— On trouvera dans ma chambre ce qui reste de ces deux mille francs.

— Je ne vous demande pas compte de ce qui reste, objecta le commissaire, mais de ce qui est parti.

Damiens se tut.

— Ces renseignements sont indispensables à l'instruction, fit le commissaire. Répondez, je vous l'ordonne.

— Non, dit Damiens.

— Quels sont vos motifs?

— On en persécuterait d'autres que moi... Je ne le veux pas, je ne dois pas le souffrir.

— D'autres, dites-vous?

Damiens se tut.

— Insistez, monsieur le commissaire, ne put s'empêcher de souffler Lebel.

Cette fois, Damiens reconnut la voix.

— Du moment que cet homme est ici, murmura-t-il avec un geste d'effroi, je ne dirai rien... Je ne veux plus rien dire... Oh! j'en ai déjà trop dit!

Il fut impossible au commissaire d'arracher un mot à Damiens.

— On saura découvrir sans vous ce que vous avez fait de cet argent.

Damiens leva les yeux au ciel, et se renferma dans son silence.

— Conduisez cet homme en prison, dit le commissaire à l'exempt, et qu'il soit mis au secret jusqu'à nouvel ordre.

Resté seul avec Lebel, le commissaire lui dit :

— J'ai agi selon votre désir; êtes-vous satisfait ?

— Quand je vous disais que j'avais mis la main sur un coupable important ! s'écria Lebel.

— Oh ! oh ! important ! répliqua M. Hangest; je ne vois en lui qu'un pauvre diable, la main forcée par l'indigence, et plus malheureux que pervers.

— Vous ne l'avez pas bien regardé, dit Lebel; il y a autre chose en lui qu'un vulgaire voleur, croyez-moi, il y a autre chose.

— Vous devez vous y connaître mieux que moi, répondit le commissaire; à présent, que dois-je faire de la déposition de ce Damiens ?

— Votre rôle est tout tracé; j'ai rempli mon devoir envers la société en démasquant un coupable; à vous de remplir le vôtre en le livrant à la loi.

— Je vais écrire à Paris, dit M. Hangest; j'aurai soin de vous tenir au courant de cette affaire.

— C'est inutile, répliqua Lebel; je quitte Arras sous peu de jours; cet homme ne m'importe plus; il appartient désormais aux tribunaux; je le leur abandonne... ainsi qu'à vous, monsieur le commissaire. Il me suffit d'avoir bien mérité de la société !

Sur ses paroles emphatiques, Lebel sortit majestueusement du cabinet du commissaire.

## XIII

#### LE PEIGNEUR DE LAINE

Le bruit de l'arrestation de Damiens ne tarda pas à se répandre à Arras et dans les environs.

A l'hôtel de Crespy la sensation avait été diverse.

— Cela m'afflige, mais cela ne m'étonne pas, avait dit le grand-père.

— C'est singulier ! avait dit la mère, dont nous avons signalé la surdité; je n'ai jamais entendu ce garçon me répondre un mot de trop.

— Qu'on le pende, ce sera bien fait ! s'était écriée l'impétueuse tante Sidonie.

Seule, Marthe avait murmuré :

— Pauvre Damiens !

Bien que cet homme lui semblât étrange, elle s'était aperçue de la secrète et respectueuse sympathie dont il l'enveloppait. Lui parti, elle se sentit moins protégée.

Mais ce ne fut que l'impression de quelques jours seulement.

Quarante-huit heures après cette arrestation, un homme aux souliers poudreux, aux traits fatigués, portant le costume des habitants de la campagne, frappait à la porte du commissaire M. Hangest, et demandait à lui parler sur-le-champ.

Il s'annonçait comme venant de Saint-Omer.

— Faites entrer, dit le commissaire.

— Bonjour, monsieur Hangest, prononça l'arrivant; est-ce que vous ne me reconnaissez pas? Il faut donc croire que j'ai bien changé!

— Attendez, dit le commissaire : Joseph Damiens, le peigneur de laine...

— Lui-même. Je vous reconnais bien, moi. Vous avez demeuré deux ans à Saint-Omer, en face de chez nous, à preuve que vous vous arrêtiez toujours à causer avec mes petits enfants et à leur donner des liards... Allez, ils se souviennent bien de M. Hangest, l'aîné surtout, à qui vous trouviez une mine si éveillée.

— C'est vrai... Qu'est-il devenu?

— Eh! cela a déjà neuf ans, et cela travaille à la laine comme moi... La mère garde la maison... vous savez, Marie Pauvret, la bien nommée par parenthèse, la filleule à votre femme de chambre.

— Oui, je me rappelle, dit le commissaire; vous êtes d'honnêtes gens, des cœurs courageux, l'exemple de votre quartier... Pourquoi faut-il qu'il y ait des mauvais sujets dans toutes les familles?

Le peigneur de laine pâlit à ces mots.

— Vous me dites cela pour mon frère François, n'est-ce pas?

— Hélas! fit le commissaire en accompagnant cette exclamation d'un geste de commisération.

— Et vous avez tort ! reprit vivement celui qu'on connaît déjà sous le nom de Joseph ; vous connaissez mal François, vous avez été égaré sur son compte... je ne sais par qui... mais vous avez été égaré.

— Mon brave Joseph, je comprends le sentiment qui dicte vos paroles ; mais les faits sont là, malheureusement.

— Les faits ?...

— Avoués par votre frère lui-même.

— Il vous a dit qu'il avait volé ? continua Joseph sans trop d'étonnement ; il s'est dénoncé ? je m'en doutais ; mais quelqu'un a dû le pousser à cela.... et je saurai qui... Oh ! oui, je saurai qui !

Le commissaire se mordit les lèvres.

— Eh bien ! oui, François a volé, reprit le peigneur de laine en s'exaltant ; mais c'est une vieille histoire, qui s'est passée à Paris et non à Arras, et qui ne vous regardait pas, et dont vous ne saviez pas le premier mot...

— Joseph !

— Non... et dont vous ne savez pas le dernier mot non plus... car si François vous a avoué son vol, il ne vous a pas appris que la somme volée avait été remboursée.

— Par qui ?

— Par moi.

Le commissaire regarda en face ce visage campagnard qui flamboyait d'honnêteté.

— Par vous, Joseph ?

— Hélas ! monsieur le commissaire, c'était un peu à cause de moi qu'il avait commis ce vol.

— Comment cela ?

— J'avais eu l'imprudence de lui écrire pour lui dépeindre ma profonde misère, et pour lui demander s'il pouvait nous venir en aide. Les indigents agissent quelquefois étourdiment. Je ne prévoyais pas que je m'adressais à plus malheureux que moi. On s'imagine qu'à Paris tout le monde est riche. Il ne me répondit pas. Seulement, huit jours après, ma femme m'amena un individu dans l'endroit où je travaillais. C'était François. Après m'avoir embrassé, il s'excusa d'avoir gardé le silence, et il me dit d'un air soucieux auquel je me reproche de n'avoir pas pris garde, qu'un de ses amis avait mis une petite somme à sa disposition. Puis il m'offrit trois cents livres. Jugez de ma joie !

— Cela se comprend, fit le commissaire.

— Je courus acheter des laines, et bientôt on fut moins malheureux à la maison. François n'avait pas voulu demeurer chez nous, il était reparti sans me dire où il allait. Sur ces entrefaites, la foudre entra chez moi un matin sous la forme d'une lettre que m'écrivait de Paris mon autre frère Louis. Ah ! monsieur le commissaire ! quel coup terrible pour ma femme et pour moi !

— Je devine...

— Louis m'apprenait que le dernier maître de François avait porté contre lui une plainte au Châtelet. Nous n'en dormîmes pas de plusieurs jours. Un de nos voisins partait pour Paris, le sieur Leys...

— Ferdinand Leys, le jeune bachelier en médecine, je le connais, dit le commissaire.

— Nous le chargeâmes d'aller trouver M. Michel et de lui restituer d'abord trente louis d'or que je fus assez heureux pour me procurer tout de suite... ensuite de lui promettre le reste de la somme pour bientôt.

— C'est bien, Joseph.

— Ah ! monsieur, c'est ce que tout le monde aurait

fait à notre place! Grâce aux prières de Léya, M. Michel se désista de sa plainte.

— Vous dites?... fit le commissaire.

— Je dis qu'il se désista de sa plainte, ainsi qu'il nous en donna bientôt l'assurance par écrit. J'ai toutes les preuves sur moi. Je l'ai remboursé petit à petit, à force de travail, et j'avais tout lieu de croire cette affaire entièrement ignorée, quand on est venu m'apprendre hier que François était en prison. Alors je suis venu bien vite pour vous dire qu'il faut qu'il en sorte, monsieur le commissaire.

— Il en sortira, mon ami, mais...

— Il faut qu'il en sorte tout de suite!

— J'ai malheureusement écrit à Paris pour demander des instructions à son égard, et je dois attendre la réponse.

— Mais puisque personne ne l'accuse... puisque le négociant reconnaît qu'il s'est trompé! s'écria Joseph Damiens.

— N'importe, l'affaire doit suivre son cours, et j'ai besoin de nouveaux ordres.

Le peigneur de laine tomba accablé sur son siége.

— Je suis aussi chagrin que vous, mon cher Joseph; mais espérez.

— Il faut que François ait un ennemi ici... Je le découvrirai! Je découvrirai celui qui nous a déshonorés!

— Ne précipitez rien, vous gâteriez les affaires de votre frère. Espérez, vous dis-je.

Le pauvre homme s'en alla chancelant.

Le surlendemain, ainsi que le commissaire l'avait prévu, l'ordre arriva de Paris de mettre Damiens en liberté.

Le commissaire obéit à cet ordre avec d'autant plus de

plaisir que M. Legentil avait, comme on s'en souvient, renoncé à tous ses droits sur Damiens, et le « lui avait abandonné, » selon son expression.

D'ailleurs M. Hangest n'avait plus revu M. Legentil, et il pouvait le croire parti.

Sur le seuil de la prison, Damiens trouva Joseph, le peigneur de laine, qui se jeta dans ses bras.

## XIV

### LES PROMENADES

C'était cette heure de l'après-dîner où la belle société d'Arras venait respirer la fraîcheur sur les promenades.

J'aime ces promenades des villes de province, ces masses abondantes de feuillage, qui gardent un grand caractère de solennité et de recueillement. Le terrain n'y est pas ménagé, le gazon y pousse comme il veut. Désertes dans la journée, on peut y venir rêver à l'aise ; — çà et là, sur un banc de pierre, une femme coud, un enfant joue. Le soleil s'en donne à cœur joie au milieu de ce silence.

Arras a de vastes promenades, plantées de superbes tilleuls, et coupées par le Crinchon, la gaie rivière aux teinturiers.

Ces promenades ont simplement pour nom : les Promenades. On voit que les habitants ne se sont pas mis en grands frais d'appellation.

Abandonnées à de rares promeneurs pendant les heures de travail, — à des militaires désœuvrés et à des vieillards frileux, — elles s'animent aux approches du soir. Pour peu que la musique de la garnison s'y fasse entendre, la foule accourt, se presse sous les beaux arbres odorants.

Ce tableau était surtout charmant à l'époque de notre récit; l'attrait du paysage s'augmentait de la variété et de la coquetterie des costumes. La verdure majestueuse s'accommodait de l'éclat papillonant des étoffes.

Or, vers six heures, un particulier, n'ayant pas souci de la foule, traversait rapidement les Promenades.

Il ne regardait personne et proférait quelques paroles à voix haute.

Cet homme suivait l'allée des Soupirs.

Arrivé au bout de cette allée, il se heurta contre un autre homme non moins empressé que lui, non moins agité, et qui venait de la porte des Capucins.

Deux exclamations retentirent en même temps.

— Lebel!
— Briasson!
— Je te cherchais.
— J'allais au devant de toi.
— Si tu savais...
— Si tu pouvais te douter...
— Parlons chacun à notre tour.
— Soit. Commence.

Lebel, posant ses deux mains sur les deux bras de Briasson, lui dit :

— Sais-tu avec qui je viens de me rencontrer nez à nez, il n'y a qu'un instant?

— Non.

— Devine, cherche, suppose. Mais suppose l'inouï, cherche l'invraisemblable, devine l'incompréhensible.

— Je suis un mauvais devin, répondit Briasson.
— Avec Damiens.
— Où cela?
— Dans cette allée.
— C'est impossible.
— Je m'attendais à cette réponse. C'est impossible, en effet, mais cela est vrai.
— Tu railles, Lebel?
— Plût au ciel!
— Damiens est en prison, dit Briasson, et bien en prison; tu l'y as conduit toi-même.
— Il y était, il n'y est plus.
— Inexplicable!
— A qui le dis-tu! murmura Lebel.
— Cependant, ton mandat d'arrêt... reprit Briasson.
— Tu vois le cas qui en a été fait.
— Et ce commissaire?
— Ah! le traître! Il me le paiera!
— Je suis sans inquiétude sous ce rapport, dit Briasson; mais Damiens...
— Eh bien?
— Est-ce qu'il t'a reconnu?
— Parbleu! j'ai même surpris un sourire de triomphe sur ses lèvres.

Les deux hommes avaient marché jusqu'alors avec une rapidité parallèle.

Briasson s'arrêta.

— A présent, dit-il à Lebel, laisse-moi parler; c'est mon tour.

— Tu ne peux rien m'apprendre qui égale ce que je viens de te dire.

— Voilà ce qui te trompe.

— Je n'en crois rien, fit Lebel d'un air insouciant.

— Lis! dit Briasson en lui tendant un papier.
— Qu'est-ce que c'est que ça?
— La lettre de faire part du mariage de M<sup>lle</sup> de Crespy.
— Ah! je t'ai défendu de prononcer ce nom-là.
— Lis, te dis-je.
— Non, fit Lebel durement.
— Alors, écoute...

Et sans avoir égard au mécontentement de son acolyte, Briasson entreprit la lecture du document suivant : « M<sup>me</sup> de Crespy, veuve d'Armand-Jules de Crespy, écuyer, seigneur de Stenay et de Corbet, chevalier de l'ordre royal de Saint-Louis, a l'honneur de vous faire part du mariage de M<sup>lle</sup> Marie-Marthe de Crespy... »
— Assez! dit Lebel.
— « ... sa fille, avec M. le... »
— Je n'écoute rien.
— « ... avec M. le chevalier Pierre de Chantemesse... »
— Hein? dit Lebel dressant l'oreille.
— « ... et vous invite à assister à la messe et à la bénédiction nuptiale qui auront lieu... »
— J'ai mal entendu. Le chevalier?...
— « ... qui auront lieu le mardi prochain, 24 du mois de juin courant, dans l'église de Saint-Nicolas-sur-les-Fossés-et-du-Vivier, leur paroisse. »
— Qu'est-ce que tu dis? fit Lebel impatienté.
— Je ne dis pas, je lis, répliqua Briasson.
— Alors tu lis de travers.
— Je ne crois pas.
— Tu lis que M<sup>lle</sup> de Crespy épouse...
— Le chevalier de Chantemesse.
— Le comte?

— Non, le chevalier... C'est écrit..., regarde.

Lebel lui arracha, plutôt qu'il ne lui prit, la lettre des mains.

— C'est vrai, dit-il stupéfait.

— Qu'en penses-tu ? lui demanda Briasson.

— Je pense... je pense que c'est une erreur... ce ne peut être qu'une erreur.

— Je le pensais aussi, dit Briasson, et je suis allé aux informations.

— Eh bien ?

— Eh bien ! rien de plus positif. Il paraît que les deux familles s'étaient entendues pour faire revenir le chevalier de Paris, sans en avoir l'air. On lui avait fait croire au mariage de son frère, tandis qu'en réalité c'était le sien qu'on avait projeté. Le chevalier a donné dans le panneau. Voilà toute l'histoire.

Lebel l'écoutait avidement.

— Ainsi ce n'est pas le comte de Chantemesse qui se marie ?

— Encore une fois non.

— Tu en es bien sûr ?

— Oh !

— Mais alors, s'écria bruyamment Lebel, du moment que ce n'est pas le comte, je redeviens libre de mes actions... Je ne suis lié qu'avec le comte de Chantemesse, moi... Je ne connais pas le chevalier, ou du moins le chevalier m'est tout à fait indifférent ; il ne m'a pas sauvé la vie, je ne lui ai aucune obligation. Briasson !

— Mon cher patron ?

— Briasson, mon ami, réjouissons-nous !

— Je ne demande pas mieux.

— Nous ne rentrerons pas à Paris l'œil morne et la tête baissée, comme tu le craignais.

— J'avoue que cette perspective me navrait et m'humiliait, dit Briasson ; on a son amour-propre comme un autre.

— Plus qu'un autre, morbleu ! Je veux que la marquise de Pompadour me donne sa royale main à baiser ! s'écria Lebel.

— Moi, je me contenterai d'une honnête gratification.

— Accordé !

Les deux associés se seraient mis à sauter de joie s'ils n'avaient été entourés de promeneurs.

— Donc, nous rentrons en campagne à partir de demain, reprit Briasson.

— Que dis-tu, à partir de demain? A partir de ce soir, mon cher ! Le mariage ne sera-t-il pas célébré mardi prochain?

— Oui.

— Quel jour sommes-nous?

— Jeudi.

— Il n'y a pas une minute à perdre pour l'empêcher, s'écria Lebel.

— L'empêcher? tu en parles bien à ton aise ! As-tu un plan? dit Briasson.

— J'en ai plusieurs !

— C'est différent.

— Et d'abord regarde... Vois ces personnes qui passent sous les arbres, dit Lebel.

— Quelles sont-elles?

— Ne reconnais-tu pas Mlle de Crespy avec sa mère?

— Et cette femme qui les accompagne?...

— Ou qui les escorte... une femme de chambre sans doute, dit Lebel.

Il faisait encore assez jour pour qu'on pût distinguer

les promeneurs. Le soleil couchant trouait les fonds d'allées en y mettant sa poudre d'or. Et cette infraction aux habitudes des pâles horizons du Nord faisait s'attarder les Flamands sous les tilleuls. Le soleil est toujours le bienvenu dans tous les pays et chez tous les peuples. Les groupes se renouaient; on convenait d'un tour ou deux de plus.

— M<sup>me</sup> et M<sup>lle</sup> de Crespy viennent de la promenade, comme tout le monde, et rentrent probablement à leur hôtel, dit Briasson.

— Probablement... en passant toutefois par l'église, répliqua Lebel rêveur.

— Qui te fait supposer cela?

— N'entends-tu pas le son des cloches?

— Je l'entends toute la journée; c'est une manie dans cette contrée... Pourquoi irait-on à l'église à pareille heure?

— Briasson, ton éducation religieuse a été fort négligée.

— Je l'avoue, je ne connais rien à toutes ces momeries.

— Ces momeries s'appellent l'Office du soir, l'Angelus, le Salut...

— Tu m'en diras tant!

Les deux drôles s'enfoncèrent à distance sur les traces des trois femmes...

Toute la société d'Arras, avons-nous dit, se trouvait cette après-dîner-là aux Promenades. Il n'y avait rien d'étonnant à cela. Ce qui pourrait paraître plus surprenant, et ce que le hasard se charge de justifier volontiers, c'est que presque tous les principaux personnages de ce livre s'y trouvaient rassemblés à la même heure, comme s'ils s'y fussent donné rendez-vous.

C'était ainsi que, dans une allée moins fréquentée que

les autres, on pouvait remarquer les frères Chantemesse, causant bras dessus bras dessous.

Il n'était plus reconnaissable, le chevalier Pierre de Chantemesse. Le changement physique avait suivi le changement moral. Il était redevenu beau, fier, souriant. Son regard était éclairé, sa parole était prompte.

— Si vous saviez, mon cher Hector, disait-il, comme mon cœur déborde de joie !

— Je le sais et je le vois, répondait le comte.

— Vous ne le savez pas encore assez ! reprenait-il, et dire que c'est à vous que je dois cette transformation !

— Croyez-vous donc, Pierre, que je ne sois pas heureux de votre bonheur?

— Marthe m'aime, je n'en saurais douter depuis la signature du contrat.

— Vous vous en doutiez bien un peu auparavant, dit le comte.

— Taisez-vous, Hector, ce n'est plus la même chose. Mais voyez donc comme il fait beau autour de nous, et comme tout le monde a l'air heureux !

— C'est que tout le monde se marie peut-être.

— Vous vous moquez de moi, dit le chevalier, et vous faites bien. On ne s'habitue pas du jour au lendemain à tant de félicité ; c'est un pli à prendre. Pour le moment, j'en suis tout étourdi. Dites-moi, mon frère, c'est bien pour mardi, n'est-ce pas?

— Quoi?

— Mon mariage, parbleu ! Est-ce qu'il y a autre chose au monde que mon mariage !

— C'est bien pour mardi, en effet, dit le comte de Chantemesse.

— Comme c'est long! s'écria le chevalier. Croiriez-vous que d'ici là j'ai peur qu'il n'arrive quelque malheur?

— A qui?

— A elle, à moi, à quelqu'un de sa famille ou de la nôtre. Enfin j'ai de noirs pressentiments.

— Quelle idée! dit le comte.

— Je ne vivrai pas d'ici à mardi.

Sur un autre point des Promenades, mais entièrement isolé, loin de la foule et des gens heureux, deux autres frères se faisaient leurs adieux.

Ils étaient humbles de vêtements et d'allures.

— Ainsi tu retournes à Saint-Omer, Joseph?

— Ma femme m'attend; elle doit être doublement inquiète, et pour toi et pour moi.

— Cela m'afflige de te voir partir.

— Pars avec moi, François.

— Non.

— Il y aura un lit pour toi à la maison et une place à la table. Tu seras plus heureux qu'ici. Si tu veux, je t'apprendrai à peigner les laines. Mais non, il te faut autre chose, nous chercherons ensemble.

— Mon bon Joseph!

— J'ai parlé de toi au curé de Sainte-Marguerite, M. Fenès.

— Un janséniste, murmura Damiens.

— Qu'importe! il te veut du bien et saura te placer. Il y a aussi les religieux de la maison du Bon-Fils, à St-Venant, qui pourraient t'employer.

— Merci, Joseph; il faut que je reste encore quelque temps à Arras.

— Pourquoi?

Damiens ne répondit pas.

— Les habitants y sont mauvais pour toi, continua Joseph; tu y as des ennemis.

— Oh! oui.

— Tu ne trouveras pas facilement à te replacer.

— Je ne me replacerai pas non plus, dit Damiens.

— Alors, qu'est-ce qui peut te retenir?

— J'ai un devoir à remplir ici.

Le peigneur de laine secoua la tête avec tristesse.

— Tu as un secret, je le vois bien, et tu ne veux pas le partager avec moi. Je comprends cela; nous n'avons pas les mêmes idées. Tu as beaucoup voyagé. Moi, je ne suis jamais sorti de ma province. Que suis-je auprès de toi?

— O mon cher Joseph! s'écria Damiens cédant à son émotion; tu es celui qui m'aime et qui m'a rendu l'honneur! Je n'aurai pas assez de toute ma vie pour te bénir et pour prier pour toi!

— Tu pries donc encore?

— Quelquefois.

— Tant mieux; je serai moins inquiet sur ton compte... car je ne te le cache pas, je te laisse à regret ici.

— Adieu, Joseph.

— Adieu donc, dit le peigneur de laine en soupirant; mais avant de te quitter laisse-moi te laisser ce livre en souvenir de moi.

Et il tira de sa poche un bouquin à tranche rouge.

— Qu'est-ce que c'est que cela, dit Damiens.

L'ouvrant, il lut sur la première page : *Prières et Instructions chrétiennes*.

— Il y a des circonstances dans la vie où l'on a besoin de consolations et de conseils, dit Joseph; promets-moi, dans ces circonstances-là, de lire quelques pages de ce livre.

— Je te le promets, répondit Damiens.

— Adieu, François, et que Dieu te garde comme tu en as besoin !

— Adieu, Joseph, et que Dieu te rende heureux comme tu le mérites !

Les deux frères s'embrassèrent avec effusion.

Puis le peigneur de laine prit la route de Saint-Omer, non sans se retourner plusieurs fois pour dire encore adieu à son frère de l'œil et de la main.

Longtemps, et d'un air pensif, Damiens le regarda s'éloigner.

## XV

### GUET-APENS

M^me de Crespy et sa fille, accompagnées de leur femme de chambre, étaient arrivées à l'église Saint-Nicolas-sur-les-Fossés-et-du-Vivier par une nuit presque complète.

Comme on l'a vu, elles y avaient été suivies par Lebel et Briasson.

Elles prirent leur place accoutumée, non loin de la chaire.

Derrière elles, les deux coquins durent subir l'office.

Lebel, rompu à toutes les hypocrisies, semblait en prendre son parti; mais Briasson, nature plus triviale, dissimulait mal de fréquents bâillements.

— Tu t'ennuies, lui dit Lebel à demi-voix.

— Hum!

— Va faire causer le sacristain; il a cessé de sonner ses cloches, il doit avoir soif.

Briasson s'éclipsa.

Seul, Lebel fit sa moisson d'observations.

Il observa que l'office terminé, — vers neuf heures environ, — un certain nombre de fidèles persistaient à s'attarder dans l'église.

Il observa que, malgré cette persistance et comme pour la combattre, le sacristain s'empressait de fermer la grande porte, la porte principale.

Il observa qu'alors il ne restait plus, sur un des côtés de l'église, qu'une seule porte de sortie, petite, basse, et donnant sur une rue étroite, tout à fait propre à servir ses projets à lui, Lebel.

De jolis projets!

Ces observations, et plusieurs autres encore, il les réunit à celles que lui rapporta Briasson.

Il sut par lui que le confesseur de M<sup>lle</sup> de Crespy s'appelait l'abbé Morguin.

Il sut que M<sup>lle</sup> de Crespy venait régulièrement tous les soirs, depuis quelque temps, à l'église Saint-Nicolas.

Cette recrudescence de dévotion n'avait rien que de fort naturel aux approches de son mariage.

Elle y venait ordinairement avec sa mère et avec sa femme de chambre, — quelquefois avec cette dernière seulement.

Il s'agissait pour Lebel d'empêcher un soir M<sup>me</sup> de Crespy d'accompagner sa fille, — puis de faire en sorte que Marthe et la femme de chambre restassent les dernières dans l'église.

Elles seraient alors forcées, — la grande porte étant fermée, — de sortir par la porte de côté et de s'en retourner par la petite rue déserte.

Une fois là, cela allait tout seul.

Lebel ne remit pas plus tard qu'au lendemain l'exécution de ce plan.

Briasson fut chargé de découvrir dans les cabarets et autres mauvais lieux d'Arras trois ou quatre de ces drôles que l'argent trouve prêts à tout.

Une chaise de poste devait stationner dans la partie la plus obscure de la petite rue ; on prendrait le soin d'envelopper les roues avec du linge. Les portières auraient des vitres en bois.

Il ne fallait pas que le postillon fût un homme trop scrupuleux ; il était nécessaire de s'assurer à l'avance de son impassibilité.

Sur la route, un *ordre du roi* parfaitement en règle fermerait la bouche et les yeux aux indiscrets.

Les deux émissaires de la marquise de Pompadour n'eurent pas trop de vingt-quatre heures pour leurs préparatifs.

Lebel s'était informé du médecin de M<sup>me</sup> de Crespy.

Dans l'après-dîner, celle-ci reçut le billet suivant, qu'elle n'avait aucune raison de croire apocryphe :

« Ma chère cliente,

« Ne sortez pas ce soir ; il y a de malignes influences dans l'air.

« J'irai vous voir d'aussi bonne heure que cela me sera possible, pour vous entretenir d'un nouveau mode de traitement destiné à rendre toute sa netteté à votre appareil acoustique.

« Je m'estimerais heureux si, par la même occasion, M. de Crespy voulait bien m'attendre en son hôtel. J'aurais également un mot à lui communiquer.

« Daignez, madame et chère cliente, agréer les hommages que dépose à vos pieds le plus dévoué de vos serviteurs.

« Docteur AMABLE VASSEUR. »

De cette façon, les parents se trouvaient consignés chez eux.

Il n'y avait donc pas à craindre d'être dérangé de ce côté-là.

Vers le soir, — toutes leurs mesures prises, — Lebel et Briasson s'acheminèrent vers l'église Saint-Nicolas-sur-les-Fossés-et-du-Vivier avec une anxiété qu'ils ne cherchaient pas à se dissimuler l'un à l'autre.

M<sup>lle</sup> de Crespy viendrait-elle?

Quelque obstacle imprévu ne surgirait-il pas au dernier moment?

Lebel était vêtu d'une longue lévite noire, boutonnée, qui pouvait jusqu'à un certain point le faire prendre pour un ecclésiastique.

Tous les deux s'installèrent près de la grande porte, afin de mieux voir entrer les fidèles.

Un quart d'heure s'écoula, puis une demi-heure.

Les cloches cessèrent de sonner ; l'office commença.

Ils désespéraient et regardaient déjà leur entreprise comme ajournée, lorsque M<sup>lle</sup> de Crespy arriva.

Elle était avec sa femme de chambre.

Elles allèrent à leur place, regards baissés, livre en main.

Est-il nécessaire de dire que l'office sembla plus que la veille d'une longueur mortelle à Lebel et Briasson? — Ce que c'est que le peu de foi!

Enfin, un *amen* sonore annonça la fin de la cérémonie.

Les prêtres défilèrent un à un devant l'autel, en s'inclinant.

L'abbé Morguin venait le second.

Alors il y eut dans la nef un moment de calme profond. Personne ne voulait montrer d'empressement à s'en aller ; chacun restait à sa place pour une dernière prière, pour une dernière oraison. Toutes ces têtes silencieuses, prosternées sous l'idée divine, toutes ces mains jointes, tous ces genoux ployés, formaient un tableau vraiment imposant.

Peu à peu, cependant, il se fit un bruit de chaises remuées ; ce fut le signal du départ. Des rangées entières s'écoulèrent à pas discrets.

Bientôt il ne resta plus qu'une trentaine de personnes.

Lorsque le vide se fut fait autour de M<sup>lle</sup> de Crespy et de sa femme de chambre, Lebel se dirigea vers elles en feignant de venir de la sacristie.

— Mademoiselle, dit-il de cette voix respectueuse et étouffée propre aux gens d'église, l'abbé Morguin vous prie de vouloir bien l'attendre ici un instant.

Un peu étonnée, M<sup>lle</sup> de Crespy fit néanmoins avec la tête un signe de consentement.

Il se pouvait, en effet, que son confesseur eût une communication à lui faire.

L'église continua de se vider lentement.

Au lieu d'une trentaine de personnes, il n'y en eut plus que douze environ, disséminées, immobiles.

Le sacristain ferma la grande porte, qui retentit lourdement et longuement sur ses gonds.

Puis il alla vers l'autel et se mit en devoir d'éteindre les cierges.

Cela décida encore quatre ou cinq personnes à partir, — par la petite porte.

M<sup>lle</sup> de Crespy attendait toujours.

Vint un moment où il ne resta dans l'église que sept personnes.

Lebel, caché derrière un pilier, jugea qu'il était temps d'agir.

Il fit signe à Briasson, demeuré dans l'ombre, d'avancer vers lui.

— Sommes-nous prêts ? lui demanda-t-il à voix basse.

— Oui.

— La voiture ?

— Elle vient d'arriver... elle se tient à vingt pas, dit Briasson.

— Bien. Et tes hommes ?

— Deux sont aux aguets dans la rue ; les deux autres sont ici, prêts à fermer la marche et à protéger notre coup.

— Désigne-les-moi, dit Lebel.

— Là devant toi... et là à ma gauche.

— Mais il y en a un troisième de l'autre côté ; regarde.

— Il n'en est pas, fit Briasson.

— Diable !

— Quelque dévôt acharné.

— On dirait qu'il nous observe, dit Lebel.

— J'aurai l'œil sur lui. Eh bien ! qu'attends-tu ?

— Cet homme m'inquiète...

Cependant, s'apercevant que M<sup>lle</sup> de Crespy commençait à donner des signes d'impatience, Lebel cessa d'hésiter.

Il alla vers elle et lui dit, toujours de la même voix onctueuse :

— Mademoiselle, vous plaît-il de me suivre ? Je suis chargé de vous conduire auprès de l'abbé Morguin.

M<sup>lle</sup> de Crespy eut un second geste d'étonnement, et se tourna vers sa femme de chambre comme pour la consulter.

Il faut croire que celle-ci n'eut aucune objection à

faire, car les deux femmes se levèrent et se disposèrent à suivre Lebel.

Celui-ci, au lieu de les mener vers la sacristie, les guida vers la petite porte.

— Mais ce n'est pas par là... murmura Marthe irrésolue.

— Venez, venez, prononça Lebel.

Elles essayèrent de se retourner, mais alors elles se virent presque poussées par deux individus de figure rébarbative. L'effroi leur fit faire involontairement un pas en avant.

— Venez donc! répéta Lebel avec une insistance mêlée d'autorité.

Elles se trouvèrent dans la rue.

Alors là il se passa une scène d'une audacieuse atrocité.

Lebel jeta rapidement sur M<sup>lle</sup> de Crespy un voile dont il lui enveloppa la tête, en le serrant à la bouche et au cou; puis l'enlevant dans ses bras avec une rare habileté, il la transporta à la chaise de poste dont la portière se trouvait ouverte, et où il la déposa en moins de temps qu'il n'en faut pour l'écrire.

La pauvre enfant s'était immédiatement évanouie, sans avoir eu la force de se débattre ni de pousser un cri.

Il n'en avait pas été de même de la femme de chambre, appréhendée également au corps et enveloppée, elle aussi, d'un voile épais par un des deux individus. Soit que celui-ci s'y prit moins habilement que Lebel, soit qu'il rencontrât une vigoureuse résistance, toutefois est-il que la donzelle put jeter deux ou trois exclamations et distribuer quelques énergiques gourmades à son enleveur.

— Au secours! au meurtre! au...

— Te tairas-tu, femelle ?

Et une large paume de main s'appliquant sur la partie inférieure de son visage intercepta pour un moment ses vociférations.

En un clin d'œil elle fut à son tour conduite à la voiture et jetée sur les coussins à côté de M<sup>lle</sup> de Crespy.

— Mais je ne veux pas de celle-là ! dit vivement Lebel ; je ne veux pas l'emmener !

— Qu'est-ce que vous voulez que nous en fassions, nous autres ? répliquèrent les coupe-jarrets.

Un d'entre eux, plus sagace, lui dit :

— Emmenez-la toujours, vous la laisserez en route si elle vous gêne.

Dès qu'elle se sentit délivrée de la terrible empaumure, la femme de chambre recommença ses cris et ses bonds.

Lebel ne fut occupé pendant quelques secondes qu'à la contenir.

— A l'assassin ! articulait-elle d'une voix qu'on pouvait justement qualifier d'étranglée.

— Coquine !... elle va tout perdre... Aidez-moi au moins à la bâillonner, camarades.

Ce ne fut pas sans difficultés que les camarades procédèrent à cette opération.

Il en résulta une perte de temps précieuse dans les circonstances où l'on se trouvait.

— Et Briasson ? Où est Briasson ? demanda tout à coup Lebel.

— Il doit être resté en arrière.

— Que le diable l'emporte ! Je ne peux pourtant pas l'attendre indéfiniment... et, d'un autre côté, partir seul avec ces deux femmes...

La situation était critique.

Déjà quelques habitants de la rue s'étaient mis aux fenêtres; deux ou trois passants s'étaient arrêtés.

Et Briasson ne venait pas.

Voici ce qui était arrivé à Briasson :

Il était en effet resté dans l'église pour deux motifs :

Le premier, afin de couper la retraite à Mᴵᴵᵉ de Crespy et à sa femme de chambre, au cas où elles auraient été tentées de retourner sur leurs pas;

Le second, pour surveiller le dernier individu, au sujet duquel il avait fini par partager les inquiétudes de Lebel.

Cet individu s'était levé en même temps que les deux femmes.

En même temps qu'elles, il s'était dirigé vers la petite porte.

Mais quelque diligence qu'il fît, il y arriva lorsqu'elles en avaient dépassé le seuil, suivies des deux hommes farouches qui lui avaient improvisé une escorte.

Il ne trouva plus que Briasson, lui barrant résolument le passage.

— Où allez-vous? dit Briasson.

— Je sors, parbleu!

— On ne sort pas par là.

— Vous venez bien de voir que si.

— Passez par la sacristie, dit Briasson.

— Pourquoi?

— Ah! pourquoi! Vous êtes trop curieux mon maître... Mais tournez-vous donc un peu du côté de la lumière : je vous reconnais.

— Et moi aussi, je vous reconnais.

— Vous êtes le laquais de l'hôtel de Crespy, vous êtes Damiens.

— Et vous, le valet de M. Legentil; vous êtes Briasson.

— Ce Damiens que nous retrouvons sans cesse derrière nous!

— Et que vous espériez bien avoir laissé sur la paille d'une prison.

— Ma foi!...

— Vous voyez qu'on peut s'échapper de vos griffes.

— Ah çà! quel intérêt avez-vous à nous épier de la sorte? dit Briasson.

— Et vous, quelle œuvre d'infamie êtes-vous venu accomplir à Arras?

— Il faut des explications à monsieur Damiens?

— Eh bien, oui!

— Arrière, fit Briasson, sentant que Lebel l'attendait.

— Je veux passer.

— Non.

— Entendez-vous ces cris?... On appelle... dit Damiens.

C'était la femme de chambre qui se débattait.

— Vous rêvez, dit Briasson. Voyons, restez tranquille, soyez sage, ou sinon...

Les cris redoublèrent.

— Laissez-moi sortir! s'écria Damiens.

— Ah! vous êtes gênant!

Tout cela se passait à vingt-cinq pas du sacristain, qui continuait son travail à l'autel.

Briasson comprit qu'il fallait en finir au plus vite.

D'un de ces prompts crocs en jambes dont il possédait le secret et la fréquente pratique, il étendit Damiens sur les dalles.

Damiens, renversé, s'accrocha aux vêtements de son adversaire.

Une lutte sourde s'engagea.

— Lâche-moi! disait Briasson menaçant.

— Jamais!

Briasson, dégageant une de ses mains, fit luire un couteau aux yeux de Damiens.

— Encore une fois, me lâcheras-tu? murmura-t-il.

— Non !

La lame entama la veste de Damiens.

Celui-ci, qui s'était relevé à moitié, retomba lourdement. Sa tête porta sur la pierre. Il s'évanouit...

Au bruit de la chute, le sacristain arriva.

Mais Briasson avait pu s'enfuir; et, dans sa fuite, il eut le soin de refermer la porte.

Cela fait, il courut à la voiture.

Il était temps! Le peuple commençait déjà à s'attrouper et à s'inquiéter. Cinq minutes plus tard, le coup était manqué.

Le postillon fouetta ses chevaux, et la chaise de poste roula rapidement sur le pavé d'Arras.

## XVI

**MONOLOGUE DE DAMIENS**

Damiens avait repris peu à peu connaissance.

Sa blessure était peu dangereuse, le fer n'ayant attaqué aucune partie essentielle.

Le sacristain lui avait prodigué les premiers secours.

A peine Damiens fut-il revenu à lui qu'il s'écria, autant du moins qu'il pouvait s'écrier :

— Courez... courez vite !
— Où ? demanda le sacristain.
— Dans la rue... Empêchez la voiture de partir.
— Quelle voiture ?
— Hâtez-vous...

Le sacristain se précipita au dehors.

Pendant ce temps, Damiens essayait de se relever tout à fait.

En promenant ses regards autour de lui, il aperçut à terre un instrument tranchant, — celui dont s'était servi Briasson.

Il le ramassa et l'examina.

C'était un couteau à ressort, dont le manche était en corne blanche et noire.

Le ressort faisait jaillir deux lames placées aux deux extrémités du manche; l'une large et longue était une vraie lame de couteau; l'autre plus étroite était taillée en forme de canif.

C'était avec cette dernière que Briasson avait frappé Damiens.

Après avoir fait rentrer les deux lames dans le manche, Damiens mit le couteau dans sa poche en disant:

— Il m'appartient à présent !

Revenu vers lui, le sacristain lui dit :

— Je n'ai rien vu... Cependant les gens de la rue m'ont parlé d'une chaise de poste.

— C'est cela... oui....

— Emmenant plusieurs personnes.

— Trop tard ! s'écria Damiens. O mon Dieu ! que faire?

Il eut une inspiration.

— Il n'y a que cela, se dit-il; agissons promptement !

Et s'appuyant au mur, Damiens se prépara à sortir.

— Où allez-vous? lui demanda le sacristain.

— Tout près d'ici.

— Vous êtes trop faible pour marcher seul... je vais vous faire accompagner.

— Non, je n'ai reçu qu'une égratignure.

— Au moins, entrez chez moi pour prendre un cordial, dit le sacristain.

— Merci.

Puisant une énergie momentanée dans la gravité de la situation, Damiens se redressa et marcha d'un pas ferme vers la rue.

— Ah ! si c'est comme cela ! dit le sacristain.

L'inspiration de Damiens était celle-ci : se sentant impuissant à protéger Mlle de Crespy, il allait avertir le comte et le chevalier de Chantemesse, ses défenseurs naturels.

Mais le pauvre homme avait trop présumé de ses forces. Si légère que fût sa blessure, elle était cependant de nature à ralentir sa marche. Une vive cuisson lui mordait le flanc.

Il se traîna plutôt qu'il ne se dirigea vers la rue des Portes-Cochères, où l'on sait qu'était situé l'hôtel de Chantemesse.

Justement les deux frères étaient dans la même chambre.

Ils firent un geste de surprise à la vue de cet homme chancelant, pâle, les traits décomposés.

— Qui êtes-vous? que voulez-vous? lui demandèrent-ils à la fois.

En même temps le chevalier alla à lui pour le soutenir et le faire asseoir.

— Mais vous êtes le valet de chambre de M. de Crespy! s'écria-t-il.

Le comte se leva à son tour.

Tous deux pressentirent un malheur.

— D'où vient ce sang sur votre veste? dit le comte.

— Oh! peu de chose, répondit Damiens avec un sourire crispé ; un coup de canif que j'ai reçu...

— Un coup de canif?

— Nous parlerons de cela plus tard, dit Damiens; c'est un compte à régler. Pour le moment, allons au plus pressé... Monsieur le chevalier, monsieur le comte, on vient d'enlever Mlle de Crespy.

Les deux frères firent entendre une même exclamation.

— Que dites-vous? s'écria le chevalier.

— La vérité.

— Mlle de Crespy enlevée! répéta le comte; par qui?

— Par cet homme que j'appelle Legentil et que vous connaissez sous le nom de Lebel.

— Mais dans quel motif? dit le chevalier.

Damiens hésita à répondre. Son regard rencontra celui du comte. Celui-ci comprit qu'il y avait quelque chose à taire au chevalier.

— Qu'importe le motif! s'écria le comte; racontez-nous l'enlèvement le plus brièvement possible.

Damiens obéit. Il dit ce qu'il savait et ce qu'il avait vu.

— Les brigands! les scélérats! hurlait le chevalier de Chantemesse.

Le comte, plus précis, demandait des renseignements.

— Une chaise de poste... Bien... Quelle route ont-ils prise?

— Ils ne peuvent pas en avoir pris d'autre que la route de Paris.

— La route de Paris. Il suffit.

Les deux frères se regardèrent.

— Eh bien, Pierre?

— Eh bien, Hector?

— A cheval, s'écria le comte.

— A cheval tout de suite! s'écria le chevalier.

— Non, tout à l'heure... Nous avons auparavant un devoir à remplir.

— Lequel?

— Pendant que je vais quérir des chevaux, courez chez M. de Crespy; annoncez-lui avec précaution ce terrible événement; dites-lui que nous nous mettons à la poursuite des misérables, et que nous espérons pouvoir les rattraper.

— Nous en sommes sûrs!

— Hum! dit le comte; ils auront deux heures d'avance sur nous.

— N'importe! s'écria le chevalier.

— Volez donc chez M. de Crespy... et rendez-vous à la poste.

Le chevalier sortit en courant.

Dès qu'il se vit seul avec Damiens, le comte de Chantemesse lui dit :

— Parlez maintenant; quel est le motif de cet enlèvement? Qui est-ce qui pousse ce Lebel?

— Lebel est un émissaire de la cour.

— Après?

— Un des familiers obscurs et dévoués de la marquise de Pompadour.

— Après?

— L'intendant secret des plaisirs du roi.

— Oh! je devine! dit le comte en cachant sa tête dans ses mains; merci de vous être tu devant mon frère! Pauvre frère!

— Pauvre mademoiselle Marthe! ajouta Damiens.

— Le chevalier l'a dit, il faut que nous rejoignions à tout prix cette chaise de poste.

— Oui...

— Dussions-nous crever nos chevaux à chaque relais!

— Prenez des pistolets, dit Damiens; Lebel et Briasson sont armés jusqu'aux dents.

— Vous avez raison... Et de l'argent aussi! beaucoup d'argent!

— Que ne puis-je vous accompagner! murmura Damiens avec un profond accent de regret.

— C'est impossible dans l'état de faiblesse où vous êtes. Restez; la vieille Catherine vous veillera... Moi, je vais embrasser mon père, et je pars. Adieu!

— Adieu, monsieur le comte.

Damiens essaya de se lever pour le saluer, mais vainement.

Assis, et les yeux sur la lumière d'une lampe, il se laissa aller à ses réflexions. Son sang bouillonnait et, fouetté par les événements de la soirée, montait comme une marée rouge à son cerveau.

Onze heures sonnèrent.

Tout à coup Damiens se leva, droit, ferme, ne sentant plus sa blessure. Cédant à une de ces hallucinations auxquelles il était sujet, il se mit à parler tout haut, selon sa coutume.

Son regard, étrangement fixe, semblait percer les murailles et lire à travers l'espace.

Voici ce qu'il disait dans ce délire :

— Ils partent... ils sont partis!

Je les vois... je les suis... tenez, là...

Deux bons chevaux, vigoureux, les naseaux fumants...

Ils traversent les rues silencieuses, les places vides...

Ils dépassent le faubourg.

Ils ont quitté le pavé.

Les maisons sont plus rares, les murs plus longs.

Bientôt la route apparaît devant eux infinie, nue, grisâtre.

Ils lancent leurs chevaux au galop...

Ils vont comme le vent!

Regardez!

Oh! ils *les* rattraperont, bien sûr.

Les arbres détalent à leurs côtés comme une armée en déroute.

Hop! hop! hop!

Courage! mes gentilshommes!

Le premier relais est dévoré...

Respirant à peine, sautant à terre, ils interrogent les gens du bureau :

— Avez-vous vu passer une chaise de poste?

— Oui... fermée... plusieurs personnes au dedans... évitant de se montrer.

— Il y a combien de temps?

— Une heure et demie environ.

Ah! ce n'est plus deux heures!

— Vite, d'autres chevaux!

Et la course recommence.

La course éperdue, furieuse, folle!

La course à travers les villages, les hameaux, les bourgs, les bois, les taillis, les forêts, les plaines, les champs, les prés, les tourbières, les landes!

La course qui escalade les collines!

La course qui dégringole les ravins!

La course qui fait jaillir les étincelles des cailloux!

Ils vont, penchés ou plutôt cramponnés au cou de leurs chevaux.

Braves chevaux! on dirait qu'ils ont conscience de la bonne action à laquelle ils courent.

Ils semblent partager le vertige de leurs cavaliers...

Ils rasent le sol... ils fendent l'air...

Mais comme ce deuxième relais paraît éloigné!

On y arrive pourtant...

A bout d'haleine, la figure flagellée, les yeux brouillés.

Là, même question :

— La chaise de poste?

— Elle est passée il y a une heure.

Ah! une heure! rien qu'une heure!

Et les deux frères qui n'ont pas encore échangé une parole échangent furtivement une poignée de main.

Puis ils remontent à cheval.

Ils ont reconquis de nouvelles forces.

Ce n'est plus une chimère qu'ils poursuivent, c'est un but qu'ils entrevoient.

Ils sentent que leurs efforts peuvent aboutir.

Dès lors, peu leur importe la fatigue! peu leur importe le danger!

Ils vont plus vite que jamais...

Hardi! M. le comte!

Courage! M. le chevalier!

O les vaillants cœurs!

Plus vite! encore plus vite!

Mais un obstacle qu'ils n'avaient pas prévu...

La pluie...

Une pluie d'été subite, inutile, absurde, torrentielle...

Oh! cela ne sera rien!

Loin de les décourager, cette pluie semble les exciter au contraire.

Bravo! ils la défient...

Ils poussent leurs chevaux...

C'est un orage, un véritable orage!

On ne voit plus le ciel, on ne voit plus la terre...

On ne voit qu'un rideau de pluie.

O mon Dieu!

Les chevaux refusent d'avancer.

Le vent souffle à leur rencontre avec impétuosité.

Sous leurs pieds, de larges flaques d'eau...

Eh bien, enfoncez l'éperon!

Sans pitié! sans pitié!...

En avant!

Toujours en avant!

Ah!... le troisième relais! Enfin!

Je croyais qu'on n'y arriverait jamais.

Les chevaux s'abattent à la porte de l'écurie. Pauvres bêtes!

Si la chaise de poste s'était arrêtée ici à cause de l'orage?...

Mais non...

On leur répond qu'elle est passée il y a une heure.

Ils n'ont eu aucune avance cette fois, par suite de l'orage.

Mais peut-être la chaise de poste s'est-elle arrêtée plus loin; cette espérance leur reste encore.

Oh! qu'ils ne s'arrêtent pas, eux!

Qu'ils redoublent d'ardeur!

Alerte!

Péronne est dépassée...

Ils galopent sur Roye, la quatrième poste.

Qu'est-ce que j'aperçois, là-bas, sur la ligne de l'horizon?

Quelque chose de bleu et de pâle...

Le jour!

Le petit jour, indécis, piteux, sale, éclairant comme à regret la campagne dévastée par l'orage de la nuit.

Le triste spectacle!

Des arbres renversés, cassés, gisant en travers des chemins...

Des barrières rompues, des chaumes écroulés...

La pluie a cessé cependant, mais le sol détrempé alourdit le galop des chevaux.

A Roye, ils apprennent que la chaise de poste s'est arrêtée...

Quelque chose comme un quart d'heure.

Ils reprennent confiance.

Moi aussi!

Ils enfourchent leurs nouveaux chevaux avec un cri d'émulation.

Et les voilà repartis!

Comme ils vont!

Ce ne sont plus des hommes ni des chevaux, c'est un double ouragan.

Je suis sûr d'eux maintenant!

Ils vont arracher Martho à ces monstres, cela n'est pas douteux.

Le ciel seconde leurs desseins!

A chaque instant ils s'attendent à apercevoir la chaise de poste...

Ce n'est plus qu'une question de minutes.

Courage!

Ah! la chaise de poste!... la voilà!... c'est elle!

Là bas!

Ils ne la voient pas encore.

Mais je la vois, moi...

Comme elle est légère, et avec quelle furie elle est lancée aussi!

C'est égal, ils la rattraperont, ils vont la rattraper...

C'est inévitable!

Et alors, pas de grâce pour eux!

Non, pas de grâce!

Voici un carrefour, une patte d'oie...

Deux routes se présentent.

Un poteau indicateur se dresse entre elles deux.

Celle de droite est la route de Paris.

C'est bien simple.

Pourquoi est-ce que je tremble cependant?

La chaise de poste roule vers ce carrefour.

Elle va suivre la route de droite, la route de Paris.

Cela va de soi...

Puisque c'est à Paris qu'ils se dirigent!

La voilà devant le poteau.

Elle n'hésite pas, elle prend...

Elle prend la route à gauche!

Qu'est-ce que cela signifie!

Le postillon ne se trompe-t-il pas?
Mon Dieu! mon Dieu! mon Dieu!
MM. de Chantemesse ne sont pas prévenus de ce changement de route.
Que vont-ils faire? Je crains de le prévoir.
Qui leur enverra une bonne inspiration?
Ils arrivent à franc étrier...
Ils n'hésitent même pas...
Ils continuent à suivre la route de Paris.
Arrêtez! arrêtez!
Non! vous dis-je, non! Pas par là!... à gauche! à gauche!
Entendez-moi!
Les malheureux!... Tout est perdu.

. . . . . . . . . . . . . . . . . . . . . . . .

Un cri perçant sortit de la poitrine de Damiens.
Épuisé par cet effort de seconde vue, il tomba tout de son long sur le tapis de la chambre.

## XVII

#### FRIVOLITÉ

Dans un coin de la florissante province de l'Ile-de-France s'élève un adorable petit château, loin des chemins fréquentés, environné d'arbres magnifiques.

Bâti par des architectes en manchettes de dentelle, sur quelque ancien plan retrouvé d'un temple de Cythère, ce château avait reçu de ses premiers propriétaires le nom de *Frivolité*.

C'était là que Lebel avait conduit Mlle Marthe de Crespy.

Tout était vrai dans la vision de Damiens.

Cependant plusieurs détails sur la manière dont s'était accompli ce voyage sont indispensables à l'intelligence de ce récit.

Dès que Mlle de Crespy fut revenue de son évanouissement, ce fut pour entrer dans une phase d'épouvante suffisamment justifiée.

Elle se vit dans l'intérieur d'une voiture lancée au

galop, hermétiquement fermée, et éclairée par une lanterne à la lueur vacillante.

A côté d'elle était sa femme de chambre, Justine, bâillonnée et les mains liées.

Devant elle, ce Lebel et ce Briasson.

Pour une jeune fille qui n'était jamais sortie de la maison maternelle, cela n'était pas rassurant, on en conviendra.

Naturellement, sa première parole fut pour demander où on la conduisait.

Lebel répondit sur le ton du plus parfait respect :

— A Versailles, chez M$^{me}$ la marquise de Pompadour.

Au son de cette voix, et en même temps aux traits de ce visage, Marthe reconnut le procureur auquel sa tante Sidonie l'avait présentée quelques jours auparavant.

— Toujours M$^{me}$ la marquise de Pompadour! murmura-t-elle.

— Vous n'ignorez pas l'intérêt que vous porte M$^{me}$ la marquise, continua Lebel; vous ne sauriez lui savoir mauvais gré de vouloir s'occuper de votre sort.

— Mon sort est tout assuré, dit Marthe.

— Elle en juge autrement, et elle veut faire votre bonheur malgré vous.

— Malgré moi! répéta Marthe avec une amère ironie; ainsi, c'est d'après sa volonté que vous avez employé envers moi la ruse et la violence?

— Du moment que votre tante refusait les propositions de madame la marquise, nous avions ordre de passer outre.

— Et vous avez fait votre devoir.

— Que voulez-vous, mademoiselle, répliqua Lebel toujours respectueusement, M$^{me}$ la marquise de Pompadour veut vous voir à toute force.

— A toute force?

— Je veux dire à tout prix.

— Ce doit être la même chose pour vous en effet, dit Marthe avec mépris.

— Nous n'avions pas à discuter les instructions de M^me la marquise, dit Lebel, nous n'avions qu'à les exécuter.

Après un moment de silence, Marthe reprit :

— Vous avez donc compté que je n'opposerais aucune résistance à cet acte abominable?

— Quelle résistance?

— Je peux appeler, je peux...

— On ne vous entendra pas, on ne vous répondra pas.

— Je peux, lorsque la voiture s'arrêtera, essayer de me précipiter par la portière.

— M^lle de Crespy ne voudrait pas me forcer à user envers elle des mêmes moyens dont nous avons dû user à l'égard de sa femme de chambre.

Marthe frémit, et jeta un coup d'œil sur celle-ci.

Justine se tordait dans ses liens; de grosses larmes roulaient sur ses lèvres rendues muettes par le bâillon.

— C'est vrai, dit Marthe à demi-voix, je suis une fille noble... Accomplissez en paix votre œuvre de scélératesse.

Lebel ne crut pas dépasser ses pouvoirs en prononçant les paroles suivantes, qui décelaient en lui un semblant d'humanité.

— Je vous sais gré de votre résignation, mademoiselle... D'ailleurs, comme vous en jugerez bientôt par vous-même, M^me la marquise de Pompadour est une femme sensible et généreuse. Dès qu'elle vous aura vue et qu'elle vous aura parlé, si elle ne vous persuade pas sur-le-champ, nul doute qu'elle ne se rende à votre désir en vous faisant ramener dans votre famille.

Candide comme elle l'était, Marthe accueillit cette espérance.

La chaise de poste allait avec une vitesse d'enfer. Lebel, dont on a vu l'intelligence à l'œuvre, n'était pas sans supposer que l'alarme avait dû être donnée par Damiens. Il se sentait poursuivi, serré de près. Aussi semait-il l'or à chaque relais, demandant les chevaux les plus vigoureux, et rétribuant en prince les postillons.

Après Bapaume, Lebel et Briasson avaient tenu conseil à demi-voix au sujet de la femme de chambre de Mlle de Crespy.

Cette femme de chambre était embarrassante; ils n'avaient pas mission de l'emmener à Paris, elle, et ils ne voyaient pas la nécessité de surcharger leur conscience d'un enlèvement inutile.

En conséquence, et puisqu'elle avait tant paru désirer recouvrer sa liberté, ils l'invitèrent à descendre au milieu du chemin.

Au moment de se voir séparée de Justine, l'effroi reprit Mlle de Crespy.

— Quoi! s'écria-t-elle, vous auriez l'indignité d'abandonner cette pauvre fille, la nuit, sur la grande route!

— Nous ne l'abandonnons pas, nous lui rendons la liberté, répondit Lebel; la nuit n'est pas froide, et en marchant tout droit, elle regagnera Bapaume et de là Arras. N'est-ce pas là ce qu'elle souhaite?

La perspective d'un tête-à-tête prolongé avec ces deux hommes parut horrible à Mlle de Crespy, qui jeta un regard suppliant à sa femme de chambre.

Celle-ci, qui ne pouvait parler, se rapprocha vivement de sa maîtresse comme pour protester de son désir de ne la point quitter.

Mais le postillon avait déjà arrêté ses chevaux.

— Allons, mademoiselle! dit Briasson en ouvrant la portière.

Marthe sentit un frisson courir tout son corps.

— Messieurs, au nom du ciel, dit-elle, ne me séparez pas de Justine!

— Impossible! murmura Briasson.

— Je vous en prie, vous, monsieur! dit-elle en s'adressant à Lebel; je serai entièrement soumise, je vous l'assure; mais ne me séparez pas d'elle... Songez donc! est-il convenable, pour moi, pour la protégée de M$^{me}$ la marquise de Pompadour, qu'une fille de mon rang et de mon nom voyage sans femme de chambre! Oh! vous seriez blâmés par tout le monde!

Briasson tenait toujours la porte ouverte.

— Monsieur! monsieur! s'écria Marthe en continuant de s'adresser à Lebel; écoutez-moi : si peu que je sois ou que je devienne, je me souviendrai toute ma vie de ce service, que je vous demande à mains jointes!

Lebel parut réfléchir.

— Soit, dit-il.

— Oh! merci, monsieur.

— Mais jurez-moi une chose, en revanche.

— Laquelle? dit Marthe.

— C'est que vous ne tenterez rien pour vous évader jusqu'à...

— Parlez.

— Jusqu'à ce que vous vous soyez trouvée en présence de M$^{me}$ la marquise de Pompadour.

— Je vous le jure, dit-elle.

— Gardez donc avec vous M$^{lle}$ Justine, dit Lebel.

— Délivrez-la du moins de ces cordes et de ce bâillon.

— Volontiers.

Tel n'était pas là-dessus l'avis de Briasson; mais il avait l'habitude d'obéir.

Il obéit.

S'ils avaient continué de suivre la route de Paris, ils auraient été infailliblement rejoints par MM. de Chantemesse. Mais on a vu qu'ils avaient pris la route de Senlis.

C'était bien sur cet incident qu'avait compté Lebel.

La chaise de poste arriva donc tranquillement à Frivolité, où M¹¹ᵉ de Crespy fut reçue avec les plus grandes démonstrations de tendresse et de considération par une dame âgée.

On a deviné que Frivolité était une des dépendances du Parc-aux-Cerfs. Ces dépendances, au nombre de trois ou quatre, étaient réparties autour de Paris dans un rayon de quinze lieues. Quelques esprits optimistes ont vainement essayé de ramener à des proportions innocentes cette trop fameuse institution du Parc-aux-Cerfs. Un écrivain qui tenait ses renseignements d'une des pensionnaires mêmes de ce sérail, nous a transmis les détails les plus précis sur l'organisation d'une de ces maisons, — dite des Trois-Moulins, aux portes de Melun. Tout s'y passait comme dans l'Orient, l'Orient du *Sopha*. Il y avait des *bostangis*, des *baltagis*, des *agas*.

Le château de Frivolité avait été organisé sur le modèle des Trois-Moulins. C'était le même service intérieur, un personnel également oriental.

Après avoir reçu M¹¹ᵉ de Crespy au bas du perron, la dame âgée la conduisit dans la chambre qui lui était destinée.

La première parole de Marthe fut pour demander où était la marquise de Pompadour.

— M<sup>me</sup> la marquise est à Versailles, mon enfant.

— Je ne suis donc pas à Versailles, ici? Où suis-je?

— Vous êtes dans une des maisons de plaisance de M<sup>me</sup> la marquise... et celle qui vous reçoit est une de ses meilleures amies.

— J'en suis convaincue, madame, dit Marthe, et je vous prie d'excuser mon inquiétude; mais les moyens dont on s'est servi pour me conduire en cet endroit...

— Désormais vous n'avez plus rien de pareil à craindre. M<sup>me</sup> la marquise de Pompadour est prévenue de votre arrivée : elle sera ici demain, sans doute.

— Demain seulement! dit Marthe.

— Reposez-vous, mon enfant; le voyage doit vous avoir beaucoup fatiguée; demain il sera temps de causer.

M<sup>lle</sup> de Crespy obtint, non sans peine cependant, que Justine coucherait dans un cabinet attenant à sa chambre.

C'était une grave infraction au règlement, qui n'admettait pas que le service fût fait par des personnes étrangères au château.

La dame âgée, que nous appellerons la sultane-mère ou sultane validé, du nom qu'elle se donnait elle-même, — s'en expliqua le soir même avec Lebel sur un ton de fort mauvaise humeur.

C'était dans une salle basse que ce dialogue avait lieu.

— Je partage absolument votre contrariété sur ce point, ma chère sultane, disait Lebel; mais c'est une concession qu'il faut faire. M<sup>lle</sup> de Crespy n'est pas une personne comme les autres...

La sultane validé haussa les épaules.

— Non, vous dis-je, continua Lebel, et vous ne tarderez pas à vous en apercevoir ; j'ai deviné un caractère très-résolu dans cette jeune tête-là.

— Laissez-moi donc tranquille ; j'ai dompté bien d'autres caractères !

— Elle vous donnera plus de mal que vous ne le pensez, attendez-vous-y, dit Lebel.

— Cette petite pecque provinciale !

— Cette petite pecque provinciale est fort bien apparentée et tient à d'honorables familles. Entre nous, je crains que la marquise de Pompadour ne se soit mis une désagréable affaire sur les bras.

— En vérité, Lebel, je ne vous reconnais plus, s'écria la sultane-validé ; vous devenez craintif !

— Je deviens soucieux. Ecoutez donc, le métier que nous faisons amasse tant de malédictions sur nos têtes !

La sultane le regarda avec stupeur, et lui dit :

— Il ne faudrait pas aller promener vos scrupules dans les appartements de Versailles ; vous ferez sagement, Lebel, de ne pas prendre d'autre confidente que moi.

Il ne répondit pas.

Ses yeux restaient fixés en terre.

— Allons, vous êtes malade, Lebel.

— Je ne dis pas non, si le remords est une maladie.

— Le remords ? répéta la sultane : voilà que vous créez des mots à présent !

Et, comme frappée d'une idée subite :

— Vous êtes peut-être amoureux de cette demoiselle ?

Lebel hocha la tête.

— L'amour n'est pas possible pour moi, dit-il.

— Je comprends, vous avez trop vu comment il s'achetait.

— Et comment il se volait, surtout !

— Tenez, Lebel, allez-vous-en ; vous n'êtes pas dans votre assiette ordinaire.

— Vous avez peut-être raison ; mais c'est une si laide chose que mon assiette ordinaire !

— Adieu, Lebel, adieu.

— Adieu, madame.

Puis, sur le point de sortir :

— A propos, dit-il, je vous laisse Briasson.

— Un méchant cadeau que vous me faites là, murmura la sultane.

— Vous l'emploierez dans le service extérieur.

— Un ivrogne plutôt gênant qu'utile.

— Mais un bon chien de garde. D'ailleurs ce n'est que pour quelques jours.

— Je l'espère bien.

Lebel s'inclina le plus gravement qu'il lui fut possible devant la sultane-validé et sortit.

Sur le seuil, il dit à Briasson :

— Tu restes ici.

— Bon !

— Je t'élève à la dignité de *cadi*.

— Qu'est-ce que cela? demanda Briasson.

— Un magistrat dans les pays chauds.

— Je serai un cadi. Mais qu'est-ce que je vais avoir à faire ?

— Tu surveilleras ce qui se passe céans.

— Cela me va, répondit Briasson avec un gros rire.

— Et puis, dit Lebel, si quelque chose d'extraordinaire vient à se produire...

— Je t'en informerai immédiatement...

Lebel s'éloignait ; Briasson le retint par le bras.

— Un mot encore, lui dit-il.

— Parle.
— Un cadi n'observe pas le jeûne ?
— Je n'en sais rien ; mais sache te comporter avec bienséance.
— Comme toujours, dit Briasson.
— Tu me fais frémir ! dit Lebel.

Là-dessus, les deux chenapans se séparèrent.

## XVIII

#### DANGER DU GENRE ROCOCO

La nuit se passa pour M{}^{lle} de Crespy dans des transes continuelles.

Un souper avait été servi dans sa chambre; elle n'y toucha presque pas.

Justine n'était guère plus confiante qu'elle.

Tout leur était motif à soupçon et à tressaillement.

L'oreille collée aux portes, elles écoutaient arriver jusqu'à elles les sons lointains d'une musique à laquelle se mêlaient de vagues éclats de rire.

— Ah! si tu n'étais pas là, Justine, disait M{}^{lle} de Crespy, je mourrais mille fois de frayeur!

Elles avaient inventorié leur chambre avec une curiosité sans égale.

Cette chambre était un prodige d'élégance et de coquetterie, avec quelque chose de plus que nous essayerons d'indiquer en faisant appel à toutes les délicatesses que pourra nous fournir notre langue si riche en sous-entendus.

Tendue du haut en bas de satin à grandes fleurs, ornée de meubles en bois doré, de bergères, d'ottomanes, de brûle-parfums, de jardinières, de guéridons surmontés de vases opulents, — cette chambre était en outre décorée de peintures inestimables. Une suite de panneaux reproduisaient les *Amours des Dieux*, d'Augustin Carrache, en camaïeu. C'était Jupiter abusant de son don de métamorphose pour transformer l'adultère aux yeux de Léda en simple caprice ornithologique. C'était Diane descendant en pâle nuée jusque sur les lèvres d'un berger endormi. C'était Mars et Vénus, traîtreusement emprisonnés dans les filets du stupide oiseleur Vulcain. C'était Hercule enlevant Déjanire sous les regards de Nessus, qui médite déjà l'envoi de sa tunique vengeresse. C'était Hébé, coupe en main, faisant en plein Olympe une chute dont — elle ne devait jamais se relever. Un accent de volupté sans frein présidait à ces débauches mythologiques, d'où les deux prisonnières durent détourner leurs yeux offensés.

Ce parti pris de galanterie à outrance était répété dans tous les détails d'ornementation de la chambre, dans les moulures des portes et des fenêtres, dans les reliefs de la cheminée, dans les bergères et les fauteuils, dans les candélabres et dans les flambeaux, jusque dans les médaillons du tapis. Partout l'amour courbant ses sujets sous ses lois, et ne voulant voir que des heureux dans son empire.

Un seul portrait frappait les yeux dans cette chambre magnifique.

C'était celui d'un homme jeune encore, de belle prestance, majestueux sans paraître s'en douter, le teint clair, le nez noble, l'œil bien assuré, la bouche aimable, la tête bien portée, le cou bien attaché dans sa cravate de dentelle, un ensemble souriant et indifférent.

Les deux femmes examinèrent longtemps ce portrait, comme s'il leur rappelait une figure vue autre part.

Tout à coup, Mlle de Crespy s'écria :

— C'est le roi !

C'était Louis XV, en effet, bien que le peintre eût oublié — à dessein — les insignes de la royauté.

Marthe s'arrêta à contempler ce portrait. Elle se sentait comme protégée par cette image radieuse; car il y a cent ans, un roi passait encore pour être le père de son peuple. C'était, du moins, un trope en usage dans tous les traités de rhétorique.

Elle fut tirée de sa contemplation par une exclamation de Justine, qui venait de découvrir une petite bibliothèque, un bijou de bois découpé — enfermant une centaine de volumes de poche, reliés en maroquin, avec un sinet de soie bleu, rouge ou vert.

— Oh ! les jolis livres ! s'écria Justine.

— Cela nous aidera à passer quelques heures, dit Marthe, car je ne veux certainement pas m'endormir ; et toi, Justine ?

— Moi non plus, mademoiselle. Voyons ce petit volume si bien doré.

Mais Justine eut à peine jeté les yeux sur le titre qu'elle rougit.

— Voyons un autre, dit-elle.

Le titre de l'autre l'effarouchant moins, elle l'entr'ouvrit à un endroit où s'étalait une gravure d'Eisen.

— Montre-moi donc... dit Mlle de Crespy.

— Non, répondit vivement Justine en s'empressant de replacer le volume dans la bibliothèque.

Et elle murmura :

— Où sommes-nous ?

Mlle de Crespy s'endormit au point du jour, après s'être soigneusement barricadée. Son sommeil fut entrecoupé de rêves. Elle se revit à Arras dans l'hôtel paternel, heureuse, insouciante. Elle revit le chevalier de Chantemesse, son mari de demain.

Mais, s'il faut tout dire, le roi eut aussi une place dans ses rêves. Ces rois ont tous les priviléges !

Au matin, son étonnement ne fut pas médiocre en apercevant sur la toilette placée au chevet de son lit une feuille de papier qui ne s'y trouvait certainement pas la veille. Sur cette feuille de papier, on avait écrit ces mots : « Vous pouvez demander tout ce que vous voudrez. Vous n'avez qu'à pousser du doigt le ressort qui est au-dessous du grand portrait. »

Comment ce papier avait-il été apporté là ? Cette énigme ajouta son inquiétude à toutes celles qui dévoraient M$^{lle}$ de Crespy. Elle ignorait que les murailles de Frivolité étaient pleines d'yeux et d'oreilles comme les palais de tragédies, que des corridors secrets pratiqués autour de toutes les chambres permettaient de voir et d'entendre ce qui s'y passait, — tandis que des portes dérobées, des meubles tournants permettaient de s'y introduire.

Elle pressa le ressort indiqué et vit paraître presque aussitôt une façon de duègne, à laquelle elle demanda si la maîtresse du château pouvait lui accorder l'entretien qu'elle lui avait promis la veille.

La sultane-validé s'empressa de se rendre auprès de Marthe, qu'elle trouva debout et sévère.

— Comment avez-vous passé la nuit, ma chère demoiselle ?

— Très-mal, madame ; pouvait-il en être autrement dans l'étrange situation où je me vois ?

— Que dites-vous là ! s'écria la sultane ; votre situation est de celles qu'envieraient toutes les jeunes filles.

— Il faut penser que je ne suis pas pareille à toutes les

I. 15

jeunes filles, dit Marthe, car tout ce qui m'entoure ici m'étonne et me trouble au plus haut point.

— Je crois vous comprendre : ces tableaux un peu libres vous auront choquée. Que voulez-vous! c'est le goût du jour; vous finirez par vous y accoutumer... Peut-être aussi avez-vous entendu quelque bruit de musique hier soir; on dansait au salon... Il faudra que vous soyez de ces petites fêtes.

— En vérité, madame, vous parlez comme si je devais rester ici plusieurs jours! Vous m'avez cependant assuré que je verrais Mme la marquise de Pompadour aujourd'hui même.

— Vous la verrez aussi. Mais combien je suis désolée de la mauvaise nuit que vous avez passée! Vous plaît-il de descendre dans la salle de bain?

— Non, madame.

— Au moins vous m'accorderez la faveur de déjeuner avec moi. Je vous présenterai quelques-unes de mes jeunes amies avec lesquelles vous ferez vite connaissance, je l'espère.

— Dispensez-moi, madame. J'attendrai dans ma chambre l'arrivée de ma protectrice.

— Comme vous voudrez... J'ai fait monter à votre intention une robe de la mode la plus nouvelle et la plus riche. Voyez plutôt!

— Elle est très-belle, en effet.

— Vous serez jolie comme un cœur là-dessous.

— Je ne mettrai pas cette robe, dit Marthe.

— Pourquoi donc cela? Vous ne pouvez paraître aux yeux de la marquise dans l'équipage où vous voilà.

— Ah! vous croyez?... dit Marthe qui lorgnait complaisamment la robe.

— Il y a des lois d'étiquette auxquelles il faut obéir.

— Je ferai donc selon votre volonté, madame.

— A la bonne heure! s'écria gaiement la sultane-validé; je veux vous essayer moi-même cette robe.

— Oh! madame, Justine me suffira.

— Non, non; laissez-moi faire...

— Je suis honteuse...

— Quel enfantillage!

La sultane-validé avait déjà enlevé d'une main leste le mouchoir qui couvrait le cou de M<sup>lle</sup> de Crespy.

— Les divines épaules! s'écria-t-elle.

— Vous êtes trop indulgente, madame.

— Non, vraiment; j'ai vu bien des épaules...

— Ah!

— A la cour... mais je n'en connais pas qui puissent lutter de blancheur et d'éclat avec les vôtres.

La première robe ôtée, la sultane s'extasia sur la finesse de la taille.

— Elle est à prendre dans les dix doigts!

— Cessez de vous moquer d'une pauvre fille, disait Marthe décontenancée.

— On n'est pas plus belle... C'est Flore, c'est Iris!

L'admiration de la sultane-validé ne tarissait pas. De la taille elle passait aux bras qu'elle comparait à de la neige et à des lis.

— Vos éloges m'embarrassent, madame, dit Marthe rougissante.

— Ne suis-je pas une femme?

Et la châtelaine de Frivolité s'empressait autour de sa nouvelle pensionnaire, reculant de quelques pas pour juger de l'effet, se rapprochant, et ne se lassant pas de louer.

Enfin Marthe fut habillée.

— Une reine! s'écria la sultane en battant des mains.

Justine, entraînée, joignit ses compliments à ceux de la sultane.

Marthe ne put résister au désir de se regarder dans les glaces, et peut-être se trouva-t-elle jolie.

Mais quelques efforts que fit auprès d'elle la sultane-validé, elle ne put la décider à visiter les appartements du château, ni même à se promener dans le parc. Marthe s'obstina à demeurer dans sa chambre.

La journée se passa sans qu'on vit arriver la marquise de Pompadour.

Le soir ramena les mêmes inquiétudes chez M<sup>lle</sup> de Crespy et sa femme de chambre. Chez cette dernière, ces inquiétudes s'accrurent de quelques observations qu'elle avait recueillies en allant et venant à travers la maison.

— Mademoiselle, nous ne pouvons pas rester ici plus longtemps, lui dit-elle à l'oreille.

— Pourquoi me parler bas, Justine? nous sommes seules.

— Ah! vous croyez cela, mademoiselle! Eh bien! vous vous trompez joliment.

— Que veux-tu dire?

— Je dis que j'en ai appris de belles sur l'endroit où nous sommes.

— Tu m'épouvantes, Justine!

— Il y a de quoi.

— Parle donc, dit M<sup>lle</sup> de Crespy.

— Sachez que j'ai entrevu des personnes et surpris des propos... Il m'est impossible de m'expliquer davantage.

— Me voilà bien avancée! dit M<sup>lle</sup> de Crespy.

— Il faut que nous songions au moyen de sortir d'ici au plus vite, c'est le principal.

— Je ne demande pas mieux, mais comment?

— Laissez-moi faire, dit Justine.

— Cela ne doit pas être facile, murmura Mlle de Crespy.

— Non, sans doute; mais où serait le mérite? Ces femmes ne peuvent être trompées que par d'autres femmes.

— Je ne suis pas comme toi : je n'ai pas perdu toute espérance. Nos amis d'Arras doivent s'agiter en ce moment.

— Oh! je n'en doute pas, dit Justine; MM. de Chantemesse les premiers; ils remuent certainement ciel et terre pour vous délivrer; et ils vous délivreront, j'en suis sûre...

— Ah! tu vois bien!

— Mais quand? Ils n'ont aucun indice. Et puis arriveront-ils à temps, comme les beaux-frères de Barbe-bleue?

— A temps?... répéta Marthe, rendue rêveuse par ce mot.

— Croyez-moi, ne les attendez pas, reprit Justine; chaque jour, chaque heure vous rapprochent d'un danger dont vous ne soupçonnez pas l'étendue.

— Tu deviens mystérieuse comme la maîtresse de ce château.

— L'abominable créature! s'écria Justine avec un accent de dégoût.

— Tu trouves! dit Marthe; elle me déplaît moins qu'hier; je la crois bonne femme au fond.

— Oh! mademoiselle, défiez-vous-en! défiez-vous-en!... Je vous le répète, ne pensons, ne cherchons qu'à fuir!

— Fuir?... Hélas! ma pauvre Justine, tu ne te rappelles donc plus que je suis liée par un serment?

— Quel serment?

— Afin qu'on ne nous séparât point, j'ai juré que je ne ferais aucune tentative pour m'évader avant d'avoir vu Mme la marquise de Pompadour.

— Vous vous êtes laissé prendre à un piège, dit Justine; heureusement que moi je n'ai rien juré! s'écria-t-elle.

Mlle de Crespy fit un mouvement de terreur.

— Comment! tu me quitterais!

— Pour vous sauver, oui, mademoiselle.

— Tu me laisserais seule ici?

— Une fois dehors, je ferais savoir à votre famille le lieu de votre retraite.

— Que deviendrais-je si tu m'abandonnais? Je ne puis m'habituer à cette idée.

— A quoi vous serais-je utile en restant? reprit Justine.

— Tu peux me défendre, au moins.

La femme de chambre eut un sourire d'incrédulité.

— Encore une fois, dit Mlle de Crespy, il te sera impossible de t'échapper d'ici.

— Oh! du moment que je pars seule, je n'ai pas besoin de m'échapper.

— Explique-toi.

— On m'a accueillie avec assez de mauvaise grâce pour me donner à espérer qu'on me laisserait partir avec empressement.

— Mais crois-tu donc qu'on ne prendra pas pour te faire sortir les mêmes précautions qu'on a prises pour te faire entrer?

— Si, répondit Justine.

— Alors, sur quoi comptes-tu?

— Je compte sur le hasard, sur mon courage, enfin sur le désir que j'ai de vous sauver.

— Brave fille! dit M^me de Crespy en lui tendant la main.

— Laissez-moi partir, ma chère maîtresse.

— Tu me désespères!

— Voulez-vous donc passer ici toute votre vie?

— Attends encore quelques jours.

— Non, dit Justine, il faut prendre une résolution.

— Eh bien, jusqu'à demain seulement!... Si demain, à la même heure, je n'ai pas vu M^me de Pompadour, tu partiras, Justine.

— Ma chère maîtresse, je peux déjà vous faire mes adieux.

XIX

LE CADI

Justine avait dit vrai.
Une seconde journée se passa sans voir arriver la marquise de Pompadour.

— C'est incompréhensible ! s'écria la sultane-validé en se présentant chez M<sup>lle</sup> de Crespy sur son invitation; j'en suis la première toute bouleversée; il faut des événements bien graves pour avoir retenu la marquise à Versailles.

Et, changeant de ton :

— Afin de vous faire prendre patience, ma belle demoiselle, voici un bracelet et un collier sur lesquels je veux avoir votre avis.

— Oh ! les admirables perles ! dit Marthe éblouie.

— Je veux voir aussi comment cela vous ira, ma petite reine.

— Non, madame.

— Que vous êtes farouche !

— Éloignez ces bijoux, mon âme est toute à la tristesse.

— Voyez les feux que lancent ces boucles d'oreilles, continua la sultane.

— En effet, dit Marthe ; je n'en ai jamais vu de plus brillants.

— C'est qu'elles vous vont à ravir ; voyez plutôt...

Cependant, le délai demandé par M<sup>lle</sup> de Crespy à Justine était expiré.

La femme de chambre, résolue, guettait la sultane-validé au sortir de l'appartement.

— Madame... lui dit-elle en l'abordant.

— Que voulez-vous, ma mie ? fit la sultane avec une aigreur qu'elle ne lui avait jamais dissimulée.

— Madame, je viens vous demander la permission de m'en aller.

— C'est une excellente idée que vous avez là ma chère ; entre nous, vous étiez un peu curieuse.

— Dites beaucoup, madame.

— Vous rôdiez toujours dans les escaliers, le matin...

— Le soir aussi.

— Ou le long des murailles du parc, continua la sultane.

— Je n'en disconviens pas, répondit Justine.

— C'est un défaut qui ne saurait être toléré dans notre maison.

— Aussi, madame, désespérant de m'en corriger, je prends le parti de quitter votre maison.

— Et vous faites bien. Il n'aurait cependant tenu qu'à vous d'y rester... dit la sultane en attachant sur elle un regard significatif.

— Je le crois, madame, répliqua Justine d'un air narquois.

— Mais vous avez un caractère qui nuira souvent à votre fortune.

— Je le crains.

La sultane-validé ajouta en raillant :

— Au moins, dans votre court séjour chez nous, avez-vous eu le temps de faire de belles découvertes?

— Des découvertes, oui... Belles, c'est autre chose, dit Justine.

— Et vous comptez sans doute aller en faire part aux amis de Mlle de Crespy?

— Je n'ai aucun projet arrêté, madame.

— Et vous agirez sagement en ne vous arrêtant à aucun, dit la sultane avec un accent sévère; retenez bien ce conseil.

— Oui, madame.

— Toutes nos précautions sont prises contre les indiscrets; mais, dans le cas où vous parviendriez à les déjouer, vous vous exposeriez au ressentiment de personnes puissantes.

— Je vous remercie de m'avertir, dit Justine.

La sultane-validé sonna.

— Qu'on aille me chercher le cadi.

Le cadi parut.

Justine laissa échapper un geste de surprise à sa vue.

Elle avait reconnu Briasson.

— C'est vous qui avez amené ici cette demoiselle? dit la sultane.

— En personne, répondit le cadi.

— C'est vous qui allez la remettre dans son chemin.

— Parfaitement.

— Voici la nuit; vous allez partir sur-le-champ.

— Je suis prêt.

— Je vais donner des ordres pour qu'on mette les chevaux à la voiture grillée. Phanor conduira.

— Le muet?

— Oui.

— Usbeck montera derrière la voiture.

— Le sourd?

— Oui.

— Avez-vous des recommandations à me faire? demanda le cadi.

— Approchez.

La sultane-validé lui dit quelques paroles à voix basse.

— Soyez tranquille, répliqua le cadi.

Se retournant vers Justine, la sultane lui adressa ces mots :

— Cet homme vous laissera à moitié chemin de Paris et d'Arras, avec une bourse pour continuer votre route du côté qu'il vous plaira.

— Bien obligée, madame.

— N'essayez pas surtout de savoir d'où vous venez, et gravez bien dans votre mémoire mes instructions de tout à l'heure.

— Je n'y manquerai pas, dit Justine.

— A présent, partez.

— Un mot encore, madame, ou plutôt une prière.

— Dites vite.

— Je voudrais faire mes adieux à ma maîtresse, à M$^{lle}$ de Crespy.

— C'est inutile, répondit sèchement la sultane-validé.

— Vous êtes cruelle, madame.

— Je le sais. Allez, ma mie.

La femme de chambre avait les larmes aux yeux.

Elle baissa la tête et suivit le cadi.

Un quart d'heure après, Justine voyait ou plutôt entendait se fermer derrière elle les grilles du château.

Justine était une fille assez fraîche, ayant la beauté du diable. Aussi la perspective d'un tête à tête avec elle pendant plusieurs heures n'avait rien d'effrayant pour notre cadi.

Mais le cadi devait se tenir sur ses gardes; on l'avait prévenu de la curiosité de la donzelle.

Il ne fallait pas qu'elle pût retrouver son chemin, si le désir lui en venait plus tard.

En conséquence, le cadi avait ordre de la reconduire par des sentiers détournés, — ordre aussi de tenir constamment fermées les vitres de la portière, afin d'éviter que Justine pût se rappeler le contour d'une montagne ou la forme d'une habitation.

Mais la nuit complétement noire rendait cette dernière précaution tout à fait inutile.

C'est pourquoi le cadi ne fit pas trop de difficultés lorsque Justine, se plaignant justement de la chaleur (j'ai dit qu'on était en juin), le pria de laisser pénétrer un peu d'air dans la voiture.

— Volontiers, dit-il, mais à une condition.

— Voyons.

— C'est que si la lune vient à se lever, je referme la vitre immédiatement.

— Espérons que la lune ne nous jouera pas ce mauvais tour, dit Justine.

— Ce serait trop, en effet, de deux astres à la fois.

Le langage du cadi, comme on le voit, ne sortait pas de la couleur orientale.

— Vous êtes plus galant aujourd'hui qu'il y a quatre jours, remarqua Justine.

— C'est qu'il y a quatre jours je n'étais pas seul avec vous comme aujourd'hui. La présence d'un tiers me paralyse.

— S'il ne faisait pas nuit, vous me verriez rire, dit la femme de chambre.

— Si les roues de la voiture ne résonnaient pas tant sur le sable, vous m'entendriez soupirer, dit le cadi.

— Vraiment.

— Voulez-vous mettre la main sur mon cœur?

— Avouez que pour un soupirant votre rôle est furieusement embarrassant, reprit Justine.

— Hélas!

— Et que vous avez tant soit peu l'air d'un... Comment dirai-je?

— Ne dites pas!

— D'un exempt.

— Pourquoi m'accabler? murmura le cadi; je n'ai pas choisi cette situation.

— Mais vous l'avez acceptée, ce qui revient au même.

— N'était-ce pas un moyen de me rapprocher de vous?

— Les geôliers se rapprochent aussi de leurs prisonniers, dit-elle.

— Sort funeste! s'écria-t-il avec l'emphase comique de l'Arlequin de M. de Marivaux.

— Funeste... pour qui?

— Je pourrais avoir un autre air si vous le permettiez.

— Quel drôle de nom que celui du château que nous quittons!

— Vous trouvez? *Frivolité*, cela a bon air cependant.

— Ah! *Frivolité*...

Elle nota le nom dans sa mémoire, car elle ne le connaissait pas.

Le cadi s'aperçut-il qu'il avait donné dans un piège?

cela est probable, car il se recogna brusquement et silencieusement dans sa place.

— Vous ne me dites plus rien, reprit Justine au bout de quelques instants.

— Je ne dois rien dire.

— Vous ne soupirez même plus. Est-ce que vous ne devez plus soupirer.

— A quoi bon?

— Je n'ai pas de réponse à vous faire, dit Justine en minaudant.

— Vous êtes trop dangereuse pour moi, murmura-t-il.

— Comment l'entendez-vous?

— Vous me feriez manquer à tous mes devoirs.

— Vous êtes donc bien attaché à vos devoirs? demanda-t-elle.

Le cadi se rapprocha.

— Ah! s'écria-t-il, c'est une petite femme comme vous qu'il me faudrait.

— Pour voyager?

— Pour me fixer.

— Dans ces environs? dit elle.

— Ou ailleurs.

— Le pays parait superbe, n'est-ce pas?

— Je le connais peu, répondit-il.

— Trop plat, peut-être; c'est le défaut de cette Beauce.

— Quelle Beauce? Vous voulez dire...

— Quoi?

— Rien.

— Ce n'est pas la Beauce, pensa la femme de chambre.

— Qu'importe le pays?

— Beaucoup pour moi. Par exemple, je le voudrais à peu de distance de Paris, comme celui-ci.

— Je te vois venir, marmotta le cadi.
— A dix ou douze lieues. Est-ce dix ou douze?
— Qu'importe la distance!
— Ah ça! rien ne vous importe, à vous!
— Oh! que si!
— Et quoi donc?
— Vos bonnes grâces, dit-il en revenant à ses gros soupirs.
— Que faites-vous tant pour les mériter?
— Que voulez-vous que je fasse?

La femme de chambre parut réfléchir.

— Je vous le dirai peut-être tout à l'heure.
— Vous ne serez pas trop exigeante? demanda le cadi.
— Voilà déjà que vous avez peur!
— Ce n'est pas précisément de la peur, reprit-il, c'est de la méfiance.
— Vous êtes poli, s'écria-t-elle en riant.
— Vous êtes rusée, répliqua-t-il gravement.
— Si l'on peut dire!... Tiens! un clocher... Oh! qu'il est haut!... Comment le nomme-t-on?

Cette fois, le cadi ne s'y laissa pas prendre.

— Je vois que la lune va se lever, dit-il en faisant le geste de relever la glace de la portière.
— Pas encore! dit-elle en cherchant à s'y opposer.

Leurs mains se rencontrèrent dans ce mouvement.

La glace resta baissée.

— Hum! j'oublie tout auprès de vous! murmura le cadi.
— Eh bien, et moi, est-ce que je ne m'oublie pas aussi? repartit la femme de chambre.
— Songez donc que j'ai les ordres les plus rigoureux.
— Alors, rigueur pour rigueur!

Elle voulut retirer sa main.

— Non, fit-il tendrement; non.

— Cadi! cadi!

— Eh bien?

— Vous n'avez plus si peur...

Sur ces entrefaites, la voiture vint à traverser un pont.

— Une rivière! dit Justine.

Et elle se pencha à travers la portière.

— Retirez-vous! fit le cadi effrayé; retirez-vous!

— Oh! laissez-moi respirer la fraîcheur de l'eau... c'est si bon!

— La lune!

— Rien qu'un instant!

— La lune! la lune! cria-t-il.

Justine aperçut sur la rive les lumières d'une ville.

— Encore une fois, retirez-vous! prononça le cadi d'un accent désolé.

— Vous voyez bien qu'il est trop tard à présent!

— Ah! j'aurais dû vous bander les yeux, comme on me l'avait recommandé!

— Eh bien! vous auriez été aimable, dit-elle.

— J'ai été trop faible.

— Mais puisqu'on ne distingue rien, dit Justine, cela doit vous rassurer.

Le cadi hocha la tête.

— On prétend que les femmes voient clair dans la nuit.

La ville fut bientôt dépassée; on se retrouva en rase campagne.

Le cadi était redevenu silencieux et morose.

— Allons, lui dit Justine, ne vous repentez pas d'avoir agi en galant homme.

— Encore, si ma faute trouvait près de vous sa récompense, dit-il en se rapprochant de nouveau.

— Diable! vous ne faites pas de longs crédits!

— Je suis si pauvre!

— Ecoutez, dit la femme de chambre; j'ai de mon côté une chose à vous demander.

— Encore?

— Si vous me rebutez dès le premier mot, je me tais.

— Parlez, dit le cadi.

— Eh bien? mais je n'ose... Vous allez me refuser.

— Voyons toujours.

— J'ai envie de souper, dit la femme de chambre.

Ce désir flattait trop les propres penchants du cadi pour qu'il s'en étonnât.

Chez Briasson, on s'en souvient, l'amour de la bonne chère était à l'état permanent.

— Comme cela se rencontre! s'écria-t-il gaiement; je suis dans la même disposition que vous.

— Ah bah! dit Justine.

— Mais rassurez-vous : on ne me prend jamais sans vert. J'avais prévu votre envie.

— Comment cela?

— En faisant placer, au moment de notre départ, des vivres dans la caisse de la voiture.

— Ah! dit Justine d'un air soucieux.

— Oui; un pâté, des viandes, quelques fruits... J'ai fait main basse sur l'office.

— Je vois que vous êtes un homme de précaution, mais...

— Mais quoi?

— Est-ce que nous souperons en voiture? demanda-t-elle.

— Dame!

La femme de chambre fit la moue.

— Manger avec ce bruit insupportable de roues et de grelots, avec ces cahots, avec toute cette poussière !

— A la guerre comme à la guerre ! En voyage comme en voyage ! s'écria le cadi renaissant à la joie. Nous ferons une table de nos genoux rapprochés.

— Et vous trouvez cela commode ?

— Je trouve cela charmant.

— Parlez-moi du souper dans une hôtellerie, autour d'une nappe blanche, entre deux flambeaux ! dit Justine.

— C'est aussi mon sentiment, parbleu ! mais on ne peut pas avoir toutes ses aises.

— Pourquoi pas ? Cela ne dépend que de vous, répliqua-t-elle.

— C'est vrai, mais...

— Êtes-vous si pressé de vous débarrasser de ma compagnie ? A-t-on fixé un nombre d'heures à votre voyage ?

— Pas du tout.

— Eh bien ! alors...

Le cadi se grattait le bout du nez.

— Je sais bien une auberge, dit-il enfin avec hésitation.

— Où ? fit vivement la femme de chambre.

— Pas loin d'ici ; une auberge excellente, ma foi ! très-bien... Et un vin comme je n'en ai bu que là !

— Eh bien, dit Justine, qu'est-ce qui nous empêche de nous y arrêter !

— Vous le savez, mes ordres.

— Mon cher cadi ! supplia-t-elle.

Le cadi n'avait pas été taillé dans le roc. Le tableau d'un bon souper, dans ces conditions de bien-être, faisait pétiller ses yeux. Il est permis de supposer aussi qu'il

comptait un peu sur l'excitation du repas pour aider à
ses desseins amoureux.

Quoi qu'il en soit, le cadi murmura :

— Il y a peut-être un moyen; mais consentirez-
vous?

— J'y consens. Ce moyen...

— C'est de vous laisser bander les yeux.

— Voilà le fameux bandeau qui revient! s'écria-t-
elle.

— Grâce à cette précaution, je ne verrais aucun inconvénient à vous conduire jusqu'à la chambre du
souper.

— Une fois là?

— Oh! une fois là, plus de bandeau... excepté celui
de l'Amour!

— Allons, puisqu'il le faut...

Au bout de quelques instants, le cadi faisait arrêter la
voiture devant une maison pleine de lumière et de bruit,
s'annonçant comme une hôtellerie d'importance.

— Ne regardez pas, et tendez le front! dit le cadi en
déployant un mouchoir.

Ils se trouvèrent bientôt dans une chambre qui réali-
sait tout à fait le programme de Justine : la nappe blanche, les deux flambeaux, les deux chaises.

Le mouchoir tomba.

L'hôtelier étant monté pour prendre leurs ordres, le
cadi crut devoir lui adresser l'allocution que voici, en
présence de Justine :

— Monsieur l'hôtelier, il importe, au nom des plus
graves intérêts, que la personne avec laquelle je vais
souper et que vous avez sous les yeux, ignore absolument où elle est, le pays qu'elle traverse, et jusqu'au
nom de votre hôtel.

L'aubergiste ouvrit de grands yeux.

— Je vous serai donc obligé, continua le cadi, et bien que votre galanterie puisse en souffrir, de ne pas répondre aux questions que Madame pourrait vous adresser.

L'hôtelier, ayant ouï, s'inclina; et voici les paroles mémorables qu'il proféra à son tour.

Ces paroles sont dignes de s'ajouter à l'anecdote de la *Pièce sans a*, annoncée par des comédiens ambulants. Le premier d'entre eux qui parut en scène et qui ouvrit la bouche s'écria :

— Ah ! ciel !

Il en fut de même de l'hôtelier qui répondit à la recommandation du cadi :

— Soyez tranquille ; je n'ai pas mon pareil dans tout Varignant pour la discrétion.

Le cadi fit un soubresaut.

La femme de chambre éclata de rire.

L'hôtelier les regarda tous deux avec étonnement ; puis, comme s'il appréhendait de ne s'être pas assez fait comprendre, il ajouta :

— Dieu merci ! le maître de l'hôtel du Coq-Hardi est favorablement connu d'ici à Senlis.

Le cadi mit sa tête dans ses mains d'un air désespéré, tandis que Justine continuait ses éclats de rire.

— Soyez donc certain que je saurai garder le silence, dit l'aubergiste en manière de péroraison.

— Oh ! vous pouvez tout dire maintenant ! s'écria le cadi consterné.

— Je n'ai plus rien à apprendre, en effet, dit Justine ; mais lors même que monsieur n'aurait pas parlé, ceci aurait parlé pour lui...

Elle montrait les assiettes de faïence où, au milieu d'enjolivements de couleur, se lisait cette inscription : Hôtel du Coq-Hardi, à Varignant, par Senlis.

Sur les couverts, sur les couteaux, sur les verres, ces

mots étaient répétés : Hôtel du Coq-Hardi, à Varignant, par Senlis.

Et encore sur une pancarte, à côté de la glace : Hôtel du Coq-Hardi, à Varignant, par Senlis.

Le souper se ressentit de cet incident.

Justine savait désormais tout ce qu'elle voulait savoir. Elle n'avait plus aucun motif pour ménager le cadi.

Lui, de son côté, avait le sentiment de sa force perdue; il avait rempli sa mission aussi maladroitement que possible. Il n'osait plus remettre en avant ses prétentions.

On se parla donc peu, et l'on revint à la voiture moins amis qu'on en était sorti.

Le voyage dura quatre ou cinq heures encore, et ne fut marqué par aucun épisode.

A l'endroit désigné par la sultane-validé, c'est-à-dire à une distance à peu près égale de Paris et d'Arras, le cadi prit congé de la femme de chambre et la déposa sur la lisière d'un petit bois.

— Vous allez marcher tout droit devant vous pendant un quart d'heure, lui dit-il; là, vous trouverez un village, et dans ce village un relais de poste. Voici une bourse contenant cinquante pistoles. Adieu et bon voyage.

— Adieu, cadi, répliqua Justine; vous étiez bien plus aimable au départ.

— Je me suis toujours repenti de mon amabilité auprès des femmes; j'y renonce à partir d'aujourd'hui.

— C'est dommage, murmura-t-elle.

— Quant à vous, la belle railleuse, ne cherchez pas à abuser des renseignements que le hasard vous a fournis. Cela pourrait vous porter malheur. On expédie beaucoup de jolies femmes cette année au Mississipi.

— Sans compter le nombre d'honnêtes gens qu'on envoie tous les jours aux galères, ajouta-t-elle.
— Serviteur! dit le cadi.
— Sans rancune! dit Justine.
Telle fut leur séparation.
Et le cadi de grommeler cette phrase en remontant en voiture :
— Voilà un voyage dont je ne me vanterai pas auprès de Lebel!

## XX

#### COMME DANS LES ROMANS D'AVENTURES

Comme dans les romans d'aventures, Justine, seule, toute à ses réflexions, suivait sans se hâter le chemin indiqué par le cadi.

Le ciel était d'un bleu d'Astrée, et les oiseaux formaient de délicieux concerts. Or, comme on était au milieu du jour, elle n'éprouvait aucune alarme à se trouver au milieu de la campagne.

Tout à coup elle aperçut un homme assis au bord d'un ruisseau et semblant rêver profondément. Son cheval était auprès de lui, attaché à un arbre, — comme dans les romans d'aventures.

Cet individu était tellement absorbé qu'il n'entendit point venir Justine, et qu'il ne releva point la tête lorsqu'elle passa auprès de lui.

Ce fut elle qui, l'ayant examiné, s'écria :

— Monsieur Damiens !

Il parut s'éveiller, et, avec les signes de la plus vive surprise

— Mademoiselle Justine! s'écria-t-il à son tour; est-ce possible?

— Vous le voyez; mais où allez-vous ainsi?

— A Versailles; et vous, mademoiselle?

— Je retourne à Arras.

— Seule? dit Damiens en sentant son cœur se serrer.

— Seule.

— Et... M<sup>lle</sup> de Crespy? demanda-t-il.

— C'est vrai, vous aviez de l'affection pour ma jeune maîtresse.

— Mieux que de l'affection : un dévouement sans bornes!

— On vous jugeait mal à l'hôtel, M. Damiens; j'ai été souvent obligée de prendre votre défense.

— Hélas! dit-il, je n'ai pu être utile à M<sup>lle</sup> Marthe et à vous autant que je l'aurais désiré... J'étais dans l'église Saint-Nicolas le soir de votre enlèvement; je n'ai pu courir à votre secours... j'ai été frappé...

— Vous, monsieur Damiens!

— Cela n'a rien été... J'ai trouvé les meilleurs soins chez M. de Chantemesse le père. Aujourd'hui je suis complétement rétabli; je peux me mettre à la recherche de M<sup>lle</sup> de Crespy, comme MM. de Chantemesse.

— MM. de Chantemesse nous cherchent? Nous ne nous trompions donc pas! s'écria Justine.

— Ils montaient à cheval deux heures après votre départ d'Arras.

— Où sont-ils maintenant?

— Ils n'ont pas encore donné de leurs nouvelles, répondit Damiens; mauvais signe! Je les retrouverai probablement à Versailles ou à Paris. A nous trois, chacun selon nos moyens et en dispersant nos efforts, nous arriverons peut-être au but que nous poursuivons.

— Ah! M. Damiens! s'écria la femme de chambre; c'est le ciel qui m'a envoyée sur votre route!

— Que voulez-vous dire?

— Ce n'est pas à Versailles que vous devez aller; ce n'est pas à Paris non plus...

— Achevez!

— Vous devez vous diriger du côté de Senlis, dit Justine.

— De Senlis, répéta Damiens.

— Par Varignant, ajouta-t-elle.

— Bien.

— A deux heures de voiture de Senlis, dans une région que je ne peux malheureusement déterminer, est un château caché par de hautes murailles, et qui se nomme *Frivolité*. Retenez bien ce nom.

— Oh! ne craignez rien! s'écria Damiens attentif.

— C'est là qu'est M<sup>lle</sup> de Crespy, continua Justine; c'est là qu'on la tient enfermée.

— Là! dit Damiens, dont les yeux semblaient percer l'espace.

Elle lui raconta, sans omettre aucun détail, ce qui s'était passé pendant le séjour au château. Les couleurs noires ne manquèrent pas au portrait de la sultane-validé. Sa narration fut plusieurs fois interrompue par les exclamations indignées de Damiens.

— Oh! je la délivrerai, soyez-en sûre! s'écria-t-il quand elle eut fini. Courez rassurer M. et M<sup>me</sup> de Crespy; dites-leur qu'avant peu M<sup>lle</sup> Marthe leur sera rendue.

— Dieu vous entende! fit Justine.

— Il m'entendra!

Damiens détacha son cheval de l'arbre auquel il l'avait lié.

— A bientôt, mademoiselle Justine! lui dit-il.

— Ainsi, c'est à Senlis que vous allez?

— Sans retard, comme vous voyez!

Et s'affermissant en selle, il piqua des deux avec une ardeur confiante.

— Décidément, c'est, dit Justine, un meilleur homme que je ne croyais!

Elle continua sa route vers Arras.

Lui parti, elle partie, le terrain demeura désert, — comme dans les romans d'aventures.

## XXI

### LE LIEUTENANT DE POLICE

La déception des frères Chantemesse avait été grande. Ayant perdu la trace de Mlle de Crespy, à qui la demander? qu'avaient-ils à faire?

Le chevalier était resté anéanti dans son désespoir.

Plus maître de lui, le comte, dès leur arrivée à Paris, essaya de définir la situation. Pour retrouver Mlle de Crespy, trois moyens se présentèrent à son esprit, — trois moyens de puissance graduée, résumés en trois personnes : s'adresser au lieutenant de police; s'adresser à la marquise de Pompadour, et enfin s'adresser au roi.

Certes, s'il avait eu le moindre indice, il ne se serait adressé à personne. Deux gentilshommes français réclamant une jeune fille enlevée auraient aisément fait triompher le bon droit à l'aide de leur épée. Mais cet indice leur manquait. Ils n'avaient à leur portée que les trois moyens indiqués plus haut.

De ces moyens, le premier, qui consistait à s'adresser au lieutenant de police, comme au magistrat chargé de l'ordre dans tout le royaume, celui-là était le plus simple en apparence, celui qui dans toute autre occasion aurait été le plus efficace. Mais, dans les circonstances actuelles, n'était-ce pas le plus dérisoire? Tout ne faisait-il pas supposer que l'audacieux enlèvement de M<sup>lle</sup> de Crespy, décidé en haut lieu, avait été accompli avec le consentement de la police?

N'importe! Le comte de Chantemesse crut devoir employer ce premier moyen, si inutile qu'il lui parût, avant de recourir aux deux autres, extrêmes et désespérés.

Connaissant le caractère impétueux de son frère, et en redoutant les conséquences, il résolut d'agir seul.

Il se fit annoncer chez M. Berrier, le lieutenant général de police, qui s'empressa de le recevoir sur son titre, et qui l'écouta avec beaucoup d'attention.

— M. le comte, lui dit ce magistrat, je suis profondément affligé de ce que je viens d'apprendre par votre bouche; je vais mettre sur-le-champ mes plus fins limiers en campagne... Mais, quels que soient leur zèle et leur intelligence, je m'en voudrais de vous laisser trop d'espoir.

— Pourquoi cela? dit le comte de Chantemesse.

— Eh! mon Dieu! par une fatalité inexplicable, il s'est produit plusieurs affaires de ce genre depuis quelque temps... Mes agents sont aux abois.

— Quelque déplorables que puissent être les attentats dont vous parlez, celui-ci les dépasse tous. Songez-y! Une jeune fille noble, arrachée à sa famille, enlevée dans un lieu saint! Il y a de quoi épouvanter tout un pays, irriter toute une population.

— Le crime est grand, en effet, M. le comte, mais les populations ont trop de bon sens, je l'espère, pour rendre l'autorité responsable de ces excès isolés.

— C'est ce qui vous trompe, monsieur le lieutenant de police.

Celui-ci releva la tête.

Le comte de Chantemesse continua :

— Je ne dois pas vous laisser ignorer que le nom d'une auguste personne a été mêlé à ce rapt indigne.

— Quel nom, monsieur? s'écria le magistrat.

Le comte hésita.

— Il faut que vous disiez ce nom, monsieur, il le faut! continua le lieutenant de police.

— Celui de madame la marquise de Pompadour.

— Prenez garde, monsieur! dit le lieutenant de police effrayé.

— De quoi prendrais-je garde?

— Vous risquez gros jeu à vous faire l'écho de ces calomnies.

— Les hommes comme moi ne risquent rien, étant au-dessus de toutes les opinions et de toutes les atteintes.

Ces mots furent prononcés par le comte de Chantemesse avec une dignité qui donna à réfléchir au lieutenant de police.

— Monsieur le comte, reprit celui-ci, l'accusation que vous venez porter jusqu'à moi n'est pas seulement outrageante... elle est folle!

— La justice redouterait-elle donc d'être éclairée?

— La justice ne tient pas compte des insultes qui essaient de monter jusqu'au trône.

— Alors je me retire, dit M. de Chantemesse.

— Non, restez, dit le lieutenant de police; je tiens à savoir jusqu'à quel point on a pu mettre en cause l'éminente personne que vous venez de nommer.

— Rien de plus simple, monsieur. Deux misérables se

sont présentés à l'hôtel de M. de Crespy en y produisant une lettre de madame la marquise.

— Un faux, monsieur!

— Soit, dit le comte, mais un faux dont vous devez rechercher et punir les auteurs.

— Il est fâcheux que vous ne sachiez pas leurs noms.

— Qui vous a dit cela?

— Je croyais... murmura le lieutenant de police.

— Un des deux s'appelle Lebel.

— Ah! dit le magistrat en cherchant à lire sur la figure du comte.

— Oui, Lebel, autant qu'il m'en souvienne.

— Et savez-vous quel est ce... Lebel?

— Non, ni ne me soucie de le savoir. Il s'est trouvé deux fois sur ma route dans les circonstances les plus honteuses pour lui.

— N'auriez-vous pas entendu dire par hasard qu'il occupât un emploi... ou plutôt un poste... dans les appartements particuliers de Versailles?

Le lieutenant de police semblait attendre avec un intérêt bizarre la réponse du comte.

Celui-ci, assez indifférent, dit :

— Je crois, en effet, qu'il m'a touché quelques mots de cela, mais je ne lui ai accordé ni attention ni foi... Quel emploi pourrait occuper un coquin pareil?

— Hum! fit le lieutenant de police. Ainsi voilà tout ce que vous savez de ce... Lebel?

— Tout, et c'est trop, répondit le comte.

Le magistrat sembla respirer plus à l'aise.

Il se leva majestueusement et prononça les paroles suivantes :

— Monsieur le comte, je vais m'employer de la manière la plus active à rechercher M<sup>lle</sup> de Crespy. Il y a peut-être là-dessous moins à s'épouvanter que vous le dites. Un enlèvement n'est pas un meurtre après tout. Telle pièce qui s'annonce tragiquement a parfois un dénouement heureux, et...

— Pas un mot de plus, monsieur le lieutenant de police, dit sévèrement le comte. Nous autres gentilshommes de province, nous sommes prompts à nous offenser, car nous prenons tout au sérieux, surtout l'honneur. Je ne suis pas venu ici pour être consolé, mais pour être rassuré. Vous m'avez fait pressentir l'inutilité probable de votre intervention; n'ajoutez pas de commentaire à cet aveu. Je pars, la mort dans le cœur, mais décidé à tout tenter pour suppléer à l'impuissance de la police.

— Est-ce une menace? dit le magistrat.

— Un avertissement, tout au plus.

— Monsieur le comte, reprit le lieutenant de police, je veux bien faire la part de votre douleur; je la ressens et je m'y associe plus vivement que vous ne paraissez le supposer, et je vais vous en donner la preuve immédiate... en vous conseillant de ne pas pousser trop loin les tentatives dont vous parlez.

— Je comprends, dit le comte avec un sourire amer; M. le lieutenant de police n'aime pas qu'on fasse sa besogne.

— Peut-être.

— Même lorsqu'il ne la fait pas.

— Monsieur, vous dépassez les bornes!

— Monsieur le lieutenant de police, on fouille nos provinces, on y fait des levées de chair humaine, on y ravit les jeunes filles à main armée, on les jette dans des voitures closes comme des tombeaux, avec une escorte empruntée à votre maréchaussée, et vous êtes le dernier à le savoir. Laissez faire votre besogne par d'autres! On détruit toute sécurité dans les familles, on souille les cheveux blancs des pères, on terrifie les mères, et vous avouez que vous n'avez aucun rapport sur ces *faires-là*. Laissez faire votre besogne par d'autres, Monsieur le lieutenant de police, on déshonore la France, on soupçonne le roi, on calomnie M<sup>me</sup> la marquise de Pompadour; encore une fois, laissez faire votre besogne par d'autres.

— Le lieutenant de police pourrait s'irriter de ces paroles, monsieur le comte, et tout autre que vous ne les lui aurait pas fait entendre impunément.

— C'est vrai, vous avez la Bastille, dit M. de Chantemesse avec mépris.

— Je ne l'ai pas nommée.

— Un argument irrésistible! votre grand moyen! Certes, elle est bien grande, la Bastille, et elle peut aisément me contenir, moi; mais ce qu'elle ne saurait contenir, si grande qu'elle soit, c'est toute une ville comme Arras, toute une province comme l'Artois. Ma cause est la cause de cette province et de cette ville; vous pouvez facilement étouffer ma voix si elle vous incommode, mais vous n'étoufferez pas cinquante mille voix qui se lèveraient pour me défendre et vous accuser!

Le lieutenant de police hocha la tête, et répliqua d'un ton plus doux que le comte ne s'y serait attendu :

— Nous n'aurions aucun bénéfice, l'un et l'autre, à prolonger cet entretien. Restons-en donc là si vous m'en croyez. Je ne veux pas vous envoyer à la Bastille. Mais laissez-moi, avant de vous quitter, vous mettre en garde contre vos généreuses illusions. Si légitime que soit l'intérêt que tout cœur honnête doit prendre au malheur qui vous frappe, vous vous exagérez la sensibilité des populations en leur faisant si étroitement partager votre douleur et embrasser votre cause. Les villes ont leur somme d'indifférence comme les individus. Tout dure en France, excepté l'indignation. Cela dit, monsieur le comte, au revoir. Malgré ce que vos propos ont pu avoir de blessant, je ne retirerai rien de l'estime que vous m'avez inspirée. Remarquez surtout que je ne vous décourage pas... et retenez ceci : si M<sup>lle</sup> de Crespy peut vous être rendue par moi, elle vous le sera, monsieur le comte.

A ces paroles, qui rachetaient un peu celles du commencement, le comte de Chantemesse ne trouva rien à répondre que par un profond salut.

Puis il sortit.

Dès qu'il eut franchi l'antichambre, le magistrat ouvrit un meuble à secret, et y prit une de ces *grilles* dont on fait remonter l'invention aux premiers inquisiteurs, lesquels l'ont léguée à la diplomatie, d'où elle est tombée dans la police.

Il appliqua cette grille sur une feuille de papier, et dans les intervalles restés libres il écrivit à la marquise de Pompadour une lettre intime, que celle-ci, pour lire, n'avait qu'à replacer, de son côté, sous une grille semblable.

Voici ce que disait cette lettre :

« Ma chère marquise,

« Vos émissaires vous ont encore compromise. Je ne sais rien de plus maladroit que ces gens-là ; je vous l'ai souvent répété. Quand nous serons à dix, j'espère que vous m'accorderez la permission d'en faire pendre quelques-uns.

« On vient à l'instant de me réclamer une petite fille du nom de M<sup>lle</sup> de Crespy, que votre Lebel a, paraîtrait-il, fort brutalement enlevée et séquestrée, en s'autorisant d'une lettre de vous. Voilà qui est réellement déplaisant, d'abord pour vous, belle marquise, ensuite pour moi, qu'on est toujours tenté de croire de connivence avec vos estafiers. Vous savez pourtant que ma police ne contrecarre jamais la vôtre et que je vous laisse agir en toute liberté. Je ne savais pas le premier mot de cette histoire.

« L'homme qui sort d'ici s'appelle le comte de Chantemesse; c'est sans doute le fiancé de la jeune personne. J'ai oublié de m'en informer auprès de lui. Dans tous les cas, je vous le donne comme un échantillon de ces caractères intraitables que la province produit parfois. Sa douleur est d'autant plus dangereuse qu'elle est calme et fière. Il paraît résolu à tout, même au scandale.

« Ma chère marquise, je n'ai aucun avis à vous donner; n'êtes-vous pas la beauté et la sagesse à la fois, Vénus et Minerve en une seule personne? — Est-ce que vous tenez extraordinairement à cette petite fille? Est-elle annoncée là-bas? Il y aurait un beau rôle pour vous à jouer, et à votre place... Je m'arrête; vous n'auriez qu'à me donner sur les doigts, comme cela vous arrive quelquefois.

« Je ne serais pas du tout étonné que le comte de Chantemesse essayât d'arriver jusqu'à vous. Si vous êtes curieuse de faire connaissance avec une de ces natures du Nord, altières et froides, recevez-le; il vous intéressera peut-être.

« Je baise vos pantoufles adorées, et je demeure votre âme damnée jusqu'à mon dernier souffle.

« BERRIER. »

## XXII

#### PROFIL DE MARQUISE

Le lieutenant de police ne s'était pas trompé.

En même temps que sa lettre, la marquise de Pompadour en recevait une autre du comte de Chantemesse, sollicitant la faveur d'une audience.

Il ne perdait pas de temps, comme on voit.

La première idée de la marquise avait été de ne pas lui répondre, non qu'une entrevue fût embarrassante pour elle, — il n'y a pas d'embarras pour les personnes arrivées à la toute-puissance, — mais parce qu'au milieu des agitations de sa vie elle avait un peu négligé cette affaire.

Pourtant, la lettre du lieutenant de police excita sa curiosité. Elle était tellement entourée de flatteurs et d'adulateurs que l'envie lui prit de connaître quelqu'un qui ne leur ressemblât pas.

La marquise de Pompadour fit donc répondre au comte de Chantemesse qu'elle le recevrait à Versailles, où elle occupait, au rez-de-chaussée, les anciens appartements de la Montespan.

Appartements splendides, avec une maison presque aussi nombreuse que la maison du roi : intendants, secrétaires, médecins, femmes de chambre, brodeuses, porte-flambeaux, grands laquais, maîtres d'hôtel, sommeliers, coureurs, piqueurs, trente aides d'office, trois cochers, trois postillons, deux nègres.

Encore n'était-ce que la moins importante de ses résidences. La marquise avait des domaines, des châteaux, des hôtels innombrables; Carabas enté sur Pompadour. Elle avait, en outre de son hôtel à Paris, — qu'elle avait acheté huit cent mille livres, — un hôtel à Fontainebleau et un hôtel à Compiègne. Elle avait l'Ermitage, à Versailles même. Elle avait le château de Meudon et le château de Bellevue. Elle avait Montretout, Brimborion, Babiole. Elle avait la terre de la Celle, la terre d'Aulnay, la terre de Crécy, la terre de Saint-Remy. Elle avait Tréon, Magenville et Oville.

Il faudrait compter par quinze et par vingt les millions jetés par elle dans ces somptueuses demeures, où Beauvais envoyait ses tapisseries les plus radieuses, la Chine ses étoffes les plus rares, la Bohême ses cristaux les plus éblouissants; — où les peintures étaient de Vanloo, d'Oudry, de Boucher, de Vien, de Boulongne; — où les statues étaient de Falconnet et de Pigalle.

Vingt millions pour fonder un genre dans l'art : le genre Pompadour !

C'est une figure qui arrête l'œil dans l'histoire; elle brille, elle reluit. Elle ne séduit qu'à moitié cependant. Elle a régné dix-neuf ans d'un règne coquet et désastreux. Elle a inspiré de jolis meubles et décrété d'atroces mesures; elle a fait battre nos armées à Rosbach et triompher notre porcelaine à Sèvres; elle a appauvri la France et mis le vernis Martin à la mode; elle a laissé pourrir Latude dans les cachots et fait une pension de quatre mille livres au sieur Lafontaine pour des enjolivements à une berline ; elle a placé sa famille en évidence, et caché le roi à ses sujets.

Reste la protection qu'elle a accordée aux artistes et aux écrivains et dont elle a couvert les philosophes. En cela, la fine commère était bien avisée et voyait loin. La musique portée à Jean-Jacques Rousseau, le brevet de gentilhomme expédié à Voltaire, Crébillon encouragé, l'*Encyclopédie* approuvée, autant de recommandations pour la postérité.

Était-elle jolie? La Tour dit oui dans son pastel fameux, qui vaut une page d'histoire ; Vanloo dit oui en la peignant en sultane ; Boucher dit oui en la peignant en jardinière. C'est moins de la beauté que de la grâce, une expression spirituelle, un charme très-français.

Les poëtes disent oui sur tous les tons de leurs petites lyres ; Bernis arrive le premier pour « célébrer tant d'appas » :

> On avait dit que l'enfant de Cythère,
> Près du Lignon, avait perdu le jour ;
> Mais je l'ai vu dans le bois solitaire
> Où va rêver la jeune Pompadour.

Et cette autre pièce d'une mignardise achevée, qui commence ainsi :

> Ainsi qu'Hébé, la jeune Pompadour
>   A deux jolis trous sur la joue,
> Deux trous charmants où le plaisir se joue
> Qui furent faits par la main de l'amour.
> L'enfant ailé, sous un rideau de gaze,
> La vit dormir et la prit pour Psyché...

Voltaire, qui sut être irrévérencieux si à propos, le prend avec un sans-façon voisin de la licence, et ramène

Mlle Poisson à des proportions plus humaines. Ecoutez sa voix stridente :

> Telle plutôt cette heureuse grisette,
> Que la nature ainsi que l'art forma
> Pour le sérail ou bien pour l'Opéra...
> Sa vive allure est un vrai port de reine,
> Ses yeux fripons s'arment de majesté,
> Sa voix a pris le ton de souveraine,
> Et sur son rang son esprit s'est monté.

A présent, voulez-vous entendre une autre chanson, mais tout à fait discordante et contre-disant absolument les poëtes et les peintres? Voici ce qu'on fredonne dans les rues, ce qui circule sous le manteau :

> Une petite bourgeoise
> Elevée à la grivoise,
> Mesurant tout à sa toise,
> Fait de la cour un taudis.
>
> Le roi, malgré son scrupule,
> Pour elle fortement brûle ;
> Cette flamme ridicule
> Excite dans tout Paris ris, ris, ris!
>
> Si, dans les beautés choisies,
> Elle était des plus jolies,
> On passerait les folies
> Quand l'objet est un bijou :
>
> Mais pour cette créature
> Et pour si plate figure,
> Exciter tant de murmure,
> Chacun juge le roi fou, fou, fou, fou!
>
> La contenance éventée,
> La peau jaune et maltraitée,
> Et chaque dent tachetée,
> Les yeux froids et le cou long...

Est-ce bien de la même personne qu'il s'agit? On en douterait presque. Et dire que ces complots venaient frapper la marquise de Pompadour aux débuts de sa faveur, alors qu'elle n'avait guère plus de vingt-cinq ans! Qui faut-il croire? A qui s'en rapporter?

La marquise de Pompadour avait trente-trois ans environ lors des événements que ce récit met en scène. De l'aveu de tous, amis et ennemis, elle était fatiguée, amaigrie, perpétuellement inquiète. Son docteur, Quesnay, lui reprochait l'abus du chocolat à la vanille. Elle n'avait plus que l'éclat que donnent la toilette et le milieu.

Le salon où la marquise s'apprêtait à recevoir le comte de Chantemesse communiquait aux appartements du roi par un escalier qu'elle avait fait pratiquer elle-même, — escalier célèbre, qui inspira ce franc propos à la maréchale de Mirepoix :

— C'est votre escalier que le roi aime, ma chère amie; il est habitué à le monter et à le descendre; mais s'il trouvait une autre femme à qui il pût parler de sa chasse et de ses affaires, cela lui serait égal au bout de huit jours.

C'était cette *autre femme* qu'il fallait l'empêcher de trouver, — et même de chercher. Voilà pourquoi la marquise de Pompadour s'était réservé le département de ses rivales, qu'elle choisissait ou faisait choisir en dehors de la cour.

En dehors de la cour, condition absolue!

Quelques minutes avant l'audience, la marquise s'était placée près d'une haute croisée, à une petite table où elle avait l'habitude de s'adonner à la gravure sur cuivre. On sait que, grâce à la brillante éducation que lui avait fait donner son parrain Lenormand de Tournehiem, elle possédait une teinture de presque tous les arts.

A l'heure convenue, Gourbillon, son valet de chambre, introduisait auprès d'elle le comte Hector de Chantemesse. Au bruissement des pas sur le tapis, elle tourna légèrement la tête. Ce premier examen fut favorable à l'arrivant.

— Avancez un siège, dit-elle au valet de chambre.

Le comte resta debout, comprenant que cette politesse était pure affaire de forme.

— Il faut donc des circonstances exceptionnelles pour qu'on vous voie à la cour, monsieur de Chantemesse? lui dit-elle sans interrompre son travail.

Le comte fut surpris de cette aménité.

La marquise continua.

— En vérité, les amis du roi se tiennent trop à l'écart. Votre grand-père, qui fut chef d'escadre sous Louis XIV, comprenait mieux ses devoirs envers son souverain et son pays.

— Quoi ! madame, vous daignez vous souvenir...

— Des services rendus ? assurément, monsieur; est-ce que cela vous étonne ?

— Excusez-moi, madame, dit le comte de plus en plus surpris ; je ne m'attendais pas à tant de bienveillance.

— C'est que, sans doute, vous partagez sur moi l'opinion de beaucoup de monde.

— Madame, j'ai l'habitude de n'emprunter mes sentiments à personne.

— Je sais que la province a des préjugés sur moi. On m'y croit dévorée d'ambition, insatiable d'élévation. Voyez pourtant à quoi je m'occupe.

Elle montrait ses outils et sa planche de cuivre.

— Approchez, monsieur de Chantemesse, lui dit-elle par un signe d'une charmante simplicité.

Le comte était venu avec des préventions sans nombre; il les sentait fondre une à une.

Il regardait attentivement cette femme qui, plus qu'aucune autre, avait élevé la séduction à la hauteur d'une science.

S'il ne subissait pas exclusivement son charme, il s'y laissait aller déjà.

— Savez-vous quel est ce sujet? lui demanda-t-elle.

— Une allégorie, je suppose, dit-il en se penchant sur la table.

Comme dans toutes les eaux-fortes de M<sup>me</sup> de Pompadour, on retrouvait dans celle-ci une figure nue, un autel et des papillons.

— Allons, dit-elle en souriant de l'air embarrassé du comte, je vois qu'il faut venir à votre aide : c'est l'*Amour sacrifiant à l'Amitié*. Oh! le dessin n'est pas de moi.

— Alors, il est de M. Boucher, dit le comte ; c'est tout à fait sa manière.

— Vous êtes donc un connaisseur! s'écria la marquise; j'en suis enchantée.

— Un modeste amateur, rien de plus, répliqua-t-il; la province nous fait tant de loisirs!

— Vos conseils seront une bonne fortune pour moi ; je veux que vous m'en donniez souvent.

— Ne vous raillez pas de moi, madame.

— Et pour commencer, dites-moi sincèrement ce que vous pensez de ces deux bras soutenant un panier de roses. Il y a là un effort qui ne me plait pas du tout et qui ne me semble pas heureux.

— Madame...

— Répondez donc, monsieur, s'écria-t-elle avec une jolie impatience.

— Puisque vous l'exigez...

Il fut forcé de se pencher davantage vers la marquise.

Dans cette position, il respirait l'odeur de ses cheveux

poudrés, de ses dentelles ; il était à deux lignes de son cou éblouissant de blancheur.

Un frisson parcourut tout son corps.

— Eh bien ! monsieur de Chantemesse, vous ne répondez pas?

— Je cherche à glisser une critique, et je ne trouve place que pour l'admiration.

— Ce que c'est que l'atmosphère de la cour ! dit la marquise; vous voilà déjà courtisan... N'importe, je rectifierai cette attitude... Mais, à propos, — ajouta-t-elle tout à coup en cessant son travail, — il paraît que je vous dois des explications.

Le comte se récria sur le mot.

— Mais si ! mais si ! reprit-elle ; un messager imprudent a dénaturé complètement mes intentions... du moins à ce que m'écrit Berrier.

— Ah ! monsieur le lieutenant de police vous a écrit ?

— Deux mots seulement. Je ne suis pas encore bien au courant ; il m'a raconté cela en gros. Comment un tel malentendu a-t-il pu avoir lieu? J'avais reçu une lettre de ma chère baronne de Labourdois au sujet de sa nièce. Il faut vous dire que j'aime beaucoup la baronne, mais beaucoup ; Sidonie est une amie d'autrefois, qui m'a connue toute petite dans mon bon temps. Donnez-moi donc de ses nouvelles.

— Madame de Labourdois est, ainsi que nous tous, plongée dans l'affliction depuis l'enlèvement de sa nièce.

— Sa nièce, M<sup>lle</sup> de Crespy, je crois.

— M<sup>lle</sup> de Crespy, oui, madame.

Le visage de la marquise était devenu sérieux.

— Si vous saviez, monsieur de Chantemesse, comme je suis mal servie et surtout mal comprise par ceux qui devraient m'être le plus attachés !

— Nous en avons eu une preuve désolante, madame.

— J'avais confié à je ne sais plus qui, à Laugeac, je crois, qui partait pour le Nord, le soin de voir la baronne et de savoir ce qu'elle désirait que je fisse pour sa nièce. Rien de plus simple, n'est-il pas vrai? Au dernier moment, Laugeac a passé la commission à Lebel. Tout l'imbroglio est venu de là. Je n'y suis pour rien, croyez-moi; au fond, je ne peux vouloir que du bien à cette chère petite. Elle est donc bien jolie, mademoiselle de Crespy?

Le comte ne répondit pas.

M<sup>me</sup> de Pompadour comprit et se mordit les lèvres.

— Je ne sais où j'ai la tête, vraiment! dit-elle; où en étais-je? Ce Lebel a compris tout de travers; c'est le plus extravagant et le plus corrompu des valets de chambre du roi. Vous ne pouvez savoir tout cela, monsieur de Chantemesse, vous qui vivez si loin de Versailles; vous ne pouvez comprendre ces mœurs.

— Hélas! madame, je commence à m'en faire une idée.

— Figurez-vous que Lebel a la rage de découvrir partout des astres de beauté, des merveilles. Son prédécesseur, Binet, était comme lui; c'est une manie attachée à l'emploi. Ce fut Binet qui, jadis, parla de moi imprudemment à Sa Majesté, et qui lui donna l'envie de me voir. Tout cela est fatal. Croiriez-vous que M<sup>me</sup> Lebon m'a prédit, à neuf ans, que je serais reine de France... ou à peu près. J'étais furieuse; quoique petite, je voulais qu'on la chassât. Aujourd'hui, je lui fais une pension de six cents livres.

Le regard du comte, pendant ce flot de paroles, restait fixé sur la marquise.

Était-elle sincère, ou se jouait-elle de lui?

La fixité de ce regard la troubla peut-être; car, rompant le cours de la conversation, elle lui adressa brusquement cette question :

— Ainsi donc, vous devez épouser Mlle de Crespy ?

Une idée incompréhensible, et dont il ne se rendit pas compte lui-même, poussa le comte à répondre :

— Oui, madame.

— Quel âge a-t-elle ? demanda la marquise de Pompadour.

— Dix-huit ans.

— Vous avez refusé tout à l'heure de me dire si elle est jolie.

— Il y a trois jours, elle me semblait la plus belle du monde, répondit le comte de Chantemesse.

— Mes poètes ne m'auraient pas dit mieux. Je devrais vous arrêter sur cette pente, mais je me trouve aujourd'hui en disposition d'indulgence. Et puis, votre ton ne me déplaît pas ; vous avez l'air brave et ouvert, vous regardez les gens bien en face.

— Est-ce un reproche, madame ?

— Non, monsieur de Chantemesse ; je suis de votre école : je ne déguise jamais ma pensée. Mais expliquez-moi pourquoi je me sens si à l'aise avec vous ; on dirait que je vous connais depuis longtemps ; je cause avec vous comme avec un ancien ami.

— Madame, vous me rendez confus.

— L'amitié est le rêve que j'ai le plus constamment poursuivi, et que j'ai le plus rarement atteint, continua la marquise ; autour de moi je cherche des mains ouvertes, et je ne vois que des mains tendues. Monsieur de Chantemesse vous devriez venir vous fixer à la cour.

— Moi, madame ?

— Sa Majesté vous trouverait un emploi digne de vous, je vous le garantis.

— J'ai peu d'ambition, dit le comte.

— On ne vous en demande pas, dit la marquise ; néanmoins vous devez vous ennuyer souvent à Arras. Ici, la vie offre des distractions intelligentes. Aimez-vous la comédie ? Nous avons un théâtre des petits appartements, où nous jouons l'opéra, et même des ballets. La semaine dernière, nous avons représenté *Titon et l'Aurore* : je faisais l'Aurore ; le vicomte de Rohan jouait le rôle de Titon, et le marquis de la Salle celui du Soleil. Cela été à merveille, je vous assure.

Le comte répondit :

— Au risque de produire sur vous l'effet du paysan du Danube, je vous avoue, madame, que la comédie a peu d'attraits pour moi.

— Je vous y convertirai, s'écria-t-elle ; j'y ai bien converti le roi !

A cette parole sans réplique, le comte sourit et s'inclina.

La marquise de Pompadour continua :

— Je vois ce que c'est : vous préférez la chasse. C'est juste, c'est le principal amusement de la province. Eh bien ! mais nous avons des chasses magnifiques dans des forêts incomparables ; vous les suivrez, monsieur de Chantemesse... Vous ne répondez pas ?

— Madame, je cherche une réponse qui soit à la fois d'accord avec votre extrême bienveillance et avec l'extrême tristesse sous l'empire de laquelle je me suis présenté devant vous.

La marquise, dépitée, secoua la tête et dit :

— Où mon esprit va-t-il s'égarer, en effet ? J'oublie que vous êtes retenu à Arras par des liens puissants, et que vous aimez M<sup>lle</sup> de Crespy... car vous l'aimez ?

Même silence de la part du comte.

— Par dessus tout ? continua-t-elle.

— Vous me mettez à la torture, madame, lui dit-il ;

il y a cruauté à vouloir me faire convenir devant vous de certains sentiments ou à m'obliger à les désavouer.

— Savez-vous que vous feriez un excellent homme d'État, monsieur de Chantemesse?

— A votre école que n'apprendrait-on pas?

Mᵐᵉ de Pompadour sembla lutter avec elle-même pendant quelques minutes; puis elle s'écria tout-à-coup avec une certaine vivacité :

— Il est impossible que vous aimiez Mˡˡᵉ de Crespy au point de lui sacrifier un avenir des plus brillants.

Le comte répondit après une courte hésitation :

— Je sacrifierais tout pour rendre Mˡˡᵉ de Crespy à sa famille.

— A sa famille... seulement?

La situation se tendait.

Le comte de Chantemesse ne savait plus en réalité sur quel terrain il marchait. Il avait des éblouissements. La femme qui était devant lui, émue et enlaçante, était-elle bien l'altière Mᵐᵉ de Pompadour?

Il croyait deviner, mais il n'osait.

Cette fois encore, elle prit pitié de son trouble :

— Tenez, monsieur de Chantemesse, vous allez me juger bien étrangement par ce que je m'en vais vous dire.

— Je ne suis pas un juge, madame, loin de là.

— J'obéis à je ne sais quelle force superstitieuse, et je veux travailler à votre bonheur malgré vous.

— Madame...

— Vous voyez bien que la province et Paris ont raison : oui, je suis impérieuse; oui, je suis tyrannique! Partout en toute occasion, ma volonté cherche à s'imposer. Et je vais vous le prouver, monsieur de Chantemesse.

— A moi, madame?

— A vous, lui dit-elle ; écoutez-moi bien.

Il ne respirait plus.

— Mlle de Crespy sera rendue à sa famille.

— Ah !

— Demain... ou après-demain.

— Je savais bien que votre cœur était généreux ! s'écria le comte.

— Attendez, dit la marquise ; il y a une condition.

— Quelle qu'elle soit, j'y souscris d'avance ! répliqua-t-il.

— Une condition singulière, inexplicable, peut-être, et dans laquelle va se révéler mon despotisme tout entier ! Appelez cela caprice, fantaisie, maladie nerveuse, tout ce que vous voudrez enfin. Mlle de Crespy sera rendue à sa famille, à la condition...

— A la condition ?

— Que vous renoncerez à sa main.

Peindre la stupeur du comte de Chantemesse à ces paroles, c'est impossible et c'est inutile.

On la comprend, on la voit.

Il s'attendait à bien des choses, excepté à celle-ci.

Que devait-il répondre ?

Par une inspiration bizarre, sans se douter où cela pouvait le conduire, il s'était substitué à son frère.

Devait-il avouer sur-le-champ cette supercherie ? N'y avait-il pas à craindre le courroux de la marquise ?

Mais qu'est-ce qu'il risquait à soutenir ce rôle ? Il n'engageait que lui, d'ailleurs.

Avant tout, et à quelque prix que ce fût, ne s'agissait-il pas de sauver Mlle de Crespy ? Elle sauvée, il serait toujours temps d'en arriver aux explications.

Telles étaient les pensées qui s'agitaient rapides, en foule, dans la tête du comte Hector de Chantemesse.

Quant à ce qui se passait dans celle de la marquise de

Pompadour, je renonce à le comprendre, — et surtout à essayer de le faire comprendre.

Que chacune de mes lectrices essaye de se rappeler un jour exceptionnel dans sa vie, — un seul ; — voilà l'unique commentaire auquel j'aspire.

— J'attends votre réponse, dit la marquise, rompant le silence la première.

Il avait pris son parti.

— Madame, prononça-t-il d'une voix ferme, le comte de Chantemesse ne sera jamais l'époux de M<sup>lle</sup> de Crespy.

Ce fut à grand'peine que M<sup>me</sup> de Pompadour contint une exclamation de triomphe.

Son œil retrouva une de ces belles flammes qui illuminent ses meilleurs portraits.

En ce moment on entendit une voix dans l'escalier secret.

— Pompon ! disait cette voix.

Le comte de Chantemesse leva la tête, étonné.

— Partez, lui dit la marquise ; je vous ferai écrire demain... ou plutôt, non ; écrire ne vaut rien... Je vous enverrai un de mes gens, vous n'aurez qu'à le suivre. Nous ne nous verrons pas ici, mais à l'Ermitage.

— Et M<sup>lle</sup> de Crespy ? demanda-t-il.

— Je vous donnerai demain de ses nouvelles. Partez !

— Adieu, madame, et merci !

Elle lui tendit rapidement sa main à baiser.

Puis elle sonna Goubillon, pour qu'il reconduisît le comte de Chantemesse.

Dans l'escalier, la même voix appelait toujours :

— Pompon !... Vous ne me répondez pas ?

Au même instant, un homme parut sur la dernière marche.

C'était le roi de France.

## XXIII

### APRÈS MOI, LE DÉLUGE !

— Vous étiez avec quelqu'un, Pompon ?
— Oui, sire, avec un gentilhomme de province.
— Un solliciteur encore !
— A peu près.
— Quel ennui ce doit être pour vous de recevoir tous ces gens-là, et combien je vous sais gré, ma chère marquise, de vouloir bien prendre sur vous une partie du lourd fardeau de la royauté !

Le roi se jeta avec effort dans une bergère.

— Vous paraissez fatigué, sire ? lui demanda la marquise.

— Qui ne le serait pas au métier que je fais ? murmura-t-il.

La marquise sourit imperceptiblement.

— Qui peut donner du souci au roi Bien-aimé ? dit-elle ; ses ministres, sans doute ? son parlement ?

— Tout le monde, Pompon, tout le monde.

— Vous m'inquiétez, sire.

Le roi tourna un œil languissant du côté de la marquise de Pompadour.

— Je crois, dit-il, que j'ai la maladie de nos voisins les Anglais.

— Oh! sire, vous ne voudriez pas leur faire ce plaisir. Jamais, au contraire, je ne vous ai vu un teint plus reposé et plus clair. Votre Majesté a sa belle figure de Fontenoy.

— Marquise, nous vous exilerons un jour ou l'autre, pour crime de flatterie...

Louis XV avait des plaisanteries à faire trembler.

Il reprit d'un ton presque sérieux :

— Je parie que vous ne croyez pas à ma maladie, Pompon.

— Pas plus que vos médecins, sire.

Le roi haussa les épaules :

— Mes médecins n'y connaissent rien; ils sont bien heureux que je n'aie pas un autre Molière à ma cour!

— Mais de quoi Votre Majesté souffre-t-elle?

— Hélas! Pompon, j'ai quarante-cinq ans! dit-il d'un air funèbre.

— Qui dit cela? fit vivement la marquise; vos historiographes?

— Oh! non... je l'ai lu, ce matin, dans un almanach.

— Est-ce que par hasard Votre Majesté croit à tout ce qu'on met dans les almanachs? dit-elle.

— Dame! puisque c'est imprimé, Pompon.

— La belle raison!

— Avec mon approbation royale, ajouta-t-il.

— Voilà qui est bien fait! dit M<sup>me</sup> de Pompadour en riant pour tout de bon.

— C'est égal, cette découverte a gâté ma journée, poursuivit le roi.

— Votre Majesté veut dire : cette imposture. Elle n'a qu'à se regarder dans ce miroir pour en être convaincue.

— Ah! je suis un roi bien malheureux!

Il se leva péniblement et alla aux fenêtres.

— Il faut vous distraire, sire, dit la marquise en le suivant des yeux.

— C'est à quoi j'ai songé tout à l'heure précisément.

— De votre propre mouvement, sire?

— Un peu du mien et un peu de celui de Lebel.

— Ah! fit la marquise devenant attentive.

— Ce garçon, qui est quelquefois de bon conseil, m'a presque décidé à un petit voyage.

— Un voyage? répéta la marquise d'un air étonné.

— Oui, du côté de Senlis.

— A Frivolité? s'écria-t-elle.

— Tout juste.

— Et pourquoi à Frivolité plutôt qu'ailleurs? demanda-t-elle déjà inquiète.

Le roi, qui avait la malice et l'apathie des félins, se retourna pour rire de l'inquiétude de la marquise.

— Pourquoi, Pompon?

— Oui, sire, pourquoi? Votre Majesté me semble écouter bien complaisamment M. Lebel, le donneur d'avis.

— Là, là, marquise! n'en prenez pas d'ombrage; le pauvre diable n'est occupé que de mes plaisirs, lui.

— Lui! répéta-t-elle avec un soupir où tenait toute sa vie de favorite.

Le roi feignit de n'avoir rien entendu, et continua en ces termes :

— Il paraît qu'il vient d'arriver à Frivolité cette belle demoiselle de province qu'on m'a si fort prônée... vous, toute la première, marquise.

— Moi, sire, je ne m'en souviens pas.

— Lebel prétend qu'elle est encore au-dessus de l'éloge que vous m'en avez fait.

— Toujours Lebel!... Et à quelle époque Votre Majesté se propose-t-elle d'entreprendre ce voyage?

— Mais, à l'époque de demain, répondit Sa Majesté.

Ce plan dérangeait complétement les nouveaux projets de M<sup>me</sup> de Pompadour.

— Vous n'y songez pas, sire! s'écria-t-elle; Frivolité est la plus éloignée de vos maisons de plaisance; ce voyage augmentera votre fatigue.

— Peut-être.

— Attendez au moins quelques jours.

— Pourquoi donc? demanda le roi.

— Demain, vous avez votre conseil, dit la marquise.

— Je le remettrai.

— Après-demain, grande chasse dans la forêt de Sénart.

— Ah! diable, je n'y pensais plus, dit le roi.

— Et une chasse ne se remet pas comme un conseil.

— Non, parbleu! Ce petit voyage me souriait cependant, reprit-il.

— Ce n'est que partie remise.

— Que ferai-je en attendant?

Et ses doigts battaient une marche sur les vitres de la croisée.

— Votre Majesté veut-elle que je lui lise quelques pages du Journal à la main que Berrier m'envoie tous les matins?

— Volontiers, marquise; y a-t-il du galant?

— Nous allons voir, sire.

— J'aime assez connaître les fredaines de mes sujets.

La marquise de Pompadour tira un petit cahier d'un meuble en bois de rose, et commença :

— « M⁰ᵉ de Saint-Julien, femme du receveur général du clergé, conserve toujours pour M. le comte de Maillebois une vive amitié ; mais comme toutes les anciennes liaisons entraînent ordinairement avec elle quelque lassitude... »

— Je ne croyais pas que les agents de Berrier se permissent des réflexions morales, dit le roi.

— Je passe, dit la marquise.

— C'est cela.

— « Hier, M. le duc de la Trémouille a donné à souper dans sa petite maison, rue des Martyrs, près de Montmartre, à MM. de Froulay, d'Etampes, de Vierville et de Valençay, avec les demoiselles Lozange et Martin, Ledoux et Buard, toutes quatres figurantes dans les ballets de l'Opéra... »

— Je ne vois aucun mal à cela, dit le roi.

— Le duc fait beaucoup de dettes, objecta la marquise.

— C'est de son âge. Après ?

— « M. le comte de Rochefort continue d'agir magnifiquement avec la demoiselle Dubois ; il lui a fait présent de plusieurs plats d'argent, de nombre de robes très-riches, et il lui fait faire un *héron*, c'est-à-dire une aigrette et un collier de diamants. »

— Oh! oh! je ne le savais pas si riche.

— « La demoiselle Marguerite Avrilleux, âgée de seize ans et demi, dont la mère est portière au Riche-Laboureur, rue de Condé, s'est absentée de chez elle depuis huit jours pour se rendre chez M. le comte de Joyeuse, demeurant à la barrière des Carmes, rue de Vaugirard. Comme il craint que sa mère ne la recherche pour la faire enfermer, il l'a mise chez la dame Lefebvre, couturière de l'Opéra-Comique, demeurant rue St-Thomas-du-Louvre. Il lui a donné aussi un maître de danse, lequel, pour la mettre encore plus à l'abri, lui a fait contracter un engagement à l'Opéra-Comique. »

— A la bonne heure, voilà des précautions.

— Oui, cela est décent, ajouta Mᵐᵉ de Pompadour.

— Continuez, chère marquise.

— « Le sieur Lecomte, ci-devant notaire, rue de Seine, après avoir trompé le public par une banqueroute préparée mène aujourd'hui une vie douce et aisée rue Neuve-des-Petits-Champs; il reçoit chez lui nombreuse compagnie, à laquelle il donne à manger très-proprement. Devant et après le repas, on joue le brelan, quelquefois au *quinquenove*... »

— Passons, dit le roi.

— Encore des soupers : « Le duc de Grammont et le marquis de Ximénès avec la petite Dangeville; le chevalier de Coigny et M. Rouillé d'Orfeuil...

— Passons, passons.

— Ah! voici quelque chose qui concerne Votre Majesté.

— J'écoute, dit le roi.

— « Le sieur Vougny, marchand de fourrages et propriétaire de la salle de la comédie à Versailles, a, dimanche dernier, fait essayer à une des dames du Parc-aux-Cerfs, pour qui le roi a des bontés, un habit à la turque, appartenant à la Desglands, actrice de la Comédie-Italienne. On assure que l'intention de cette dame est de surprendre Sa Majesté dans un habillement pareil qu'elle veut se faire faire. J'ignore le nom de cette dame; tout ce que je sais, c'est qu'elle est la plus ancienne, et qu'on l'a vue samedi dans les combles du château. »

La marquise de Pompadour regarda le roi.

Le roi s'écria d'un air contrarié :

— Où votre journal va-t-il chercher de pareilles sornettes ? Je ne comprends rien à ce qu'il dit.

— Votre Majesté est-elle bien certaine de n'y pas mettre de la mauvaise volonté ?

— Pures inventions ! Les inspecteurs de Berrier veulent à tout prix gagner leur argent.

— Faut-il continuer, sire ?

— Ce n'en est pas la peine, répondit-il.

— Il y a cependant une bien jolie chanson contre moi.

— Contre vous, marquise ?

— Oh ! d'un esprit et d'une méchanceté rares, murmura-t-elle en lisant à voix basse.

— Vraiment ! Passez-moi donc cela, dit le roi.

La marquise de Pompadour pâlit sous son rouge, et, d'une main qui tremblait, elle lui donna le cahier.

Louis XV le déchira sans y jeter les yeux.

— Oh ! sire, vous êtes un vrai roi ! s'écria-t-elle avec émotion.

— Quelquefois.

## XXIV

### A L'ERMITAGE

Le comte de Chantemesse avait laissé ignorer au chevalier son audience à Versailles, comme il lui avait laissé ignorer son entrevue avec le lieutenant de police.

Aux questions réitérées du chevalier, le comte répondait évasivement et laconiquement :

— Espérez !

Ou bien :

— Je suis sur la piste ; laissez-moi faire, et soyez tranquille.

— Comment pourrais-je l'être? s'écriait le chevalier.

— Mes démarches aboutiront certainement.

— Vos démarches... auprès de qui?

— Permettez-moi de garder encore le silence, disait le comte.

Et comme il possédait ses auteurs, il complétait sa pensée par ces vers de *Mithridate* :

.......... Et pour être approuvés,
De semblables projets veulent être achevés.

Cet excès de précautions produisit un résultat opposé à celui que le comte en attendait : il éveilla les inquiétudes du chevalier.

Le chevalier craignit que son frère ne s'exposât dans quelque entreprise trop hasardeuse. S'il y avait un danger, au moins en voulait-il sa part, lui qui était le plus intéressé à la victoire.

Aussi ses interrogations furent-elles plus pressantes au lendemain du voyage de son frère à Versailles.

De son côté, le comte ne s'était jamais tant tenu sur la réserve. Jamais non plus il n'avait montré plus de préoccupation, manifesté plus d'impatience.

Il tressaillait au moindre bruit de pas dans l'escalier, il ouvrait la fenêtre à chaque instant et se penchait dans la rue.

La présence du chevalier, qui mettait une visible affectation à ne pas le quitter, semblait le gêner beaucoup.

Après le dîner, qu'il avait fait servir dans la chambre, il n'y tint plus et dit tout à coup :

— Pierre, qu'est-ce que vous comptez faire de votre soirée ?

— Et vous, Hector ?

— La mienne est engagée.

— Jusqu'à quelle heure ? demanda le chevalier.

— Je l'ignore, répondit le comte ; ainsi, vous voilà libre.

— Grand merci, mon frère. Au moins, sortons-nous ensemble ?

— Non, je reste.

— Ici ?

— Pour le moment oui, dit le comte; mais je ne vous retiens pas, Pierre.

— C'est-à-dire que vous me mettez à la porte.

— Il y a un peu de cela, répliqua le comte en souriant.

Le chevalier prit son épée et son chapeau; mais il demeura immobile, les yeux attachés sur son frère.

— C'est singulier! murmura-t-il.

— Quoi donc?

— On dirait que nous avons changé de rôles.

Le comte de Chantemesse rougit.

— C'est moi qui m'inquiète et qui crains pour vous à présent, continua le chevalier.

— Quelle folie!

— C'est vous, à votre tour, qui vous engagez dans les aventures. Si bien que me voilà obligé aujourd'hui de vous dire ce que vous m'avez dit autrefois : Frère, prenez garde!

— N'ayez aucune crainte, mon cher Pierre, vous connaissez ma prudence?

— Celle d'autrefois, oui. Et sur ce, adieu, car je ne suis pas familiarisé avec mon nouveau rôle de moraliste.

— Au revoir, Pierre!

Les deux frères échangèrent une poignée de main.

Toutefois une pointe de ressentiment resta dans l'esprit du chevalier.

Comme il descendait l'escalier, il fut heurté par un individu qui s'arrêta et qui, après s'être excusé, lui dit :

— Ne seriez-vous point, par hasard, M. de Chantemesse?

— Oui, répondit le chevalier.

— Alors, vous êtes prêt à me suivre?

Le chevalier toisa son interlocuteur, lequel était de fort convenable apparence, tenant le milieu entre le valet de chambre et l'intendant.

En toute autre circonstance, il aurait exigé des explications ; mais sous l'empire de la vive contrariété qu'il éprouvait, il répondit :

— Je suis prêt.

Et il suivit le messager.

Après tout, il ne s'engageait à rien. On ne lui demandait pas s'il était le comte ou le chevalier ; on lui demandait s'il était M. de Chantemesse.

Une voiture attendait au coin de la rue.

Le messager invita M. de Chantemesse à y monter.

— Où allons-nous? dit cependant le chevalier.

— A Versailles, vous le savez bien.

— A Versailles, soit ! répéta le chevalier en montant ; je n'ai pas ma soirée engagée, moi... D'ailleurs il y a longtemps que je n'ai fait quelque folie, et puisque mon frère me lâche la bride sur le cou...

On se souvient qu'au début de cette histoire j'ai présenté le chevalier de Chantemesse comme un franc étourdi ; ce qu'il était alors.

Son ancien caractère reprit le dessus. On ne dépouille jamais complètement le vieil homme, — encore moins le jeune homme.

Le messager avait pris place discrètement à côté du cocher, laissant le chevalier seul et tout entier à ses réflexions.

Ces réflexions se succédèrent assez nombreuses et assez variées pendant le trajet.

Le chevalier se doutait bien que c'était à son frère qu'on en voulait, mais il n'était pas fâché de lui faire pièce.

— Cela lui apprendra à se cacher de moi, disait-il.

Il redoutait aussi quelque piége pour le comte, quelque embuscade; et, dans cette expectative, il s'applaudissait d'avoir pris sa place.

La nuit était venue; avec elle, ses idées prirent un tour plus mélancolique.

— Reverrai-je Arras? reverrai-je M^lle de Crespy? se demandait-il. Pauvre fou que j'étais d'avoir cru au bonheur tranquille! Me voilà redevenu le chevalier comme devant; me voilà retombé dans mon passé, dans mes fièvres, dans le bruit...

Supérieurement attelée et vigoureusement conduite, la voiture arriva rapidement à Versailles.

Là, elle longea le parc du côté de l'Orangerie pendant deux cents pas environ.

Une maisonnette se présenta, cachée dans le feuillage et précédée d'une modeste grille. Fenêtres closes; aucune lumière; rien n'annonçait qu'elle fût habitée.

Le messager fit mettre pied à terre au chevalier, après avoir interrogé la route et s'être assuré qu'elle était déserte en ce moment.

Un ressort poussé fit rouler la grille sur ses gonds muets.

Le sable cria sous les pas des deux hommes.

Ils montèrent un perron. Une femme de chambre parut, à laquelle le messager adressa quelques paroles à voix basse.

Celle-ci, précédant à son tour le chevalier, le fit entrer dans un petit salon, en lui disant :

— Madame la marquise va venir.

Et elle le laissa seul.

— La marquise? murmura le chevalier en jetant les yeux autour de lui; est-ce que ce serait par hasard?...

Quoique brave, il sentait son cœur battre à coups précipités.

Il n'aurait pas voulu reculer, mais il regrettait de s'être avancé.

Tout à coup un bruit d'étoffes se fit entendre.

Le danger était proche.

Une riche portière se souleva, livrant passage à M<sup>me</sup> de Pompadour, moins parée que la veille, mais plus attrayante, dans un déshabillé qui l'enveloppait comme d'une nuée blanche, sans diamants, — non plus en grande dame, mais en femme, et en femme sûre de sa beauté.

Un cri étouffé sortit de la gorge du chevalier.

Il l'avait reconnue, car depuis six ans qu'il habitait Paris, il avait eu maintes fois l'occasion de l'apercevoir dans les promenades publiques.

Quant à M<sup>me</sup> de Pompadour, elle ne savait que penser en se trouvant face à face avec un inconnu.

Remise d'un premier et involontaire sentiment d'effroi, elle alla droit à lui :

— Qui êtes-vous ? lui demanda-t-elle d'un ton bref.

— Daignez m'excuser, madame... balbutia-t-il.

— Je ne vous demande pas d'excuses, je vous demande qui vous êtes.

— Je suis le chevalier de Chantemesse.

La marquise demeura stupéfaite.

— J'ai mal entendu, dit-elle ; répétez donc, monsieur : vous êtes...

— Le chevalier de Chantemesse, madame.

— Allons ! s'écria la marquise, je ne connais qu'un M. de Chantemesse, celui que j'ai reçu hier en audience.

— Le comte, mon frère.

— Celui enfin qui doit épouser M<sup>lle</sup> de Crespy.

— Celui-là, c'est moi, madame.

— Vous ?

La marquise lui saisit le bras, et le regardant en face :

— Il y a un de vous deux qui ment avec une rare impudence ! s'écria-t-elle ; votre frère m'en a dit autant hier.

Le chevalier tressaillit.

— J'ignore dans quelle intention mon frère a parlé ainsi ; la vérité est que c'est moi qui suis fiancé à M<sup>lle</sup> de Crespy.

— Alors, on m'a trompée ; alors, on s'est joué de moi.

Il baissa la tête.

— Mais vous, reprit-elle, pourquoi êtes-vous ici ? Qu'y venez-vous faire ? Que me voulez-vous ?

— Cela est facile à expliquer, dit le chevalier.

— Expliquez-vous donc.

— On est venu me chercher à Paris ; on m'a demandé si j'étais M. de Chantemesse, rien de plus ; j'ai répondu affirmativement, et l'on m'a mené ici.

— Oh ! fit la marquise en se laissant tomber sur une ottomane.

Au bout d'un instant, les dents serrées, l'œil fixe, elle dit à demi-voix :

— Votre frère me paiera cher cette indigne supercherie.

— Grâce pour lui ! s'écria le chevalier.

— N'y comptez pas.

— Il n'a pu songer à vous offenser, c'est impossible, madame ! Ce qu'il a fait, je ne le comprends pas, mais il l'a fait sans doute pour moi.

La marquise mordait son mouchoir.

Il continua :

— Je vous supplie pour mon frère, madame. Si vous saviez comme il est bon ! On perd la tête quelquefois ; il aura cru vous intéresser davantage à Mˡˡᵉ de Crespy en se présentant à vous comme son futur mari. Ce doit être cela.

Mᵐᵉ de Pompadour eut un rire à faire peur.

— M'intéresser à Mˡˡᵉ de Crespy ! dit-elle ; et pourquoi, monsieur, voulez-vous que je m'intéresse à cette demoiselle ? J'ai bien autre chose à faire, vraiment !

— Madame !

— Eh oui ! monsieur, bien autre chose. Où en serais-je, ma foi, si j'avais à écouter les réclamations de tous les gentillâtres ? Est-ce que je vous connais, moi ? Est-ce que je savais avant-hier qu'il y eût des Chantemesse au monde ? Cela est insupportable, à la fin. Suis-je donc responsable de toutes les filles enlevées ou séduites ? Une Crespy ! le beau malheur !

Elle s'était levée et parcourait la chambre à grands pas.

Le chevalier était resté à sa place, fou de colère.

Il ne retrouva la parole que pour lui cracher cette apostrophe au visage :

— Madame, qui portez tant de noms, Mˡˡᵉ Poisson, Mˡˡᵉ de Tourneheim, Mᵐᵉ d'Etioles, Mᵐᵉ de Pompadour, Mᵐᵉ Louis XV, ne touchez pas à celles qui n'ont qu'un seul nom, le nom de leur père et de leur mère vénérés ! Ne touchez pas à Mˡˡᵉ de Crespy ! Ceci est de l'honneur, et ceci ne vous regarde pas ! Faites votre métier de maîtresse royale, cousez la France à votre jupe, élevez et renversez des ministres, poussez des armées les unes contre les autres, rentez vos frères, opprimez le peuple, achetez des domaines, vendez des places ; mais ne touchez pas à nos vieilles familles, humbles et respectées, objet de notre amour éternel ! Ne touchez pas au cœur de la France ! Cela vous porterait malheur.

La marquise recula.

— Vous allez sortir, monsieur ! dit-elle épouvantée.

— Je ne suis qu'un gentillâtre, en effet, continua-t-il ; mais je vous prédis que vous ne laisserez après vous qu'une mémoire exécrée et qu'il n'y aura pas assez de boue pour votre front et pour votre nom !

— Je vous chasse ! cria-t-elle.

Il se mit à rire à son tour.

— Sortez, répéta-t-elle, sortez, monsieur !

— Je ne suis pas de ceux qu'on chasse, madame. Vous avez outragé celle qui doit être ma femme ; il n'y aura jamais dans mon cœur trop de haine et trop de mépris pour vous.

— Oh ! je me vengerai ! gronda-t-elle sourdement.

— De qui ?

— De vous tous.

— Je vous brave comme je vous maudis.

La marquise suffoquait.

Livide, elle articula :

— Savez-vous, monsieur le chevalier de Chantemesse, que je m'en vais vous faire jeter hors d'ici ignominieusement ?

— Je ne crois pas, madame.

— Vous allez voir !

— Je vais voir.

Elle agita une sonnette.

Il tira son épée.

— Devant moi ! s'écria-t-elle.

— Je ne suis pas ici chez M^me la marquise de Pompadour, dit le chevalier ; je suis chez une courtisane que je ne connais pas, qui m'a attiré nuitamment et mystérieusement... Et le premier de ses gens qui fera un pas vers moi, un seul pas, je le tue !

Deux laquais montèrent.

Il y avait un tel flamboiement dans l'œil du chevalier, que la marquise, domptée et tombant sur un fauteuil, ne put que dire à ces hommes :
— Reconduisez monsieur jusqu'à la grille.

## XXV

### LA BONTEMPS

Dès qu'elle fut revenue d'une violente attaque de nerfs, la marquise de Pompadour écrivit au lieutenant de police.

Elle appela.

— Vite, un homme à cheval! dit-elle, et cette lettre à son adresse, à Paris!

Puis elle jeta un mantelet sur ses épaules, et elle demanda sa chaise.

Dix minutes après, elle rentrait dans ses appartements du château.

Plusieurs de ses amis y étaient réunis en comité intime sous la vice-présidence de M${}^{me}$ du Hausset, sa première femme de chambre.

C'était Duclos, le gai vivant; c'était Crébillon fils, le galant conteur; c'était Marmontel, habile dans l'art d'écouter et de retenir; c'était Laujon, un chansonnier à son aurore; c'était le docteur Quesnay, chef de la secte des économistes.

Les écrivains de cour, proprement dits, étaient alors partagés en deux camps bien distincts.

La reine avait le président Hénaut, Lefranc de Pompignan et Moncrif, son lecteur.

La marquise de Pompadour avait ceux que nous venons de nommer.

Le roi n'avait personne.

Non, personne ! et il en prenait facilement son parti. Les hommes de lettres le gênaient, il était le premier à en convenir.

Pour en revenir au cercle littéraire de la marquise de Pompadour, il était ce soir-là presque au complet.

On causait en l'attendant, et l'on causait d'elle.

Le docteur Quesnay déplorait ses tendances superstitieuses.

— C'est une chose étrange, disait-il, que les meilleurs esprits, que les cerveaux les mieux organisés aient cédé à cette faiblesse de croire que le destin pouvait cacher ses secrets dans une tasse de café ou dans un jeu de cartes !

— Ou dans les entrailles des animaux, ajoutait Marmontel.

— Ou dans le creux d'un chêne, disait Laujon.

— Ou dans les évolutions d'une planète, disait Duclos.

— Cela ne me révolte pas, reprenait Marmontel ; il y a là un effort d'imagination, une propension poétique. Pythagore et Plutarque étaient des âmes superstitieuses.

— Si j'étais certaine de votre discrétion... dit M$^{me}$ du Hausset.

— Eh bien ? interrogèrent-ils en chœur.

— Je pourrais vous raconter certaine visite que M$^{me}$ la marquise et moi, nous avons faite l'autre jour à la Bontemps.

— La devineresse à la mode?

— Elle-même.

— Oh! ma chère du Hausset, racontez! dit le fils Crébillon.

— Notre chère du Hausset! répétèrent les autres d'un accent suppliant.

— Me promettez-vous que rien de ceci ne transpirera au dehors?

— Nous le jurons!

— Vous saurez donc que depuis longtemps Mme la marquise était possédée de l'envie de consulter la Bontemps, à propos de laquelle M. de Choiseul lui avait raconté des choses étonnantes.

Quesnay haussa légèrement les épaules.

— Oui, étonnantes! reprit Mme du Hausset; c'est la Bontemps qui a prédit à M. l'abbé de Bernis sa fortune.

— Le premier venu en aurait fait autant, murmura Quesnay.

Mme du Hausset continua :

— Ce désir était combattu chez Mme la marquise par une grande méfiance. Elle ne voulait pas être reconnue de la devineresse, qui lui aurait arrangé un horoscope de fantaisie. J'imaginai d'aller trouver notre chirurgien Rollon, en prétextant une partie arrangée pour le prochain bal de l'Opéra avec une de mes amies. Il s'agissait de nous rendre méconnaissables. « — C'est bien, me dit-il; je vous ferai deux nez de ciré. » Quelques jours après, il m'apporta les deux nez, plus une verrue pour madame et une teinture pour les sourcils.

— Cela devait être fort laid, murmura Laujon.

— Mme la marquise en rit beaucoup, mais elle était enchantée. La métamorphose fut complète, sans rien de trop choquant. M. le duc de Gontaut, que nous avions mis dans la confidence, s'était chargé de faire venir la Bontemps dans un petit appartement que son valet de chambre avait loué tout près d'ici, avenue de Saint-Cloud. Jour fut pris, nous sortîmes le soir par la petite porte, madame, M. le duc de Gontaut, son valet de chambre et moi. Nous étions empaquetées jusqu'aux dents; de vraies chauves-souris. Nous arrivâmes dans deux petites chambres où il y avait du feu. Le café chauffait...

— Le café magique, dit en riant le sceptique docteur.

— Précisément. Au bout de quelques minutes, la Bontemps sonna.

— Ah! voyons le portrait de la sybille, dit Marmontel.

— Une vraie sybille, en effet : des traits bourgeonnés annonçant l'abus des liqueurs, une voix forte, l'air commun. Elle nous salua à peine et commença par faire retirer les deux hommes qui s'en allèrent dans la pièce voisine. Elle jeta ensuite son regard sur M^me la marquise qui était assise dans une chaise longue, et dont une grande coiffe dérobait la moitié de la figure. « — Cette dame-là est donc malade? » me demanda-t-elle. — « Depuis huit jours environ, » lui répondis-je. — « Cela ne sera rien, » dit-elle. Puis, elle donna ses soins au café, qu'elle versa dans deux grandes tasses, après les avoir essuyées scrupuleusement, pour que rien d'impur ne se mêlât à son opération. — « Laissons-les reposer maintenant... Par qui commencerai-je? » dit-elle en nous envisageant toutes les deux. D'un signe, je lui indiquai madame. La Bontemps tira de sa poche un miroir et la fit regarder dedans.

— Jongleries! charlatanisme! grommela Quesnay.

— Tous ces préparatifs, m'intéressent, je l'avoue, dit Duclos.

— Ils m'intéressaient aussi, reprit Mᵐᵉ du Hausset. Le café était à point ; la Bontemps se pencha sur une des tasses, et demeura pendant quelque temps en méditation. — « Cela est bien, dit-elle ; dans ce coin : du bien-être... ces choses qui semblent monter, ce sont des applaudissements... Voyez-vous ces espèces de petits sacs : c'est de l'argent, beaucoup d'argent... oh ! que d'argent... Mais ces lignes qui partent du centre, ce sont des parents, couci, couça... » Elle s'interrompit pour boire deux petits verres de vin de Malaga que j'avais fait placer auprès d'elle, parce qu'on m'avait averti qu'elle s'en aidait dans ses prophéties. Ensuite elle revint au café : — « Beau temps... regardez cette forme de navire... — C'est vrai, » dit Mᵐᵉ la marquise avec étonnement. — « Vous êtes dessus ; le vent est favorable, et vous débarquez dans un pays dont vous devenez la reine... Le vaisseau sera quelquefois agité, mais il ne périra pas. »

— L'imposture est visible, dit Quesnay.

— Laissez donc raconter du Hausset! s'écria Duclos.

— Les sourcils de la devineresse se froncèrent tout à coup. — « Un ennemi... deux ennemis... venus de loin... On dirait les deux frères... Les voilà qui se dissipent... Je ne vois plus rien. » La Bontemps se tut, comme accablée de l'effort qu'elle venait de faire. Madame paraissait émue. « — Quand est-ce que je mourrai? demanda-t-elle ; et de quelle maladie mourrai-je? — Je ne parle jamais de cela, répondit la Bontemps ; le destin ne le veut pas ; voyez, il brouille tout... » Et elle montrait de confuses agglomérations de marc. — « Passe pour l'époque, dit Madame en insistant, mais le genre de mort? » La sorcière hésita, puis examina encore le café. — « Vous aurez le temps de vous reconnaître, » dit-elle. — « C'est tout ce que je demande, » fit madame.

— On ne peut raisonnablement, en effet, demander davantage, observa Duclos ; le temps de se reconnaître, c'est beaucoup.

— C'est trop, objecta le fils Crébillon ; n'est-il pas préférable de mourir subitement, de disparaître, en un mot?

— Le pépin de raisin d'Anacréon, dit Quesnay.

— La tortue d'Eschyle, dit Marmontel.

— Mais votre récit n'est pas fini, ma chère du Haussot, dit Laujon.

— Je passe sur mon horoscope qui fut d'ailleurs sans intérêt ; je priai même la Bontemps de l'abréger, car l'agitation de Madame ne m'échappait pas. La sorcière nous recommanda le secret ; je lui donnai seulement deux louis afin de ne rien faire de remarquable et qui pût nous trahir. Dès qu'elle fut partie : — « Rentrons ! » me dit vivement Mᵐᵉ la marquise. Et pendant le retour au château, elle ne cessait de répéter : — « C'est singulier... c'est extraordinaire ! » Le duc de Gontaut riait beaucoup.

— Comme je comprends cela ! s'écria Quesnay.

— Il disait : « Nuages du ciel ou nuages du café, on y lit tout ce qu'on veut. » Cela n'empêcha pas Mᵐᵉ la marquise d'être frappée pendant plusieurs jours de ces prédictions. Elle en parla à Sa Majesté, qui lui dit, sur le ton de la plaisanterie, qu'il aurait voulu la voir arrêtée par la police.

— Sa Majesté exagérait, comme cela lui arrive souvent, dit Quesnay ; mais il faut plaindre Mᵐᵉ la marquise de sa confiance sans réserve dans une pareille intrigante.

— Non, Quesnay, la Bontemps avait dit vrai! fit Mᵐᵉ de Pompadour, qui venait de rentrer sans qu'on l'entendît.

Tout le monde se leva respectueusement.

Chacun s'aperçut de la profonde altération de ses traits, mais nul n'osa en faire la remarque à haute voix.

Seul, le docteur Quesnay s'avança vers elle et lui prit la main.

Il secoua la tête.

— Vous êtes en proie à une surexcitation extraordinaire, lui dit-il; votre peau brûle, votre pouls bat avec une force sans-égale... Vous avez besoin d'être seule, madame; nous nous retirons.

— Adieu, messieurs; adieu, mes amis, dit la marquise de Pompadour, en les congédiant avec un sourire forcé.

Après leur départ :

— Au nom du ciel, qu'avez-vous, madame? dit vivement la femme de chambre.

— Ne m'interrogez pas, si vous ne voulez me voir mourir de confusion, comme tout à l'heure j'ai failli mourir de colère!

Elle ajouta à demi-voix :

— Oui, la Bontemps avait lu dans l'avenir... Les ennemis... les deux frères... l'affront... tout s'est réalisé!

— Remettez-vous, madame.

— Oh! je suis calme à présent... Mais il faut que je voie le roi.

— A cette heure?

— Sur-le-champ. N'ai-je pas toujours sur moi une clef de l'escalier secret?

— Au moins permettez que je répare le désordre de votre toilette, dit Mᵐᵉ du Hausset ; votre poudre est tombée, votre rouge ne tient plus...

— C'est possible, mais faites vite !

Un quart d'heure après, Mᵐᵉ de Pompadour était dans la chambre du roi.

Après quelques propos insignifiants, elle lui dit :

— Votre Majesté avait raison avant-hier ; un petit voyage à Frivolité la distraira.

— Quoi ! marquise, vous avez changé d'avis ?

— Vous savez bien, sire, que votre plaisir est ma constante préoccupation.

— Ma foi ! s'écria le roi, je ne pensais plus à ce voyage ; je vous en avais fait le sacrifice.

— Pourquoi donc cela, sire ?

— Eh ! mais... voyez jusqu'où nous poussons la fatuité, nous autres souverains... parce que je croyais, je m'imaginais que vous étiez un peu jalouse.

— Moi, sire !

— Où serait le mal ? répliqua le roi presque offensé.

— Votre Majesté ne m'a pas comprise, dit Mᵐᵉ de Pompadour ; j'ai ma jalousie, en effet, mais d'une espèce particulière et plus haute. Et cette jalousie-là, c'est le cœur du roi qui en fait seul les frais.

— Alors, marquise, vous me conseillez ce voyage à Frivolité ?

— J'ai reçu une lettre de la Dumant, qui ne tarit pas sur la beauté de sa nouvelle pensionnaire.

— Mais ne m'avez-vous pas rappelé vous-même que c'était demain jour de chasse à Sénart ?

— Demain, oui ; mais après-demain Votre Majesté est sans engagement.

— Ou à peu près, car j'ai toujours mon ministre de Paris sur les talons.

— C'est pourquoi des distractions sont indispensables à Votre Majesté, dit-elle.

Le roi regardait depuis quelques instants M^me de Pompadour avec attention.

— Je vous trouve ce soir, marquise, une animation inaccoutumée et tout à fait charmante.

— Votre Majesté excelle dans l'art des compliments.

— Non, d'honneur! vous avez une vivacité, un éclat...

Il la prit par la main et la conduisit à un sopha, en l'obligeant à s'y asseoir à côté de lui.

— Marquise, que diriez-vous si je renonçais pour vous à cette partie, à ce caprice?

M^me de Pompadour ne s'attendait pas à cela.

— Je dirais que Votre Majesté est la personne la plus galante de son royaume, répondit-elle.

— Eh bien! dites-le, marquise; je vous y autorise.

— Quoi! sire...

— Je renonce à aller à Frivolité.

Elle demeura stupéfaite.

— Vous renoncez à M^lle de Crespy? dit-elle.

— Ah! elle s'appelle M^lle de Crespy... J'y renonce! fit-il gaîment.

— Vous n'y pensez pas, sire! s'écria-t-elle avec une agitation singulière.

— Mais si, répondit le roi qui n'avait pas quitté sa main; vous m'avez souvent mal jugé, chère amie, en me croyant incapable d'un sentiment plus ou moins délicat.

— Oh! sire!

— Qu'avez-vous donc? Comme votre main tremble! lui dit-il.

M^me de Pompadour était loin d'être à son aise, en effet.

Cette complication imprévue déconcertait entièrement son plan.

Elle ne savait comment se tirer de ce pas difficile.

— A quoi pensez-vous? lui demanda le roi avec sollicitude, en se trompant sur la nature de son malaise.

— Je pense, sire, qu'il m'est impossible d'accepter votre sacrifice.

— Ah!

— Permettez-moi de lutter de délicatesse avec Votre Majesté.

— Sur un pareil terrain, la lutte est au moins étrange de votre côté, dit le roi.

— En vérité, les choses sont trop avancées. M^lle de Crespy...

— Nous la renverrons à sa famille convenablement dotée, soyez tranquille.

Cela ne faisait pas le compte de la marquise de Pompadour.

Sa vengeance allait lui échapper.

— Je n'ai jamais vu Votre Majesté d'une humeur aussi magnanime, dit-elle en essayant de railler.

— Vous trouvez? Bah! quand l'innocence serait sauve une fois, cela serait d'un bon exemple après tout. Il me plaît de laisser s'envoler une colombe de mes griffes royales.

— Maladresse!

Le roi était devenu soucieux.

Il se leva de dessus le sopha avec une certaine impatience.

— Voilà qui est étrange! murmura-t-il.

— Quoi donc, sire? demanda la marquise.

— J'avais cru vous être agréable en renonçant à cette aventure.

— Vous l'avez été, sire ; ce procédé m'est allé jusqu'au fond du cœur, soyez-en convaincu... Mais l'intention me suffit ; je vous relève de l'effet.

— Vous tenez donc à ce voyage ? dit le roi.

— J'y tiens pour vous, sire, répondit-elle ; vous savez que ma vie est une vie d'abnégation et de désintéressement.

— Oui, je sais, répliqua-t-il vaguement.

Puis il soupira.

— Je voulais aussi céder à un bon mouvement, dit-il ; écouter une bonne pensée. Une fois n'est pas coutume. Vous n'avez pas voulu, marquise.

— Moi, sire !

— Ah ! cela vous arrive quelquefois de vous mettre en travers de mes fantaisies débonnaires ! s'écria-t-il.

M<sup>me</sup> de Pompadour tenta de protester.

— N'en parlons plus, dit le roi en retombant dans son apathie habituelle.

Et il ajouta :

— J'ordonnerai à Lebel de tout préparer pour mon voyage à Frivolité après-demain.

. . . . . . . . . . . . . . . . . . . . . . . . .

A la même heure, à Paris, se passait la scène désolante que voici :

Poudreux, défait, revenant de Versailles, le chevalier de Chantemesse entrait précipitamment dans la chambre d'hôtel où son frère, rempli d'anxiété, se promenait à grands pas.

Il se jetait dans ses bras en sanglotant.

— Pardonnez-moi, mon frère ! s'écriait-il ; je vous ai perdu, et je me suis perdu avec vous !

— Que voulez-vous dire, Pierre? quel trouble est le vôtre? d'où venez-vous?

— Ne le devinez-vous pas? Je quitte la marquise de Pompadour.

— Ciel! s'écria le comte.

Et il murmura presque aussitôt avec un accent d'effroi :

— Oh! je comprends tout.

— Mais ce que vous ne savez pas, Hector, continua le chevalier, ce que vous ne pouviez savoir, c'est que je l'ai insultée de la plus sanglante façon.

— Vous, Pierre! Est-ce possible? Un gentilhomme insulter une femme!

— Cette femme insultait M^{lle} de Crespy.

Le comte de Chantemesse resta silencieux pendant quelques instants.

— Je n'ai pas le droit de vous faire des reproches, dit-il; en me laissant passer pour vous auprès de M^{me} de Pompadour, j'ai été le premier imprudent. J'aurais dû prévoir ce qui est arrivé. Ah! je suis cruellement puni du seul mensonge qui soit sorti de ma bouche.

Puis, regardant fixement le chevalier :

— Vous l'avez dit : nous sommes perdus!

— Que faire?

— Perdus sans rémission! continua le comte. Abusée par moi, outragée par vous, la marquise n'est pas femme à pardonner.

— Oh! non, murmura le chevalier; mais, encore une fois, quel parti prendre?... car il faut en prendre un... Nous devons tout attendre de sa colère.

— Pour la première fois de ma vie, je me trouve sans force et sans ressources contre le malheur.

— Mon pauvre Hector! dit le chevalier, sentant s'échapper ses larmes.

— Vous êtes plus à plaindre que moi, mon frère, car vous perdez plus que moi, reprit le comte.

— Tâchons de faire un courage à nous deux.

— Soit, dit le comte; voyons, cherchons... Pour le moment, il me semble que ce que nous avons de plus pressé à faire, c'est de quitter cet hôtel où nous ne sommes pas en sûreté.

— Fuir? dit le chevalier.

— Devant un tel danger, oui.

— Où aller? Partout le bras de la marquise saura nous atteindre.

— A quoi bon l'attendre? dit le comte; la liberté est la moitié de l'espérance.

— Partons donc. Voici le point du jour...

Ils firent leurs préparatifs à la hâte.

Ils n'étaient pas au bas de l'escalier que des coups violents ébranlaient la porte de l'hôtel.

Ils se regardèrent, et n'eurent pas le moindre doute sur ce que ce pouvait être.

C'était l'exempt Saint-Marc, avec une escouade d'archers assez nombreuse.

On retrouve un exempt Saint-Marc ou Saint-Mars dans toutes les captures importantes du xviii° siècle. Il y a des noms prédestinés.

Saint-Marc venait arrêter aujourd'hui les frères Chantemesse.

Il n'y avait pas eu de temps perdu, comme on le voit.

— Ferons-nous résistance? demanda le chevalier à son frère.

— Cela serait inutile, répondit celui-ci; il ne nous reste que nos existences, sachons les ménager...

La porte, rudement ébranlée une seconde fois, s'ouvrit soudainement.

L'exempt Saint-Marc se trouva en face des deux frères.

— Au nom du roi ! dit-il en étendant sur eux sa baguette.

Tous les deux s'inclinèrent sans proférer un seul mot.

Un fiacre attendait.

Saint-Marc fit signe à MM. de Chantemesse d'y monter.

Puis il y monta à son tour, accompagné d'un de ses acolytes. Excès de précaution ne nuit pas.

La petite troupe se dirigea sur Vincennes.

## XXVI

### LE COQ-HARDI

A cheval, toujours à cheval, Damiens, guidé par les indications de la femme de chambre Justine, avait fini par rejoindre la voiture de Briasson.

— Où? demandera-t-on.

— A l'auberge du Coq-Hardi, parbleu!

Il n'y aurait pas eu de Coq-Hardi sur la route, que jamais Damiens n'aurait rejoint Briasson. Mais la Providence, qui se plaît à placer un grain de sable — toujours le même! — sous le char des triomphateurs, avait distribué plusieurs hôtelleries sur le passage de Briasson, entre autres celle du Coq-Hardi, où nous l'avons vu stationner en faisant chère lie.

En apercevant un carrosse remisé dans l'écurie, Damiens s'informa naturellement de l'homme auquel il appartenait.

Au portrait qu'on lui en fit, il reconnut tout de suite Briasson.

Briasson soupait, comme toujours.

Damiens ne prit pas par quatre chemins pour arriver jusqu'à lui.

— Menez-moi à sa chambre, dit-il, je suis un de ses meilleurs camarades.

— C'est que ce monsieur, dit en hésitant le marmiton auquel il s'était adressé, a bien recommandé qu'on ne le dérangeât pas.

— Tu crois? répéta Damiens.

— Oui, monsieur.

— Eh bien! tu ne le croiras plus, dit-il en lui mettant une pièce de monnaie dans la main; conduis-moi auprès de lui.

— Tout de suite! fit le marmiton.

Mais sur le seuil de la chambre, Damiens rencontra l'aubergiste, ce candide aubergiste dont il a été question quelques chapitres plus haut.

— Ce monsieur a défendu sa porte, lui dit l'aubergiste.

— Je le sais, répondit Damiens; ouvrez-moi tout de même.

— Du moment que vous le savez, dit l'aubergiste, la consigne ne doit pas vous regarder, en effet. Cependant laissez-moi lui dire votre nom auparavant.

— C'est trop juste; annoncez M. Lebel.

Il emboîtait le pas de l'aubergiste.

Ce nom eut à peine été jeté par la porte entrebâillée, que Briasson se leva avec empressement, la serviette au cou.

Il recula de trois pas en apercevant Damiens.

Celui-ci était déjà dans la chambre.

— Je suis discret, murmura l'aubergiste du Coq-Hardi en se retirant sur la pointe du pied.

— Est-ce que vous ne me reconnaissez pas, M. Briasson? dit Damiens.

— Mais... vous n'êtes pas Lebel... balbutia Briasson.

— Dieu m'en préserve! répliqua Damiens; je suis celui qui vous a régalé, à Arras, d'une si bonne volée de coups de bâton.

— Je vous remets à présent, grogna Briasson; vous êtes Damiens, Damiens le laquais, Damiens le voleur...

— Au dire de Briasson l'espion. Trêve de qualités. Çà, j'espère bien qu'à votre tour vous allez me régaler de la moitié de votre repas.

— Je ne crois pas, dit Briasson.

— J'en suis sûr, dit Damiens.

Il commença par s'asseoir à la table.

Une table fort engageante, où un poulet s'encadrait entre deux bouteilles de vin.

— Laquelle des deux débouchons-nous la première? demanda Damiens.

Briasson avait une sonnette à côté de lui. Surpris d'une telle audace, il l'agita fortement.

— Qu'est-ce que vous faites donc? dit Damiens.

— Vous l'entendez, répondit Briasson.

— Si c'est pour avoir un couteau à découper que vous sonnez, cela est inutile... Celui-ci fera votre affaire.

Et Damiens tira de dessous sa veste un couteau à manche de corne blanche et noire.

— Le reconnaissez-vous? demanda-t-il à Briasson.

Briasson devint pâle.

Damiens continua :

— C'est le couteau que vous essayâtes sur moi l'autre soir dans l'église Saint-Nicolas... Il a mal fait son office, comme vous voyez... Je l'ai fait repasser depuis.

Briasson, effrayé, s'était renversé sur sa chaise.

En ce moment, l'aubergiste du Coq-Hardi entra, attiré par la sonnette.

— Ces messieurs demandent quelque chose?
— Un second couvert, dit Damiens.
L'aubergiste sortit.
— Causons à présent, dit Damiens.
— Que me voulez-vous? demanda Briasson.
— Vous vous en doutez bien un peu.
— Parlez comme si je ne m'en doutais pas.
— Je veux que vous rendiez M<sup>lle</sup> de Crespy à la liberté.
— Voilà ce que vous voulez, vous? dit ironiquement Briasson.
— Mon Dieu! oui.
— J'en suis fâché; mais la chose n'est pas en mon pouvoir, camarade.
— Vous pouvez y aider, du moins, dit Damiens.
Là-dessus il déplia tranquillement sa serviette.
Briasson le regardait faire, stupéfait et inquiet, sans bouger, lui.
— Vous êtes sans façon, mon cher.
— Je vous ai prévenu que j'avais à causer avec vous, et peut-être assez longtemps... Mais le poulet se refroidit et le vin se réchauffe.
— Au fait, grommela Briasson, je serais bien sot de me priver de souper à cause de vous. Je peux écouter en mangeant.
— C'est comme moi, dit Damiens, je peux manger en parlant.
— Faites donc vite, car j'ai hâte de continuer mon chemin.
— Si ce n'est que cela, nous le continuerons ensemble, dit Damiens.
— Je serais curieux de savoir comment vous vous y prendriez, ricana Briasson.

— Comme je m'y suis pris pour partager votre souper.

Briasson faillit avaler une aile de travers.

Damiens reprit, du ton le plus calme :

— Rassurez-vous, d'ailleurs ; vous n'aurez pas à vous repentir de m'avoir écouté, au contraire. Après la menace, le marché ; après le couteau, la bourse. J'ai les mains pleines de propositions sonnantes.

— Vous ?

— Moi. Les deux familles de Crespy et de Chantemesse m'ont donné tout pouvoir pour traiter avec vous... ou avec Lebel.

— Oh ! Lebel !

— J'ai pensé à vous le premier.

Briasson s'inclina dérisoirement.

— Voyons, mon cher monsieur Briasson, continua Damiens, jouons cartes sur table.

— Abattez le premier.

— Vous faites un métier que je ne qualifierai pas, d'abord parce que je ne saurais le qualifier, ensuite parce que j'ai résolu d'être poli avec vous.

— Bien bon ! dit Briasson.

— Ce métier, vous le faites pour de l'argent sans aucun doute ; or, c'est de l'argent que je viens vous offrir.

— Allez toujours, dit Briasson ; vous m'intéressez comme un conteur arabe.

— Combien a pu vous rapporter l'enlèvement de M$^{lle}$ de Crespy ? Combien supposez-vous que puisse vous rapporter encore sa captivité ? Un millier de pistoles environ... peut-être deux mille.

Briasson mangeait et écoutait ; il ne perdait ni une bouchée ni une parole.

Damiens continua :

— Si sa liberté vous rapportait deux fois, trois fois autant?

— Pourquoi pas quatre fois? dit Briasson, moitié goguenard, moitié attentif.

— Mettons quatre fois, répondit Damiens ; ce serait un assez joli denier pour une bonne action.

— Je ne travaille pas dans cette partie-là.

— Huit mille livres !

Briasson posa ses deux coudes sur la nappe, et regardant Damiens entre les deux yeux :

— En admettant, dit-il, que je prenne vos paroles au sérieux, qui est-ce qui me donnerait ces dix mille livres?...

— Huit.

— Ces dix mille livres, reprit Briasson, et quand me les donnerait-on ?

— Du moment qu'il ne s'agit plus que de la manière de procéder, nous ne sommes pas loin de nous entendre, dit Damiens.

Il tira un portefeuille de sa poche.

— Voici deux bons, reprit-il, parfaitement en règle tous les deux, avec le chiffre en blanc, que nous allons remplir.

— Pourquoi deux? demanda Briasson.

— C'est bien simple : l'un pour vous être remis avant l'affaire, et l'autre après l'affaire.

Briasson ne mangeait plus.

— En d'autres termes, dit Damiens, je vous remettrai les premières quatre mille livres....

— Cinq.

— Au château de Frivolité aussitôt que vous m'y aurez installé.

— Ah! dit Briasson, vous savez que c'est au château de Frivolité...

— Je sais bien d'autres choses encore, dit Damiens.

— Alors vous devez savoir qu'il n'est pas facile d'y entrer?

— Cela n'est pas facile à moi, mais cela est facile à vous.

— J'en conviens, dit Briasson.

— Or, vous m'emmenez dans votre voiture, et j'entre naturellement à Frivolité.

— Mais une fois là?

— Que vous êtes donc novice! s'écria Damiens; tout vous embarrasse.

— Je comprends : sitôt arrivé, je vous cache, dit Briasson.

— Non pas; comment pourrais-je agir étant caché? Vous me faites passer pour un de vos parents. On doit toujours avoir besoin de quelqu'un dans une maison de ce genre. Je serai un gardien de plus dans le harem... sans condition cependant.

Briasson réfléchissait.

— Buvez! lui dit Damiens en attaquant la seconde bouteille.

— Volontiers... Et les autres cinq mille livres?

— Elles seront à vous le lendemain de l'évasion de M<sup>lle</sup> de Crespy.

— Évasion douteuse! murmura Briasson.

— Difficile, tout au plus, répliqua Damiens.

— Je ne réponds pas du succès pour ma part.

— On ne vous demande pas l'impossible; ne répondez de rien, soit; mais n'empêchez rien.

— Je fermerai les yeux, dit Briasson; je ne m'engage pas à autre chose.

— Buvez encore! dit Damiens en lui remplissant son verre.

— Je bois, mais j'ai des scrupules, répondit Briasson.

— Noyez-les !

— Ils surnagent... un surtout, le plus gros de tous.

— Lequel?

— Que dira Lebel?

Et Briasson arracha un soupir du plus profond de sa poitrine.

— Je trahis mon meilleur ami, ajouta-t-il.

— Qui vous dit que votre meilleur ami ne vous trahirait pas dans une circonstance pareille? objecta Damiens.

— Personne, en effet, répondit philosophiquement Briasson; mais c'est égal, c'est bien mal, et j'entends le cri de ma conscience...

— Bouchez-vous les oreilles.

— Lebel qui m'avait élevé à la dignité de cadi !... Sa colère sera terrible et retombera tout entière sur moi.

— Vous n'êtes pas seul responsable vis-à-vis de lui, dit Damiens; vous mettrez cette évasion sur le compte d'un autre.

— Quel autre? demanda Briasson.

— Par exemple, vous accuserez la négligence de la sultane.

— Tiens! vous savez aussi...

— Je sais tout, vous dis-je, répondit Damiens; allons, vos derniers scrupules sont-ils noyés?

Briasson se gratta le nez; c'était son geste favori.

— Hum! qui me répond de votre bonne foi? Qui m'assure que vous tiendrez votre promesse? Qui est-ce qui me dit que vous exécuterez fidèlement et exactement notre traité?

— Qui? mon intérêt, parbleu! répondit Damiens; ou pour mieux dire, l'intérêt des deux familles que je représente.

Briasson ne paraissait pas entièrement convaincu.

Il regarda quelque temps Damiens d'un air singulier, et reprit ainsi :

— Et vous, qui vous dit que je ne vous livrerai pas? Qui est-ce qui vous garantit ma sincérité?

— Qui? ce canif.

Cette réponse, faite du ton le plus simple du monde, donna froid à Briasson jusque dans la moëlle de ses os.

Il détourna une seconde fois ses regards de l'arme fatale.

Puis enfin, comme pour s'étourdir :

— A votre santé! dit-il brusquement.

Les deux bouteilles étaient vides.

Briasson sonna l'hôtelier.

— Faites atteler mon carrosse, lui dit-il; je pars à l'instant.

— Avec monsieur? demanda l'hôtelier en désignant Damiens.

— Avec monsieur.

— J'ai donc bien fait de lui ouvrir, malgré votre défense, ajouta malignement l'hôtelier; oh! c'est qu'il n'y a qu'une seule auberge pour l'intelligence et la discrétion... C'est le *Coq-Hardi!*

## XXVII

### LE COMTE DE GONESSE

Depuis le départ de Justine, M^lle de Crespy se refusait plus obstinément que jamais à sortir de sa chambre.

Elle s'y consumait dans un morne désespoir dont rien ne pouvait la distraire, — et dont elle ne voulait pas se distraire.

Elle passait ses journées accoudée à son balcon, d'où elle dominait une partie du parc de Frivolité.

Lorsqu'elle rentrait dans sa chambre, c'était pour rester des heures entières devant le portrait du roi. Ce portrait exerçait sur elle une fascination dont elle ne savait pas se rendre compte. Il l'attirait et la troublait. Vainement essayait-elle d'en détourner les yeux, ils revenaient un instant après se fixer sur la toile aimantée.

La nuit même, Marthe ne pouvait en détacher son imagination : elle voyait toujours briller dans l'ombre le regard royal, qui semblait s'approcher jusqu'au bord de sa couche...

Un matin, la sultane-validé, — qui avait renoncé

apprivoiser cette fière et triste enfant, — entra toute rayonnante dans sa chambre, au moment où elle venait de s'éveiller.

— Ma chère demoiselle, lui dit-elle, réjouissez-vous, je vous apporte une bonne nouvelle.

Marthe eut un sourire où l'incrédulité le disputait à la tristesse.

— Apprêtez-vous à recevoir ce soir une visite importante.

— M<sup>me</sup> de Pompadour! s'écria-t-elle avec un éclair de joie.

— Non, ce n'est pas M<sup>me</sup> de Pompadour.

— Qui donc alors?

— Un de ses amis qu'elle envoie vers vous, le comte de Gonesse.

— Le comte de Gonesse, répéta Marthe sur un ton d'interrogation.

— C'est un seigneur tout-puissant à la cour... aussi puissant que la marquise.

— Mais je ne le connais pas, je ne puis ni ne dois le recevoir.

— Vous devez toujours recevoir un envoyé de M<sup>me</sup> de Pompadour.

La sultane ajouta, en mettant toutes sortes de câlineries dans sa voix :

— Faites-vous belle, ma chère enfant, je vous le conseille dans votre intérêt.

— Belle! dit Marthe en soupirant, je ne tiens pas à être belle.

— Le comte de Gonesse est magnifique et galant; tâchez de lui plaire, et vous obtiendrez aisément de lui tout ce que vous souhaitez.

— Je ne souhaite qu'une chose : ma liberté.

— Le comte de Gonesse peut vous l'accorder.
— Alors qu'il soit le bienvenu.
— A ce soir, mon enfant, prononça la sultane en se retirant, et faites-vous belle, croyez-moi.

Inutile de dire que M<sup>lle</sup> de Crespy pensa toute la journée au comte de Gonesse.

Quel pouvait être ce personnage annoncé avec tant de fracas? De quelle mission était-il chargé par la marquise de Pompadour? Fallait-il espérer? Fallait-il craindre?

Malgré elle, Marthe ne pouvait s'empêcher de redouter un nouveau piége.

Un incident vint tout à coup l'arracher à cette préoccupation.

De son balcon où elle se trouvait alors, elle apercevait depuis quelques instants un jardinier allant çà et là, courbé, soignant des fleurs. Fait bien simple en apparence! Dans toute autre occasion M<sup>lle</sup> de Crespy ne l'aurait pas remarqué. Mais il lui sembla que cet homme tournait plus fréquemment que de raison ses regards de son côté. Tout est indice ou signal pour une recluse. Elle observa à son tour cet homme qui, se voyant l'objet de son attention, se rapprocha insensiblement du balcon.

Lorsqu'il n'en fut plus qu'à quelques pas, M<sup>lle</sup> de Crespy reconnut Damiens.

Rien ne peut se comparer à l'immense sentiment de consolation dont elle se sentit enveloppée. Damiens là, près d'elle, c'était quelque chose de son pays et de sa famille qui lui revenait. Ce n'était peut-être pas encore le salut, mais c'était du moins la protection.

Cette apparition inattendue opéra sur-le-champ une heureuse diversion dans son esprit.

Damiens, cependant, s'était éloigné, sans affectation, comme il s'était approché. Peu à peu il disparut dans les épais massifs du parc. Marthe comprit que la prudence l'exigeait ainsi.

Tout le jour, néanmoins, elle demeura à son balcon, dans l'espoir de le voir reparaître.

A partir de cet instant, elle envisagea l'avenir avec moins de terreur. Le comte de Gonesse ne lui sembla plus pouvoir être qu'un messager d'espérance.

On avait recommandé à Marthe de se faire belle : elle consulta son miroir et apporta quelques arrangements à sa coiffure. Elle passa même à son cou le collier et attacha à ses poignets les bracelets que la sultane avait fait placer auprès d'elle. Au bout de quelques instants, elle était redevenue la jeune fille d'autrefois ; — d'autrefois, c'est-à-dire d'il y a huit jours.

Ainsi parée, elle attendit.

Sur le soir, un grand mouvement se fit dans le château. Des bruits de cor et de meute qui, pendant toute la journée, n'avaient cessé de retentir au loin, comme dans les contes merveilleux, se rapprochèrent subitement, et se mêlèrent à d'autres bruits de voitures roulant, voix nombreuses et confuses, laquais courant.

Marthe ne respirait plus...

Bientôt des pas résonnèrent dans le corridor; et la sultane empressée parut, tenant un superbe flambeau et précédant un homme de belle taille, en habit de chasse.

— Mon enfant, dit-elle à Marthe, voici M. le comte de Gonesse.

Puis elle sortit sur un signe de celui-ci.

Le comte de Gonesse, demeuré sur le seuil de la chambre, souriait de cet air confiant et affable que donnent le pouvoir et la richesse. Il était réellement beau sous son riche costume de velours et d'or, beau de la beauté historique de sa race.

Il s'avança vers Marthe, qui était restée immobile, elle aussi, l'œil dilaté, le corps tremblant comme la feuille.

Elle avait immédiatement reconnu l'homme au portrait.

— Est-ce que je vous fais peur, mademoiselle? lui dit-il.

Marthe, par un mouvement involontaire, se précipita à ses genoux, en s'écriant :

— Ah! sire... c'est vous... je suis sauvée!

Il la releva avec cette grâce aisée et lente qu'il imprimait à tous ses mouvements.

— Je ne suis, lui dit-il, et je ne veux être pour vous que le comte de Gonesse, le premier venu de mes sujets... prêt à devenir le vôtre, si vous le voulez bien.

Marthe ne le comprenait pas, elle était incapable de rien comprendre en ce moment. Elle était envahie par cette pensée unique : le roi! Et puis encore : le roi!

Louis XV lui prit doucement la main.

— Cessez de trembler ainsi, ajouta-t-il, ou je maudirai le funeste privilège attaché à mon rang.

Il continua, en la conduisant vers une ottomane.

— Venez vous asseoir là... à côté de moi... venez...

— Sire, je suis indigne d'une telle faveur, balbutia Marthe.

— Loin de vous cette pensée, répliqua-t-il; vous êtes faite au contraire pour aspirer à toutes les faveurs; venez, vous dis-je...

Il l'obligea à s'asseoir auprès de lui.

— On ne m'a pas trompé en me parlant de vous comme d'une beauté accomplie. Vous surpassez tous les éloges.

Marthe était rougissante et palpitante.

Ses sensations étaient de celles qui ne peuvent pas se

décrire. Elle n'osait lever les yeux sur le roi, dans la crainte de rencontrer les siens dont l'éclat étrange l'intimidait. Mais elle l'écoutait parler avec bonheur; sa voix avait pour elle des douceurs musicales infinies.

Il lui disait :

— Combien je suis heureux d'avoir pu dérober quelques heures à ma cour pour me trouver seul avec vous!

Marthe, s'enhardissant, répondit avec une effusion naïve :

— On ne m'avait pas trompée, moi non plus, sire, en me vantant la bonté de Votre Majesté.

— Laissons-là ma bonté, dit-il, ne parlons que de l'amour que vous m'inspirez.

La jeune fille crut avoir mal entendu.

Louis XV continua, insouciant du trouble qu'il causait :

— Parlons du bonheur que vous pouvez faire descendre dans l'âme d'un pauvre roi accablé de soucis.

C'était sa manie de se lamenter perpétuellement.

— Pourquoi donc reculez-vous? lui demanda-t-il, en la sentant fondre pour ainsi dire sur l'ottomane.

— Excusez-moi, sire, répondit-elle, j'ai été élevée loin de la cour, au couvent... Ce n'est pas ma faute, si je ne comprends pas le langage de Votre Majesté.

— Vous ne comprenez pas? répéta-t-il, toujours souriant.

Il fallut, pour qu'elle comprît, que le bras du roi vînt s'enlacer autour de sa taille.

Alors Marthe voulut se lever.

— Restez encore, dit-il en la retenant. Ne sommes-nous donc pas bien comme cela, au sein de cette nature silencieuse? On jurerait qu'il n'y a que nous deux au monde. Comme l'air est doux, et qu'il fait bon aimer par un soir semblable !

L'embarras de Marthe était au comble.

Elle parvint à se dégager, et d'une voix que l'émotion altérait :

— Sire, dit-elle, vous ne pouvez être venu ici que dans une pensée noble et généreuse. Il ne saurait en germer d'autres dans la tête d'un roi. Sire, rendez-moi à ma famille !

— Cela serait dommage, en vérité, murmura-t-il.

— Oh ! fit-elle avec épouvante.

— Allez donc dire au pêcheur de rendre à la mer la perle qu'il en a tirée !

— Votre Majesté ne saurait souffrir qu'on me retienne ici contre mon gré.

— Si c'est le seul moyen de vous voir, ma petite sauvage !

— Sire, épargnez-moi de semblables paroles, dit-elle avec une expression à la fois confuse et offensée.

Plus occupé à la regarder qu'à l'écouter, Louis XV laissa échapper cette exclamation :

— Que vous êtes belle, Marthe !

— Vous savez mon nom, sire ? dit-elle en faisant un mouvement.

— Le roi sait tout, ma charmante.

— Le roi sait alors que je suis une fille noble.

— Je vous ferai plus noble encore, Marthe, lui dit-il.

— Ah oui, de la noblesse des autres ! répliqua-t-elle dédaigneusement.

— Que voulez-vous dire, mademoiselle ?...

Louis XV avait froncé le sourcil.

M<sup>lle</sup> de Crespy passa vivement la main sur son front et s'empressa d'ajouter :

— Il faut pardonner à ma douleur, sire ; je ne sais ce que je dis, en effet. Je suis folle, tandis que je devrais avoir confiance dans Votre Majesté. J'ai tant pleuré depuis quelques jours ! Mais vous voilà, sire, et je dois me rassurer.

— A la bonne heure !

— Je ne sais d'où me venait mon effroi tout à l'heure ? Comment ai-je pu douter un seul instant de votre justice ? N'êtes-vous pas le père de tous vos sujets ? Aussi, je suis calme à présent, voyez, je souris...

C'était le sourire mouillé du poëte latin.

— Tenez, continua-t-elle en désignant le portrait, voilà l'image que je n'ai cessé de prier pendant ma captivité.

— Laissez-moi vous rendre prière pour prière, Marthe.

— Quelle cruelle ironie, sire ! Est-ce le roi qui s'exprime de la sorte ?

— Encore une fois, ne parlons plus du roi ! s'écria-t-il avec une certaine impatience ; je vous l'ai déjà dit, je ne suis et je ne veux être ici que le comte de Gonesse, c'est-à-dire un homme qui vous aime.

— Vous m'aimez ?... répéta Marthe, dont le sang afflua au cœur.

— Foi de gentilhomme !

Elle secoua la tête et dit :

— Quel attrait puis-je avoir pour Votre Majesté ? Je ne suis qu'une pauvre fille de province, sans usage et sans esprit, une de ces fleurs de buisson qu'on ne remarque pas. Grâce pour mon obscurité !

— Vous vous ignorez vous-même, Marthe ; vous êtes la plus adorable jeune fille que j'aie vue.

— O mon Dieu !

— Marthe, écoutez-moi ! reprit-il, toujours plus tendre.

— Sire, je vous implore ! sire, je vous supplie à mains jointes !

— Les rôles sont donc intervertis, ma belle farouche ! Il n'y a ici d'autre suppliant que le comte de Gonesse.

— Je ne connais que le roi ! s'écria-t-elle.

— Eh bien ! le roi vous aime !

— Oh !

— Le roi est prêt à tout sacrifice pour un mot, pour un regard de vous.

— Je suis fiancée, sire.

— Qu'importe ?

Il s'était levé ; il voulut l'entourer de ses deux bras. Elle recula frémissante.

Habitué à ne rencontrer aucun obstacle, Louis XV était incapable de faire une différence entre une résistance sérieuse et une résistance simulée. Tout cela était pour lui badinage et leçon apprise. Il ne fit donc que rire du mouvement de M<sup>lle</sup> de Crespy.

— Là, ma belle, dit-il, suis-je donc à vos yeux plus effrayant que mon portrait ?

— Sur votre portrait, vous êtes bon et grand, répondit-elle.

— L'amour vaut mieux que la grandeur.

— Pitié, sire !

— Marthe ! vous serez à moi.

— Jamais !

— Que faut-il faire pour vous fléchir ?

— Rien.

— Je suis le maître pourtant, s'écria-t-il comme lassé.

— Malheureuse ! dit-elle.

En écoutant bien, on aurait entendu trembler tout son corps.

Louis XV s'avançait toujours vers elle, le sourire aux lèvres.

— Sire, dit-elle, ne me forcez pas d'appeler à mon secours.

— Personne ne viendra.

— Peut-être ! fit Marthe.

La fenêtre du balcon était demeurée ouverte à cause de la chaleur de la saison.

Elle y courut.

— Que voulez-vous faire ? dit le roi.

— Damiens ! cria-t-elle à travers la nuit.

— Qu'est-ce que c'est que ce Damiens ? demanda négligemment Louis XV.

— Damiens ! Damiens !

Rien ne répondit à la voix de Mlle de Crespy.

— Vous voyez bien que Damiens n'est pas là, dit le roi en raillant.

— Je suis perdue ! murmura la jeune fille en promenant autour d'elle des regards égarés.

— Vous avez assez fait pour votre défense, ma jolie Lucrèce.

— Lucrèce, répéta-t-elle sourdement... oui, une Lucrèce sans arme !

Puis, comme saisie d'une inspiration :

— Ah ! s'écria-t-elle.

Louis XV n'était plus qu'à deux pas d'elle.

— Il est temps de vous rendre, la belle assiégée, disait-il sans abandonner le ton enjoué.

— N'approchez pas, sire !

Le roi haussa les épaules.

— N'approchez pas, répéta-t-elle, ou Votre Majesté sera la cause d'un malheur.

— Allons donc !

Il fit un pas en avant.

M{<sup>lle</sup>} de Crespy n'hésita pas ; et avant que le roi eût pu prévoir son projet, elle était au balcon.

— Sire, dit-elle, je vous pardonne !

Elle se jeta par dessus la balustrade.

Ce balcon était au deuxième étage.

On n'entendit pas un cri.

Le roi était demeuré immobile et frappé de stupeur.

C'était la première fois que pareille chose lui arrivait dans le cours de sa vie galante.

## XXVIII

### VINCENNES

Les portes du château de Vincennes s'étaient refermées sur les frères de Chantemesse.

Vincennes était une des principales succursales de la Bastille. Mais l'histoire de Vincennes est plus variée que l'histoire de la Bastille.

Ce fut d'abord un rendez-vous de chasse, ensuite un château, puis une prison. Louis IX y avait rendu la justice sous un chêne; Louis XI fit servir les branches de ce chêne à ses expéditives pendaisons. Le donjon s'était élevé, la chapelle aussi. Vinrent les Médicis qui y amenèrent leur architecture. — Vincennes fut alors un endroit à la mode, relevé par un vaste paysage; les peintures et dessins du temps en donnent une idée très-coquette, toute différente d'aujourd'hui. Henri III s'y rendait en parties de bombances avec ses courtisans-poupées; la belle Gabrielle y faisait ses couches quasi-royales. Mazarin y mourut; Louis XIV essaya d'y revivre.

On vit des fêtes à Vincennes, des réceptions de roi et d'ambassadeurs, — entre autres les fameux ambassadeurs de Siam.

Notez que, pendant ce temps-là, le donjon restait toujours le donjon et avait conservé son appropriation primitive; il portait à son faîte les détenus de médiocre valeur et renfermait dans ses souterrains les criminels importants ou estimés tels.

Louis XV ne crut rien devoir changer à cet état de choses.

Quant à la marquise de Pompadour, après avoir essayé d'installer à Vincennes une manufacture de porcelaines, elle se décida à y installer ses ennemis. Le donjon devait bientôt se trouver trop petit.

On avait fait au comte et au chevalier de Chantemesse la faveur de ne point les séparer. Ce fut une grande consolation dans leur infortune.

Comme tous les prisonniers, après les premiers jours de prostration, ils employèrent leur temps à rédiger mémoires sur mémoires.

Ces mémoires, avant d'être dirigés à leur adresse, étaient remis au gouverneur du château de Vincennes.

Les gouverneurs de prisons ont fréquemment été calomniés. Cela se comprend. Mais s'il y en a eu d'abominables, — et il y en a eu beaucoup ! — il s'en est trouvé aussi de relativement humains. Il faut retenir les noms de ceux-ci.

Le gouverneur d'alors — ou plutôt le lieutenant pour le roi, car tel était son véritable titre, — s'appelait M. de Guyonnet.

C'était avant tout un brave homme. Il se contentait d'être geôlier; il ne s'était pas fait tortionnaire, comme tant d'autres. Il regardait ses pensionnaires comme des hommes, ce qui est extraordinaire pour l'époque. Il écoutait leurs réclamations avec complaisance ; on l'avait surpris à les plaindre et à les consoler.

M. de Guyonnet était même assez ingénieux dans le système de consolation qu'il avait adopté à l'égard de certains d'entre eux.

— Après tout, leur disait-il, je suis aussi prisonnier que vous ; je vis sous le même toit, derrière les mêmes portes. Afin de mieux vous surveiller, je me prive presque absolument du plaisir de sortir. Vous voyez que ma situation ne diffère guère de la vôtre.

Il avait fait donner à MM. de Chantemesse une des chambres les plus habitables du donjon. On y jouissait d'une vue remarquable par son étendue.

Le bon M. de Guyonnet ne cessait de s'extasier sur la beauté de ce panorama.

— Accordez-moi la permission de venir quelquefois respirer le frais chez vous, leur avait-il dit.

Il est vrai d'ajouter qu'il n'avait guère abusé de la permission.

Un mois se passa, au bout duquel MM. de Chantemesse acquirent l'amère conviction que leurs lettres n'étaient pas parvenues à leur destination ou que les réponses avaient été interceptées.

Ils voyaient peu à peu diminuer et même s'éteindre leurs derniers rayons d'espoir, lorsque tout à coup le comte de Chantemesse se ressouvint d'un nom.

Un nom qui s'était représenté plusieurs fois à son esprit et qui n'y était jamais demeuré, un nom qu'il s'était même appliqué à écarter avec mépris.

Le nom de Lebel !

Le comte se rappela que ce nom avait préoccupé le lieutenant de police et s'était retrouvé jusque sur les lèvres de la marquise de Pompadour.

Il surmonta ses répugnances et écrivit à cet homme.

Deux mots secs, d'ailleurs, lui indiquant la prison qu'il occupait et l'invitant à venir lui parler dans un bref délai.

M. de Guyonnet affirma sur l'honneur au comte de Chantemesse que cette lettre serait remise directement à Lebel.

Cependant les jours s'écoulèrent, les semaines succédèrent aux jours.

Le sort réservait-il au comte de Chantemesse cette suprême humiliation d'avoir écrit inutilement à un semblable personnage?...

Enfin, un matin, la porte de sa prison s'ouvrit, et il fut averti que quelqu'un l'attendait chez le gouverneur.

Il descendit.

Un homme, fort décemment vêtu de noir, se leva à son aspect.

C'était Lebel.

— Monsieur le comte, lui dit-il, il ne m'a pas été possible de me rendre plus promptement à votre désir; mon service auprès de Sa Majesté me laisse peu d'instants... Je vous prie d'accepter tous mes regrets.

Le comte de Chantemesse lui dit assez dédaigneusement :

— Vous avez dû vous étonner de recevoir une lettre de moi?

— Pourquoi donc? répliqua Lebel intérieurement froissé; je reçois beaucoup de lettres, et signées des plus grands noms. C'est une des conséquences de ma charge.

— N'importe, dit le comte; j'aurais voulu m'épargner et vous épargner cette démarche. Je ne m'y suis décidé qu'à la dernière extrémité. D'habitude, il me répugne de revenir sur un service rendu, et surtout de paraître en réclamer le prix ; mais aujourd'hui les circonstances sont impérieuses et justifient tout.

— Parlez, monsieur le comte.

— Vous souvient-il, monsieur Lebel, qu'il y a trois mois environ le hasard me fournit l'occasion de vous tirer d'un danger assez imminent ?

— Oui, monsieur le comte.

— C'était dans je ne sais plus quel bouge du côté de l'Hôtel-de-Ville.

— A l'académie de la rue de la Vieille-Monnaie, dit Lebel.

— C'est cela. On allait vous faire passer un assez mauvais quart d'heure pour des motifs qui ne me regardent pas, lorsque j'entrai et vous pris sous ma protection.

— Je n'ai rien oublié, monsieur le comte.

— Je dois dire pourtant que je n'eus pas grand mérite à cet acte : la vue de mon épée suffit à faire taire les plus bruyants et à faire reculer les plus menaçants.

— Vous étiez seul contre dix ! s'écria Lebel.

— Je ne m'en souviens plus. Je me souviens seulement que vous me manifestâtes votre reconnaissance, quelques minutes après, avec une vivacité et une chaleur que j'eus lieu de croire sincères.

— Cette reconnaissance dure toujours, monsieur le comte.

— Vous me fîtes mille protestations de dévouement, en m'assurant que je vous trouverais toujours prêt le jour où j'aurais besoin de vous.

— Eh bien ! monsieur le comte ? dit Lebel.

— Eh bien ! ce jour, que rien ne faisait prévoir, ce jour est arrivé. Je viens réclamer l'accomplissement de vos promesses.

— Disposez de moi, monsieur le comte ; je vous suis tout acquis, en effet. Déjà même, au reçu de votre lettre, je me suis occupé de votre élargissement, et d'ici à peu de temps sans doute...

Le comte de Chantemesse l'interrompit sévèrement.

— Il ne s'agit pas de moi, dit-il.

— De votre frère, alors?

— Pas davantage. Soyez persuadé, monsieur Lebel, que mon frère et moi nous ne vous aurions jamais dérangé pour notre propre compte. Il s'agit d'une liberté qui nous est plus précieuse que la nôtre, et c'est celle-là seule que je vous demande.

— La liberté de qui?

— De Mlle de Crespy, répondit le comte.

— De Mlle de...

Lebel s'arrêta pour regarder fixement M. de Chantemesse.

— Ah! c'est vrai, dit-il comme en se parlant à lui-même, vous n'avez pas pu savoir...

— Que voulez-vous dire? demanda le comte avec inquiétude.

— Bien des événements se sont passés depuis votre détention, reprit Lebel.

— Expliquez-vous.

— Mlle de Crespy est libre.

— Il serait possible! s'écria le comte; libre, par vous?

Lebel secoua la tête tristement.

— Ni par moi, ni par d'autre, répondit-il; libre par la mort.

— Mlle de Crespy est morte!

Et le comte de Chantemesse chancela.

Puis, hagard, il murmura en s'adressant à Lebel:

— J'ai mal entendu... Morte, Mlle de Crespy?... Répétez, monsieur, je vous en prie, répétez...

Lebel baissa la tête.

Le comte répétait machinalement :

— Morte !... morte !...

Lorsqu'il eut peu à peu repris ses sens, il s'écria :

— Mais quand? Mais comment? Pourquoi morte? Il y a encore une nouvelle infamie là-dessous...

Et, se dressant devant Lebel :

— Répondez, monsieur, je l'exige, je veux tout savoir.

Lebel se taisait.

— Vous ne répondez pas, sans doute parce que vous été un instrument de sa mort, comme vous avez été un instrument de son enlèvement.

— J'atteste le ciel, monsieur le comte, que je ne suis pour rien dans l'accident qui a terminé les jours de M$^{lle}$ de Crespy.

— Un accident!

— La noble jeune fille, dans un accès de fièvre chaude, s'est précipitée par une fenêtre. La chute pouvait ne pas être mortelle, mais le délire s'est emparé d'elle, et malgré tous les soins elle a succombé.

— Pauvre Marthe! murmura le comte.

Il pleura.

Il pleura, comme pleurent les gens de son âge et de son caractère, abondamment, longuement et une fois pour toutes.

Cela fait, il releva brusquement la tête ; et, par un de ces mouvements qui peuvent à peine être décrits, il saisit les deux bras de Lebel.

Il faut croire que son regard demandait tout ce que sa bouche n'osait exprimer, car Lebel s'écria avec une égale vivacité d'expression :

— Rassurez-vous, monsieur le comte; M$^{lle}$ de Crespy est morte dans son linceul de pureté et d'honneur! Je vous le jure!

— Merci, murmura M. de Chantemesse; je vous crois... j'en crois votre regard, j'en crois votre accent... car autrement...

Quelque chose de sombre emplit ses yeux.

— Où cela s'est-il passé? demanda-t-il après un instant de silence.

— Je ne puis en dire davantage, répondit Lebel.

— Prenez garde, monsieur Lebel! reprit le comte; vous avez été mêlé à ces événements d'une façon qui ne me permet d'avoir pour vous d'autres sentiments que ceux de la haine et du dégoût. Vous ne pouvez racheter une partie de votre rôle qu'en répondant à mes questions.

— Monsieur le comte! essaya de murmurer Lebel.

— Oh! soyez tranquille! ce que vous ne me dites pas, ce que vous ne pouvez me dire, je le devine. Ce que je devine, je ne vous le demande pas. C'est quelque chose de si monstrueux et de si dégradant que ma pensée en recule. Je n'ose envisager l'abîme qui a dû être creusé sous les pas de cette noble enfant. Mon indignation a ses répugnances, ma colère a sa pudeur. Je me salirais en flagellant la boue. Depuis peu de temps j'ai appris à vous connaître, vous et les vôtres. Ne craignez donc pas, M. Lebel, que je vous adresse des questions compromettantes pour ce que vous appelez votre charge. Je ne veux savoir qu'une chose.

— J'attends, dit le valet terrassé.

— Où est la sépulture de M<sup>lle</sup> de Crespy?

Lebel hésitait; mais il entrevit dans le regard et dans l'attitude du comte de Chantemesse quelque chose de si terrible, qu'il répondit :

— Le corps de M<sup>lle</sup> de Crespy a été ramené à Arras par un serviteur de sa famille.

— Lequel?

— Un sieur Damiens.

— Je sais, dit le comte rassuré.

Il tomba alors dans une rêverie qui aboutit à de nouvelles larmes ; et il pleura sur son frère comme il avait pleuré sur Marthe.

— Mon pauvre Pierre! s'écria-t-il, qu'il ignore du moins cette catastrophe !

Ces larmes arrachées coup sur coup à un tel homme remuèrent Lebel, qui jugea opportun de se soustraire à une émotion incompatible avec ses fonctions et avec son tempérament.

— Avez-vous encore quelque chose à me dire, monsieur le comte? demanda-t-il.

— Non, monsieur, dit M. de Chantemesse.

— Permettez-moi donc de me retirer, dit Lebel en s'inclinant.

— Un mot cependant, dit le comte en étendant le bras vers lui.

Lebel s'arrêta.

— Dites à Mᵐᵉ la marquise de Pompadour qu'elle est vengée, et bien vengée. Une jeune fille morte, deux frères emprisonnés, sans doute « pour être oubliés, » selon la consigne ordinaire ; deux familles condamnées à la désolation et à la honte éternelles, voilà peut-être de quoi satisfaire sa rancune. Il est vrai que les jolies femmes sont insatiables. Si ce n'est pas assez, dites-lui que mon frère et moi nous sommes prêts à souffrir encore tout ce qu'elle voudra, à endurer tous les supplices qui passeront par sa tête charmante. Béni soit l'éventail qui nous frappe, qui nous soufflette, qui nous meurtrit! Dites aussi au roi, puisque vous avez le bonheur de l'approcher, que c'est un grand roi, un bon roi, un roi juste et bienfaisant. Ne lui cachez pas ces vérités, je vous prie. Il ignore où nous sommes; sans cela son auguste main ne manquerait pas de venir briser nos fers. Laissez-le-lui ignorer : il ne faut pas que sa précieuse vie soit empoisonnée par un remords; il ne faut pas que l'ombre d'un souci descende sur ce front si bien fait pour l'éclat d'une couronne. Assurez-le que tout va pour le mieux dans le royaume que Dieu lui a confié, et qu'il est l'idole de son peuple. Ce sont de ces choses bonnes à dire et consolantes à penser. Le ciel conserve le roi et M$^{me}$ de Pompadour! Tous deux vont bien ensemble; leurs noms, qu'on ne séparera pas, seront révérés de nos petits-enfants. Ils auront fait à eux deux de grandes choses, des choses honnêtes, respectables, immortelles. Nous avons été assez favorisés pour en voir quelques-unes. Cela nous suffit, nous pouvons rentrer dans l'ombre à présent. Gardez-vous donc bien, monsieur Lebel, de faire aucune démarche pour nous; éloignez de nous vos bienfaits, monsieur Lebel, il y en a tant d'autres qui les sollicitent, comme vous le faisiez si bien entendre tout à l'heure! Quant à nous, mon frère et moi, nous sommes résignés à notre destin. C'est sagement vu. Nous serions déplacés dans la société telle qu'elle est. Mieux vaut pour nous Vincennes que Versailles. Adieu, monsieur Lebel, et pour toujours.

Ayant dit, le comte de Chantemesse remonta dans sa prison, où il retrouva son frère qui l'attendait.

— Qui est-ce qui vous faisait demander? interrogea le chevalier.

— Un inspecteur envoyé par le lieutenant général de la police.

— Rien de nouveau dans notre situation?

— Rien.

Le comte de Chantemesse ajouta avec un sourire :

— Relisons une page de notre Jean-Jacques Rousseau.

## XXIX

#### L'HOMME A LA CULOTTE ROUGE

Le 5 janvier 1757, — c'est-à-dire un peu plus d'une année après les événements qui viennent d'être racontés, — il faisait un froid des plus rigoureux.

C'était un mercredi.

Un quidam, arrivé de la veille à Versailles par la voiture publique, et descendu à l'auberge du sieur Fortier, rue de Satory, fit prier l'aubergiste, vers onze heures du matin, de monter dans sa chambre.

Le sieur Fortier était sorti ; ce fut sa femme qui se rendit au désir du voyageur.

Elle le trouva encore couché.

— Madame, lui dit-il, je vous prie de vouloir bien envoyer chercher un chirurgien.

— Et pourquoi faire ? demanda-t-elle.

— J'ai besoin d'être saigné.

— Vous voulez plaisanter, mon cher monsieur.

— Je n'ai pas du tout l'envie de plaisanter, répliqua-t-il.

— Vous faire saigner par le temps qu'il fait! s'écria l'hôtesse.

— Quel temps fait-il donc?

— Il gèle à pierre fendre, dit-elle en écartant les rideaux de sa fenêtre; voyez plutôt!

— Je vous assure pourtant qu'une saignée m'aurait fait beaucoup de bien, reprit le voyageur; c'est mon remède habituel, et je m'en suis toujours heureusement trouvé.

L'hôtesse haussa les épaules.

— Gardez votre sang et votre chaleur, lui dit-elle; on n'en a jamais trop.

— Une saignée pratiquée à propos m'a souvent empêché de faire une sottise.

— Vous êtes pâle comme la neige.

— Cela ne prouve rien, dit le voyageur; faites venir un chirurgien.

— Je ne prendrai pas cela sur moi, reprit l'hôtesse.

— Vous ne voulez pas?

— Non!

— C'est bien, dit-il en se renfonçant sous ses couvertures; souvenez-vous de votre refus...

Vers deux heures cet individu se décida à se lever, et il sortit.

C'était un homme d'une quarantaine d'années, assez grand, paraissant appartenir à la classe du peuple.

Il était vêtu d'un habit de droguet d'Angleterre, couleur d'ardoise; d'une veste en velours dit de gueux, et d'une culotte de panne rouge.

Cette culotte rouge le signalait surtout aux regards.

Il portait un large chapeau uni.

Cet homme prit le chemin du château; là il apprit que le roi venait d'y arriver et de monter à l'appartement de

Mesdames, pour s'enquérir de leur santé, qui était assez mauvaise.

Cette nouvelle parut l'intéresser.

Il se promena jusqu'à la nuit dans le parc, qui était fort désert à cause du froid, et où il ne rencontra qu'un petit homme aux vêtements sordides, à l'air empressé, lequel l'accosta sans façon.

— Savez-vous, monsieur, lui demanda ce petit homme, si le roi doit retourner ce soir à Trianon?

— Je n'en sais rien, répondit le particulier à la culotte rouge; mais cela est probable, puisqu'il y réside actuellement.

— Dans ce cas, il ne peut tarder à descendre de chez Mesdames.

— Est-ce que vous l'attendez?

— Hélas! je l'attends tous les jours, dit le petit homme; j'attends aussi M. de Noailles qui m'a promis sa protection... Je suis un inventeur.

Le pauvre diable n'avait pas besoin de le dire; cela se voyait assez à son habit fatigué et à ses rares cheveux ramassés dans une bourse graisseuse.

— Oui, monsieur, reprit-il avec l'agitation commune aux gens qui luttent pour une idée, j'ai inventé une machine... une machine qui doit faire la fortune de tout un pays!

Mais l'homme à la culotte rouge, en tournant sur ses talons, lui donna un avant-goût de l'indifférence publique.

L'inventeur s'éloigna en soupirant.

Tous les deux se croisèrent encore un quart d'heure après sous la voûte de la salle des gardes du corps, au pied de l'escalier qui conduisait chez Mesdames.

— Eh bien? demanda l'homme à la culotte rouge.

— J'attends toujours, répondit l'inventeur qui ne tenait pas en place.

Ces paroles furent entendues et retenues par Bonnemant, garde de la porte du roi, en sentinelle au poste de la voûte qui longe la chapelle.

L'homme à la culotte rouge resta à cet endroit.

Il venait d'y voir arriver un des carrosses royaux. Tout indiquait que le roi allait descendre.

Un des cochers qu'il interrogea le confirma dans cette assurance.

Il était cinq heures trois quarts.

L'homme à la culotte rouge se glissa derrière une des colonnes du vestibule.

Il lui était d'autant plus facile d'y demeurer inaperçu qu'il n'était pas seul. Autour de lui s'opérait ce mouvement qui accompagne toujours les allées et venues des souverains.

Bientôt ce mouvement se détermina. Des laquais parurent avec des flambeaux. Les écuyers des différents corps qui constituaient ce qu'on appelait la « garniture du roi, » — une dénomination qui n'appartient plus aujourd'hui qu'à l'ordre culinaire, — vinrent se ranger autour du carrosse.

Tout en avant, ce furent d'abord les grands et petits valets de pied :

François Badelart, la main sur la poignée de la portière, attendant l'arrivée de Sa Majesté pour lui ouvrir ;

Ses collègues André Fiévé, Philippe Waverelle et Charles Selim, se tenant entre les roues de derrière, prêts à monter derrière le carrosse.

Le comte d'Estourmel, lieutenant des gardes du corps, se plaça près des chevaux.

Une rumeur annonça le roi.

Sa Majesté descendait l'escalier.

Elle était précédée de M. le marquis de Montmirail, capitaine-colonel des cent-suisses, et de M. de Vareille, enseigne des gardes du corps, chargés tous deux, selon le cérémonial, de conduire le roi à sa voiture.

Louis XV s'appuyait de la main droite sur le bras gauche de M. de Béringhen, son premier écuyer, — négligemment, comme il avait l'habitude de faire, mais sans familiarité, car il haïssait la familiarité.

Il avait à ses côtés Monseigneur le Dauphin, accompagné du marquis d'Hendreville, en service auprès de ce dernier.

Derrière Sa Majesté venait le duc d'Ayen, capitaine de la première compagnie des gardes du corps.

Puis encore le comte de Brionne, grand écuyer de France.

Et enfin des passants, des curieux, des provinciaux, la foule.

Derrière tout le monde, un type, — le maréchal de Richelieu, le nez dans un gros manchon, — attendait, sous la voûte, pour ne pas se refroidir, que le roi et M. le Grand fussent montés en carrosse avant d'y monter à son tour, comme son service de premier gentilhomme l'y obligeait.

Le maréchal de Richelieu se trouvait à côté de M. de Néel, gouverneur des pages de la chambre du roi, venu là par hasard.

C'était le cortége ordinaire, intime, celui de tous les jours.

Louis XV avait déjà fait trois pas en avant de la dernière marche de l'escalier; il lui en restait encore trois à faire pour arriver à son carrosse, dont Badelart tenait la portière ouverte, — lorsque l'homme à la culotte rouge s'avança sans trop de précipitation, fendit la *garni-*

*ture* des gardes du corps et des cent-suisses, et s'interposa entre le dauphin et le roi.

Saisissant celui-ci par l'épaule, comme il aurait fait d'un simple mortel, il le frappa dans le côté droit, vers l'omoplate, d'un instrument qu'il tenait à la main.

Cet acte ne fut aperçu de personne; le roi lui-même en eut à peine conscience sur le moment, car il se contenta de dire de son ton tranquille :

— On m'a heurté... on vient de me pousser...

Puis, immédiatement :

— J'ai reçu un coup de poing !...

Et passant la main sous sa veste :

— Est-ce donc une épingle qui m'a piqué?

Il retira sa main moite, avec un peu de sang au bout des doigts...

Alors il se retourna et aperçut deux yeux étincelants fixés sur lui.

— C'est cet homme qui m'a frappé, dit-il en désignant l'homme à la culotte rouge; un ivrogne sans doute.

Cet homme aurait pu fuir pendant les hésitations du roi; il était déjà rentré dans la foule, il avait même eu le temps de fermer son couteau et de le remettre soigneusement dans sa poche.

Son chapeau, qu'il avait gardé sur sa tête, le dénonça.

Le marquis de Hédouville, sans même entendre les paroles du roi, l'avait remarqué, et poussant vers lui, il lui dit :

— Il vous convient bien de paraître devant votre maître le chapeau sur la tête !

— Voilà comme je suis toujours! répondit l'inconnu.

M. de Hédouville lui jeta son chapeau par terre.

Au même instant Louis XV ajouta :

— Arrêtez-le, mais ne le tuez pas... ne lui faites pas de mal.

— Vous êtes blessé, sire! s'écria le duc d'Ayen en soulevant la veste du roi et apercevant sa chemise ensanglantée.

— Oui, je suis blessé, dit Louis XV se troublant.

M. de Vareille accourut; le roi montra sa main en murmurant :

— Ce coup me fait grand mal.

Le marquis de Montmirail, qui marchait toujours en avant, selon ses fonctions, se retourna alors et entendit à son tour le roi qui disait, de plus en plus effrayé :

— Je suis assassiné! oui, assassiné!

Et renonçant à entrer dans le carrosse, Sa Majesté Louis XV remonta l'escalier avec une prestesse dont on ne l'aurait pas cru capable, surtout avec une blessure dans le dos.

Le roi fut suivi de monseigneur le Dauphin, du duc d'Ayen, de M. de Béringhen et de M. de Brionne, tous les quatre se disputant à qui lui offrirait le bras.

Mais il allait plus vite qu'eux.

Il traversa rapidement plusieurs pièces, au grand étonnement des gardes du corps Bonot et de Silhac, tous deux de garniture à la porte du salon royal, auxquels il jeta ces mots :

— On vient de me frapper!

Puis, gagnant son appartement, il alla tomber sur son lit, en répétant encore, la tête perdue :

— Je suis assassiné!

## XXX

### NE LUI FAITES PAS DE MAL!

Pendant ce temps, on avait environné l'homme à la culotte de panne rouge. Le petit valet de pied Sélim lui avait mis la main au collet, assisté du grand valet de pied Fiévé. M. de Hédouville, qui l'avait déjà apostrophé, revint sur ses pas et le tint en respect contre une colonne; M. de Ludes et M. de Viguy accoururent, celui-ci exempt des cent-suisses, celui-là exempt des gardes du corps.

Il n'y eut pas jusqu'au maréchal de Richelieu qui, s'étant enfin débarrassé de son manchon, vint à lui, — malgré sa vue basse, — et le secoua par son haut-de-chausses.

Le bon maréchal était l'homme du zèle facile.

Ainsi bousculé, houspillé, l'homme à la culotte rouge se trouva assis sur un banc de pierre.

Le flot grossissait autour de lui; c'étaient les gardes du corps Dubois et Michel le Forestier, c'était M. d'Heudreville, c'était M. de Vareille, c'étaient de Silhac et Bonot descendus du salon royal.

Les invectives pleuvaient sur sa tête; des menaces de mort circulaient même parmi les plus indignés.

Il murmurait :

— Vous voyez que je ne fais pas de résistance...

Il fallut que le maréchal de Richelieu s'interposât avec autorité.

— Conduisez-le à la garde, dit-il, et interrogez-le... mais surtout ne le tuez pas !

Et le maréchal courut rejoindre son roi.

Aussitôt l'homme à la culotte rouge fut entraîné plutôt que conduit dans la petite salle des gardes du corps qui était de plain-pied avec le vestibule.

Là, mille questions l'assaillirent à la fois :

— Qui es-tu, misérable ?

— D'où sors-tu, parricide ?

— De quel parti es-tu l'agent ?

Une voix domina toutes les autres :

— Il faut le fouiller !

— Oui, fouillons-le !

On le maintint; on lui lia les mains derrière le dos.

La première chose qu'on trouva sur lui fut une arme à manche de corne noire et blanche, avec deux lames, l'une grande, l'autre petite.

— Est-ce l'arme que tu as employée pour ton crime ?

— Oui.

— De quelle lame t'es-tu servi ? demanda le comte d'Estourmel.

— De la plus petite, répondit l'assassin.

— Mais ce n'est qu'une lame de canif.

— Oui, un canif. J'aurais pu me servir de la plus grande... celle du couteau... rien ne m'en empêchait... je ne l'ai pas voulu.

— Pourquoi ?

— Je voulais seulement donner un avertissement au roi.

— Quel avertissement ?

— Je m'expliquerai devant les juges.

Le comte d'Estourmel tournait et retournait l'arme.

— Il n'y a pas de sang, dit-il.

En effet, l'arme était nette.

L'assassin l'avait-il essuyée ? Avec quoi l'avait-il essuyée ? On ne retrouvait ni mouchoir ni linge d'aucune sorte.

S'il ne l'avait pas essuyée, il fallait croire que le sang n'était pas survenu immédiatement après l'entaille.

Le garde du corps Bonot continua de fouiller l'homme à la culotte rouge. Il attira une méchante bourse de filoselle contenant de l'argent blanc, de la menue monnaie.

Plus une paire de ciseaux, un sac de toile usé, renfermant trente-sept louis d'or.

Une somme !

On les compta et recompta.

— C'est sans doute le prix de votre crime ! s'écria Bonot.

— Je n'ai pas à répondre pour le moment.

Pressé par de Silhac, l'autre garde du corps, le meurtrier prononça ces paroles :

— Je m'expliquerai quand il le faudra.

Quelqu'un songea à lui demander son nom.

— François Damiens, répondit-il.

— Quel est votre état ?

— Domestique sans emploi.

Et tous de répéter :

— Damiens... François Damiens...

On le fouillait toujours; un livre tomba de sa poche, un livre intitulé : *Prières et Instructions chrétiennes*.

Damiens fit un mouvement pour le ramasser.

— De qui tenez-vous ce livre? lui dit-on.

— C'est mon frère qui me l'a donné, répondit-il avec émotion.

Après l'avoir fouillé, on le déshabilla du haut en bas, entièrement.

Les interrogations se succédaient.

— Qui vous a poussé à cette abominable action?

— Quels sont vos complices?

— Je n'en ai pas, répondit-il.

— C'est impossible! répliqua M. de Vareille.

Jusqu'alors Damiens avait montré assez d'assurance; mais lorsqu'il se vit nu, il se troubla.

Sans doute il craignait d'être déchiré et mis en pièces.

Il imagina de dire :

— Prévenez M. le Dauphin qu'il ne sorte pas... Prenez garde à M. le Dauphin!

M. de Vareille monta immédiatement chez le roi pour y porter connaissance de cet avis.

Au même instant M. de Saint-Julien en descendait, chargé de demander à l'assassin si l'arme dont il s'était servi était empoisonnée.

Cela avait été la première inquiétude de Sa Majesté.

— Non! sur mon âme, répondit Damiens.

Puis il répéta :

— La vie du Dauphin n'est pas en sûreté.

Plus tard, dans le cours du procès, il a dit qu'il n'avait parlé de la sorte que pour ne pas être massacré.

Cependant M. de Vareille étant redescendu, le reprit à partie :

— Il paraît qu'il te reste encore quelques bons sentiments puisque tu as donné cet avis... Complète ta déclaration par la liste de tes complices. En les nommant, tu peux espérer ta grâce, continua M. de Vareille.

— Ma grâce! murmura Damiens; je sais bien que le roi ne peut pas me l'accorder.

— Le roi est bon et généreux.

— Il faut que je meure... Je mourrai comme Jésus-Christ dans les douleurs et dans les tourments!

— La doctrine de Jésus-Christ n'enseigne pas le régicide.

— J'en suis fâché, cela est fait, dit brusquement Damiens.

— Tu sembles n'avoir pas conscience de ton forfait? reprit encore M. de Vareille.

— Ah! tout cela ne serait pas arrivé si le roi avait fait punir quatre ou cinq évèques!

— Pourquoi? dit M. de Vareille étonné.

Damiens se tut.

Sur ces entrefaites, le duc d'Ayen entra effaré.

Le roi l'envoyait s'informer pour la seconde fois si le canif était empoisonné.

— Non, non! répéta Damiens.

A son tour, le duc d'Ayen lui demanda pourquoi il avait commis le crime.

— Pour Dieu et pour le peuple, répondit-il.

Nous rapportons scrupuleusement ces réponses sans y rien changer, leur conservant tour à tour leur incohérence ou leur emphase.

Tout à coup un homme se précipita avec fracas dans la salle des gardes du corps.

Son regard, ses mouvements étaient ceux d'un furieux.

C'était le garde des sceaux, c'était M. de Machault.

Il sauta à la gorge de Damiens.

— Tes complices, scélérat! hurla-t-il; nomme tes infâmes complices! quels sont-ils?

Damiens se débattait sans répondre.

— Ah! tu ne veux pas les nommer!... Approchez-le du feu!

Il y avait un grand feu dans la cheminée.

Damiens était resté nu.

MM. de Hédouville et Dubois le placèrent sur un banc.

Le garde des sceaux mit des pinces au feu.

— Ah! nous allons bien te faire parler!

Damiens regardait ces préparatifs avec épouvante.

Lorsque les pinces furent rouges :

— Brûlez-lui le gras des jambes, dit M. de Machault aux deux gardes du corps.

Ces hommes obéirent.

Damiens poussa des cris affreux, entendus du dehors.

— Nomme tes complices!

— Cessez! cessez! pitié! grâce! disait-il en se tordant.

— Tes complices!

Et s'exaltant dans sa propre atrocité, M. de Machault criait :

— Pincez-lui les chevilles... là... encore... très-bien!

M. de Hédouville, un gentilhomme pourtant, pinçait avec conscience.

— Cela ne brûle pas assez vite! dit le garde des sceaux hors de lui; deux fagots! jetez deux fagots dans le feu!

Ce fonctionnaire avait de l'entrain.

La salle se remplissait à chaque minute de survenants, du chancelier, de M. Rouillé, ministre des affaires étrangères.

Pendant que les pinces rougissaient de nouveau, plusieurs gardes du corps, blâmant secrètement cet acte de barbarie, exhortèrent Damiens à faire des aveux.

Ils ne réussirent à lui arracher que des gémissements.

— Puisqu'il s'obstine à ne pas parler, continuez à lui brûler les jambes! dit M. de Noailles, duc d'Ayen.

— Oui! oui! continuez! ajouta M. de Machault.

Et l'on continua.

Il était alors six heures et demie.

Près de trois quarts d'heure s'étaient écoulés depuis le coup de canif.

A ce moment, M. Le Clerc du Brillet, lieutenant en la prévôté du roi, qui venait d'être averti, se présenta pour réclamer le patient, comme c'était son droit.

Le crime ayant eu lieu à Versailles, c'était à Versailles que la première procédure devait avoir lieu.

— Monsieur le chancelier, monsieur le garde des sceaux, dit-il, je viens ici remplir mes fonctions, et je vous requiers d'ordonner que le coupable me soit remis à l'instant.

— C'est juste, dit le chancelier; faites votre devoir, M. le lieutenant.

— Prenez-le! cria le garde des sceaux, prenez-le! emmenez-le!

On lâcha Damiens.

Il était temps!

Dans son zèle emporté, le garde des sceaux allait le brûler vif.

Les gardes du corps s'écartèrent pour livrer passage à M. Le Clerc du Brillet.

Celui-ci recula d'horreur devant le spectacle qui s'offrit à ses yeux.

Nu, en présence d'un feu ardent, la face enflammée,

les traits contractés, Damiens avait roulé de son banc par terre...

Ses jambes n'étaient plus que deux plaies.

Une odeur de chair brûlée était répandue dans la salle.

— Sauvez-moi ! s'écria Damiens.

Le lieutenant de la prévôté ne put s'empêcher de se récrier contre la torture extra-judiciaire qu'on lui avait fait subir.

On le rhabilla difficilement.

Il ne pouvait se tenir debout, encore moins marcher.

Il fallut qu'on le transportât, roulé dans un manteau, jusqu'à la geôle, escorté d'une douzaine d'exempts, à la clarté des torches et au bruit croissant des malédictions.

## XXXI

### LA COMÉDIE ROYALE

Louis XV était étendu sur son lit, à moitié déshabillé. Il poussait des gémissements à fendre l'âme. Vainement le Dauphin cherchait à le rassurer.

— Non! non! disait le roi, je suis frappé à mort, je le sens bien.

Richelieu courait dans les antichambres, criant :

— Un médecin! vite un médecin!

Sur ces entrefaites, Mesdames étaient arrivées, puis la reine.

Mesdames fondirent en pleurs.

La reine, moins théâtrale, et ne voyant là aucun motif sérieux d'alarmes, cherchait à calmer le roi en lui disant :

— Sire, ce n'est rien... sire, remettez-vous...

Mais lui ne voulait rien entendre.

Senac, son premier médecin, et la Martinière, son premier chirurgien, qui, tous les deux, avaient leur logement au château, entrèrent presque en même temps dans la chambre royale.

Ils furent d'accord pour constater une plaie d'environ quatre travers de doigt et sept à huit lignes de largeur, située à la partie inférieure et postérieure de la poitrine du côté droit, et ayant son entrée entre la quatrième et la cinquième côte.

Rien de grave, rien d'inquiétant.

Néanmoins, ils demandèrent que l'arme leur fût représentée.

Ils l'examinèrent avec attention; nous avons dit qu'elle avait deux lames, une de couteau et l'autre de canif.

Ils s'étonnèrent, eux aussi, que l'assassin n'eût employé que la lame de canif.

Son intention n'avait donc pas été de tuer Louis XV, mais seulement de le blesser.

La Martinière posa un premier appareil sur la blessure et recommanda au monarque le repos, rien que le repos.

Mais l'agitation de Louis XV redoublait d'instants en instants.

Sa piqûre lui arrachait des cris de douleur et des soubresauts.

Vint un moment où il se crut perdu. Il s'attendrit et serra la main de la reine.

Il adressa, pour l'unique fois de sa vie peut-être, un regard bienveillant au Dauphin.

— Vous présiderez demain le conseil des ministres, lui dit-il; je vous nomme lieutenant général du royaume.

Et il ajouta avec un soupir :

— Tâchez de gouverner mieux que moi!

Toutes ces paroles ont été conservées par l'histoire.

— Sire, vous vous affligez outre mesure, dit la dauphine.

— Oh! c'est bien fini, répliqua-t-il.

Il appela d'Argenson et lui remit la clef de ses papiers secrets à Trianon.

Dans un autre moment, il demanda à connaître le nom de l'homme qui l'avait frappé.

— Damiens, lui répondit-on.

— Damiens! répéta Louis XV; il me semble que j'ai déjà entendu prononcer ce nom autre part.

— Cela n'est guère probable, sire; ce Damiens est un domestique.

— Damiens! dit encore une fois le roi devenu rêveur; c'est singulier! On dirait que ce nom m'arrive comme du fond d'une nuit bien sombre... A-t-il des complices?

— Il prétend que non.

— Vous vous fatiguez à parler, sire, lui dit la reine; rappelez-vous que M. de la Martinière vous a recommandé le repos.

— Eh! madame, il faut bien que je règle avant de mourir les affaires de mon royaume!

Tout le monde était stupéfait de tant de faiblesse.

Mais ce n'était rien, cela.

Après les médecins, le roi voulut les prêtres.

— Il faut que je me confesse! dit-il.

Son confesseur ordinaire, le père Desmarets, n'était pas au château.

— N'importe! dit le roi, allez m'en chercher un autre, le premier venu; je veux un prêtre! Je sens la vie qui m'échappe...

On trouva un prêtre dans les appartements des domestiques; on l'amena, effaré, au chevet du roi.

Il y eut un commencement de confession interrompue par l'arrivée du père Desmarets qu'on avait trouvé à Paris.

Le premier soin du père fut de faire retirer tous les assistants.

Lorsqu'il se trouva seul avec Louis XV, celui-ci lui dit :

— Mon père, vous avez devant les yeux un mourant.

Le confesseur ne put s'empêcher de laisser échapper un geste de surprise ; rien chez l'auguste pécheur n'indiquait un état désespéré.

— Rassurez-vous, sire.

— Je ne me fais pas illusion, continua le roi ; il ne me reste que peu d'instants à vivre, et voilà pourquoi j'ai voulu assurer le salut de mon âme.

— Votre Majesté a sagement agi en cela, je suis prêt à l'écouter.

Louis XV parut se recueillir et continua :

— Mon père, quoique toujours animé du plus profond respect pour notre sainte religion et pour notre sainte Église, je n'ai peut-être pas toujours vécu d'une manière édifiante.

— Cet aveu est déjà un pas vers le repentir.

— Les affections coupables et terrestres ont pris une large part de ma vie.

— Comme saint Augustin, murmura le père.

— Avant de quitter la terre, dit Louis XV, je voudrais faire ma paix avec le ciel.

— Le ciel n'est jamais fermé, même pour ses enfants les plus égarés, répondit le père Desmarets.

— Croyez-vous que je puisse effacer mes fautes ?

— Votre Majesté peut du moins en racheter quelques-unes.

— Comment cela, mon père !

— Sire, êtes-vous disposé à tous les sacrifices ?

— Je suis disposé à tout ce qui pourra faire oublier les mauvais exemples que j'ai pu donner.

Le jésuite reprit en accentuant ses paroles :

— Votre Majesté parlait tout à l'heure des affections coupables qui ont occupé une place dans sa vie.

— Hélas ! murmura le roi.

— Au nombre de ces affections, il en est une qui dure encore, qui dure depuis longtemps, et dont le sacrifice serait particulièrement agréable au juge souverain.

— Je crois vous comprendre, mon père ; il s'agit de Mme de Pompadour.

— Oui, sire.

— Le monde s'abuse singulièrement sur la nature de mes rapports avec la marquise.

— Le monde ne s'abuse pas sur le scandale que donne la présence continuelle de cette personne au château.

— Cependant sa qualité de dame du palais de la reine...

— Ne trompe personne.

— Vous êtes sévère, mon père... Selon vous, un roi ne saurait avoir une amie.

— Une amie, peut-être ; une favorite, non.

— Madame de Pompadour est d'excellent conseil, et sa piété est reconnue, dit Louis XV essayant de résister.

Le père Desmarets sourit.

— Elle s'est confessée au père de Sacy, ajouta le roi.

— Notre compagnie ne refuse à personne ses enseignements et ses exhortations.

Le roi était à bout d'arguments.

— Que voulez-vous que je fasse ? demanda-t-il.

— Les convenances réclament l'éloignement de cette personne, répondit le père Desmarets.

— La voix des convenances n'est pas toujours la voix de la justice.

— C'est presque toujours celle de la morale.

— Ce renvoi est-il absolument nécessaire ?

— Il est indispensable, sire ; le peuple vous le demandera demain, si vous ne le lui accordez pas aujourd'hui.

— Le peuple ! le peuple !

— Il est très-irrité contre Mᵐᵉ de Pompadour ; il ne manquera pas de voir le doigt de Dieu dans le coup qui vient de vous frapper.

— Est-ce votre opinion, mon père ? dit Louis XV effrayé.

— Nous nous inclinons devant les événements sans nous charger de les expliquer, dit le jésuite.

Louis XV devint rêveur.

— Le doigt de Dieu ! dit-il. C'est vrai, voilà la deuxième fois qu'il me marque...

C'était la deuxième fois en effet que Louis XV manifestait une telle peur devant la mort..

C'était la deuxième fois aussi qu'un confesseur mettait comme condition au rachat de ses péchés le renvoi d'une maîtresse.

Faites passer la scène à Metz au lieu de la faire passer à Versailles ; substituez une fièvre putride au canif de Damiens ; mettez Mᵐᵉ de Châteauroux à la place de Mᵐᵉ de Pompadour, et le père de Pérusseau à la place du père Desmarets, et vous aurez la même comédie royale.

Louis XV devait se plagier à treize ans de distance.

A treize ans de distance il devait, baigné de larmes, éprouver les mêmes terreurs des peines éternelles, accorder les mêmes concessions.

— Qui est-ce qui a pu armer le bras de cet homme? demanda le roi au père Desmarets.

Le confesseur se tut.

Le roi reprit :

— Supposez-vous, mon père, quelque vengeance particulière?

— Non, répondit le confesseur ; l'homme est trop bas placé pour cela.

— Un parti alors? dit le roi ; le parlement peut-être?

— Le parlement a sa dignité.

— Le clergé?

— Oh! sire! s'écria le père Desmarets.

— Je veux parler des jansénistes! se hâta d'ajouter le roi.

— Votre Majesté ne peut qu'égarer ses suppositions.

— En vérité, cet homme est un personnage bien étrange ; qu'est-ce que vous me conseillez à son égard, mon père?

— Il m'est impossible de répondre aujourd'hui à Votre Majesté ; il paraît que cet homme n'a encore été interrogé que très-sommairement.

Après un moment de silence, Louis XV dit :

— Allons, Mme de Pompadour partira.

— Votre Majesté se félicitera d'avoir donné cette satisfaction à ses sujets.

— Lui sera-t-il permis au moins de me faire ses adieux?

— Non, sire, répondit fermement le père Desmarets.

— Alors, quand devra-t-elle partir? dit Louis XV.

— Sur-le-champ.

— Sans m'avoir vu ?

— Sans vous avoir vu, sire.

— A ce prix-là obtiendrai-je l'absolution de mes fautes ?

— Votre Majesté l'obtiendra pleine et entière, répondit le jésuite.

— Et je mourrai reconcilié avec Dieu ?

— Et avec vos sujets, sire.

— Oh ! mes sujets ! dit Louis XV avec une intonation intraduisible.

Il ajouta :

— Je vais faire prévenir M. de Machault pour qu'il ait à signifier à la pauvre marquise son départ... immédiat.

— Immédiat, oui, sire.

— Etes-vous content, mon père ?

— Le ciel se réjouit toujours des actions accomplies en vue de l'expiation.

— Alors que la sainte volonté soit faite ! dit Louis XV.

Il s'agitait sur son lit de douleur, continuant à porter la main sous sa veste à peine teinte de sang.

— Oh ! que je souffre ! disait-il ; que *ce monsieur* m'a fait mal !

— Courage, sire ! répliquait le père Desmarets.

— Serait-ce déjà le châtiment ? murmura le roi.

— Pas encore, sire !

## XXXII

#### ANGOISSES D'UNE FAVORITE.

Dès que la marquise de Pompadour avait appris l'attentat, son premier mouvement avait été de courir chez le roi.

Elle en fut empêchée lorsqu'elle apprit qu'elle y avait été devancée par le Dauphin, par la reine et par Mesdames.

Elle attendit alors qu'un ordre de Louis XV la fît appeler.

Cet ordre ne venait pas, cet ordre ne devait pas venir.

Pâle, plus pâle que de coutume, l'œil aux fenêtres, l'oreille aux portes, attentive au moindre bruit, la marquise de Pompadour, allant et venant dans sa chambre, ne dissimulait pas sa profonde anxiété.

Auprès d'elle étaient accourus ses amis les plus fidèles : son frère, le marquis de Marigny; l'abbé de Bernis, M. de Soubise, la duchesse de Brancas.

Mais elle les voyait à peine, elle ne leur répondait que vaguement.

Que lui importaient ses amis à cette heure! Elle les eût tous sacrifiés pour un message du roi.

Tout à coup on l'entendit s'écrier :

— Ah! voici Quesnay! Il sort des appartements, il va nous apprendre quelque chose.

Le docteur Quesnay entra.

— Eh bien! dit la marquise en se précipitant au-devant de lui; vous avez vu le roi?

— Oui, et j'ai vu sa blessure aussi... Il n'y a pas lieu à vous inquiéter sérieusement... Ce n'est rien, ou du moins c'est fort peu de chose.

— Merci, docteur.

— Si c'était un autre homme, il pourrait aller au bal ce soir même.

— Merci, merci... Mais, dites-moi, le roi vous a parlé.

— Certainement, la parole est très-bonne chez lui, malgré un peu d'oppression dans les voies respiratoires.

— Vous a-t-il parlé de moi?

— Non.

— Ah! dit la marquise de Pompadour en s'appuyant à un meuble.

— Il ne l'aurait guère pu d'ailleurs, entouré comme il l'était de toute sa famille, ajouta le docteur avec bonhomie.

— C'est juste, M. Quesnay, c'est juste.

En s'entendant donner du monsieur, le médecin leva la tête avec surprise.

Ce fut alors qu'il s'aperçut de l'air humilié de la marquise et qu'il comprit qu'il venait de commettre une maladresse.

Il balbutia quelques excuses et gagna un groupe voisin.

On avait envoyé le fils de M^me du Hausset rôder dans le château pour en rapporter des nouvelles.

Il revint en annonçant le garde des sceaux Machault.

C'était ce magistrat que nous avons vu dans la salle des gardes, où il avait anticipé sur les fonctions du bourreau en brûlant les jambes de Damiens.

Machault devait son poste à M^me de Pompadour, et il avait passé jusqu'à présent pour une de ses créatures.

Lu. aussi descendait de chez le roi, comme Quesnay.

Seulement Quesnay en était descendu avant la confession.

Machault en descendait après la confession.

En voyant le front soucieux et l'abord contraint du garde des sceaux, la marquise eut un pressentiment du coup qui allait l'atteindre.

— Comment se porte M^me de Pompadour? demanda-t-il.

— Ce n'est pas ma santé qui est en cause aujourd'hui, M. de Machault, répondit-elle.

Le garde des sceaux embrassa d'un regard glacé les personnes réunies dans le salon, et, s'approchant un peu plus de la marquise, il lui dit en baissant la voix, mais de façon cependant à être entendu de tout le monde :

— Madame, pouvez-vous m'accorder un instant d'entretien particulier?

— Volontiers, monsieur, répondit-elle; passons dans mon cabinet, s'il vous plaît.

Et se retournant :

— Mes amis, attendez-moi, dit-elle.

Une fois seul avec M^me de Pompadour, l'embarras du garde des sceaux s'accentua davantage.

— Madame, dit-il, je suis forcé de remplir auprès de vous une mission des plus pénibles.

— Pénible... pour vous ou pour moi ?

— Pour tous les deux.

— Parlez, M. de Machault ; vous savez que je suis une femme de courage.

— Je viens de la part du roi.

— Je m'en doutais, dit-elle ; je m'étonnais même de n'avoir encore reçu aucune communication de Sa Majesté.

— Le trouble où l'a plongé cet abominable attentat...

— Je comprends, interrompit la marquise ; j'espère que Sa Majesté aura apprécié le sentiment de discrétion qui m'a empêchée d'aller moi-même prendre des nouvelles de sa précieuse santé.

Le garde des sceaux s'inclina.

Il répondit :

— Sa Majesté apprécie tellement le sentiment dont vous parlez qu'elle vous engage à y persister.

Mme de Pompadour se redressa.

— Que voulez-vous dire, monsieur ?

— Je veux dire qu'à son grand, à son très-grand regret, Sa Majesté se voit dans l'obligation d'interrompre ses bonnes relations avec vous, madame.

— Le roi me chasse !

— Oh !... non.

— Il m'exile ?

— Pas davantage, répliqua le garde des sceaux ; il se sépare de vous... momentanément.

— C'est impossible ! s'écria la marquise de Pompadour avec un accent subit de violence.

— Cela pourra, en effet, sembler impossible à beaucoup de gens, dit M. de Machault, mais cela est malheureusement vrai.

— On aura conseillé le roi! continua-t-elle avec la même agitation.

— N'en doutez pas.

— Qui? qui?

— Sa Majesté vient de se confesser à l'instant même.

— Que ne le disiez-vous! s'écria-t-elle. Le nom du confesseur?

— Le père Desmarets.

Mᵐᵉ de Pompadour sourit amèrement.

— Tout s'explique, murmura-t-elle. Mais la marquise de Pompadour ne se laissera pas jouer comme la duchesse de Châteauroux! je veux voir le roi!

— Vous l'essaieriez inutilement, madame, dit le garde des sceaux qui assistait impassible aux actes divers de ce drame uniforme qu'on appelle la chute d'une favorite.

— Allons donc! vous allez bien voir! s'écria-t-elle.

Elle courut à la porte dérobée qui masquait l'escalier communiquant aux appartements de Louis XV.

— Fermée! dit-elle avec stupeur.

— Et demain murée, ajouta le garde des sceaux.

Mᵐᵉ de Pompadour recula de quelques pas en le regardant fixement.

— C'est donc vrai? murmura-t-elle.

— J'avais commencé par vous le dire, madame la marquise.

— Oh! fit-elle en cachant sa tête dans ses mains.

La rage reprit le dessus sur la confusion.

— N'importe! Il faut que je voie Sa Majesté! Il le faut! Entendez-vous, monsieur le garde des sceaux!

Et se dirigeant vers la porte du cabinet :

— Du Hausset! dit-elle à sa femme de chambre, mon mantelet!

— Cela est inutile, madame la marquise, dit tranquillement le magistrat; on ne vous laissera pas pénétrer dans les appartements.

— Mon titre de dame du palais de la reine m'en donne le droit.

— Il vous est retiré à partir de ce soir.

La marquise chancela.

Puis, comme se cramponnant à un dernier espoir :

— Je ne puis croire, dit-elle, à une consigne si rigoureuse ; les serviteurs du roi me connaissent, ils me doivent presque tous leurs places... Ils me laisseront passer.

— Les instructions de Sa Majesté sont positives, répondit-il.

— Et c'est vous, Machault, qui avez accepté de me les transmettre, vous !

— Je n'ai eu ni à accepter ni à refuser ; le roi m'a ordonné.

— Et vous n'avez pas su trouver une parole pour ma défense, rien !

— Le moment aurait été mal choisi, dit-il.

— Tous les mêmes ! s'écria M<sup>me</sup> de Pompadour; oh ! les ingrats !

Passant à un autre ordre d'idées :

— Ah ! çà, monsieur le garde des sceaux, vous n'avez donc pas craint ma vengeance?

— Je n'ai eu devant les yeux que la volonté royale et la raison d'Etat.

— La raison d'Etat ! la raison d'Etat ! dit-elle ; mais vous savez bien qu'il y a des secrets d'Etat entre le roi et moi ! Le roi n'y pense pas, en vérité. Il ne peut pas renvoyer du jour au lendemain, sous le premier prétexte venu, pour une égratignure, celle qui a partagé avec lui pendant douze ans le gouvernement du pays !

— Le roi est dangereusement blessé, madame, dit le garde des sceaux.

— Quesnay prétend que non.

— Le père Desmarets affirme le contraire.

— Oh ! les jésuites ! murmura la marquise les yeux étincelants ; ils me le paieront cher... et vous aussi, monsieur le garde des sceaux !

Le visage sombre et dur de M. de Machault ne parut pas s'émouvoir de cette menace.

Il fit quelques pas pour se retirer.

— Encore un mot, monsieur, dit-elle ; Sa Majesté a-t-elle fixé le lieu de ma résidence ?

— Non, madame ; elle vous laisse libre d'habiter où bon vous semblera.

— C'est bien, monsieur ; je ne vous retiens plus.

Le garde des sceaux salua profondément.

Il retraversa le salon avec le même air calme et hautain.

## XXXIII

### RÉVOLTE

Pendant l'entretien auquel on vient d'assister, de nouveaux personnages s'étaient succédé dans le salon de la marquise : M. de Saint-Florentin, M. Rouillé, le marquis de Mirabeau, M. de Gontaut, tous ceux qu'alarmait ou qu'intéressait une disgrâce imprévue.

Jamais ce salon n'avait présenté une physionomie aussi troublée ; chacun y entrait sans se faire annoncer et en sortait sans prendre congé. On s'y entretenait à demi-voix, dans chaque coin, près de chaque meuble.

Ces conversations avaient cessé brusquement lorsqu'on avait vu sortir M. de Machault du cabinet de la marquise.

Mme du Hausset s'empressa d'y aller rejoindre sa maîtresse.

Elle la trouva atterrée, suffoquée, prête à s'évanouir.

Ses dents claquaient.

Mme du Hausset lui fit prendre, avec beaucoup de peine, de l'eau de fleur d'oranger dans un gobelet d'argent.

Lorsqu'elle fut revenue à elle, la marquise de Pompadour dit à sa femme de chambre :

— Préparez tout pour notre départ... faites avancer mes voitures... dites à mes gens de se tenir prêts... Nous retournons à Paris.

— Quand cela, madame ?

— Dans une heure.

— Vous n'y pensez pas, dit Mme du Hausset effarée.

— Obéissez.

— Qu'est-il arrivé, grand Dieu ! s'écria la femme de chambre en allant reporter ces ordres aux amis de la marquise, tous anxieux.

Au bout de quelques instants le salon offrit un aspect incroyable : des coffres y étaient traînés, ouverts, remplis.

Des laquais allaient et venaient au milieu de la consternation générale.

Mme de Pompadour avait sévèrement défendu la porte de son cabinet, où elle s'était réfugiée pour dévorer sa honte.

Une seule personne, une femme il est vrai, osa braver cette consigne.

— Ouvrez, c'est moi.

C'était la voix de la maréchale de Mirepoix.

Une des plus charmantes figures du règne de Louis XV et de la société de Mme de Pompadour ! Toute petite, toute sensée, toute spirituelle ! Une miniature !

Le prince de Ligne, un connaisseur, a tracé d'elle un portrait en quelques mots : « Elle avait cet esprit enchanteur qui fournit de quoi plaire à chacun ; vous auriez juré qu'elle n'avait pensé qu'à vous toute sa vie. »

La maréchale était sincèrement dévouée à la marquise.

— Qu'est-ce donc que toutes ces malles, madame? dit-elle après qu'on lui eut ouvert; on ne saurait mettre ici un pied devant l'autre.

— Excusez-moi, madame la maréchale.

— Vos gens prétendent que vous partez?

— C'est la vérité, répondit Mme de Pompadour.

— Vous vous moquez?

— Hélas! ma chère amie, le maître le veut; il vient de me le faire dire il n'y a qu'un instant.

— Par qui?

— Par M. de Machault.

La petite maréchale eut un mouvement de surprise.

— Je le croyais de vos amis, dit-elle.

— Je le croyais également, répliqua la marquise; il s'est tourné du côté de d'Argenson.

— Et qu'est-ce que M. de Machault vous a conseillé de faire, lui, personnellement?

— De partir sans différer.

— Il vous trahit, dit vivement la maréchale.

— Croyez-vous?

— Cela est clair pour moi; il veut rester le maître de la situation.

— Je le crois aussi; mais que faire? demanda Mme de Pompadour.

— Ne partez pas, c'est bien simple.

— Désobéir aux ordres de Sa Majesté?

— Pas précisément, mais gagner du temps, feindre une indisposition. Quitter la partie en ce moment, ce serait la perdre!

— En effet, dit la marquise de Pompadour, reprenant courage à l'énergie de la petite maréchale de Mirepoix.

— On vous a dit de vous éloigner, on ne vous a pas dit de fuir. Un départ comme le vôtre doit se faire honorablement et non s'improviser. S'il doit avoir lieu, qu'il ait lieu au grand jour et non dans les ténèbres. Vous avez droit aux honneurs de la guerre.

— Vous me rendez la vie, ma chère maréchale ! s'écria M$^{me}$ de Pompadour en lui pressant la main avec effusion.

— Pendant ce temps-là, le roi, revenu de sa panique, réfléchira, et finalement vous rappellera... avant que vous soyez partie.

— Le roi? dit la marquise en soupirant.

On aura remarqué que, dans la grande désolation de M$^{me}$ de Pompadour, il n'était entré qu'une très-mince préoccupation pour le roi. Elle ne s'était inquiétée que de son sort, à elle.

C'est qu'elle savait au juste ce que pesait l'affection de Louis XV, — et que peut-être, de son côté, Louis XV savait à quoi s'en tenir sur la sollicitude de M$^{me}$ de Pompadour.

— Hélas! dit-elle, je n'attends pas grand'chose du roi !

— Laissez donc! fit la maréchale; je ne lui donne pas trois jours pour s'apercevoir qu'il lui manque quelqu'un... que ses ministres ne remplaceront pas auprès de lui.

— Mais si précisément ils allaient imaginer de pourvoir à ce remplacement?

— Raison de plus pour rester, répondit la maréchale.

— Et Machault?

— Il aura réfléchi.

— Je ne suis pas convaincue, dit M$^{me}$ de Pompadour.

— C'est l'histoire éternelle, ma chère ; pourquoi ne serait-ce pas l'histoire de demain ?

La marquise hésitait encore.

— Résister, cela est grave ! murmurait-elle.

— Cela serait grave pour un homme, j'en conviens, dit la maréchale ; mais pour une jolie femme...

Ce mot de « jolie femme » décida M<sup>me</sup> de Pompadour.

— Je reste ! dit-elle.

## XXXIV

### LA GEÔLE DE VERSAILLES

Deux heures s'étaient à peine écoulées depuis l'attentat.

Damiens avait été amené dans la chambre criminelle de la prévôté de l'hôtel du roi, sous la garde de Fleury, exempt des gardes du corps, escorté, comme on l'a vu, d'un gros d'officiers et de soldats.

Ce cortége assez nombreux dut s'arrêter devant la porte de la geôle, mais toute la nuit il ne cessa d'y stationner et de s'y accroître, malgré la rigueur du froid.

Versailles ne se coucha pas cette nuit-là ; des lumières brillèrent jusqu'au matin aux fenêtres de toutes les maisons ; les rues furent parcourues par une foule inquiète, interrogeante, avide de détails, s'exagérant la grandeur et les conséquences de l'événement.

On avait jeté Damiens sur un lit de sangle où il continuait à pousser de sourds gémissements.

Ses souffrances augmentant d'instant en instant, le lieutenant général Leclerc du Brillet, qui avait déjà manifesté envers lui quelques sentiments d'humanité, jugea indispensable de faire prévenir le chirurgien de Sa Majesté, M. de la Martinière.

En attendant son arrivée, M. du Brillet, assisté d'un greffier provisoire, procéda immédiatement à un premier interrogatoire de Damiens.

Ce premier interrogatoire, qui devait être et qui est resté le plus important, fut un peu conduit sans méthode, pris et repris au hasard. Cela ne pouvait guère être autrement, les questions étant interrompues par des cris de douleur, les réponses étant entrecoupées de soubresauts.

Après lui avoir fait prêter serment de déclarer la vérité, M. du Brillet lui demanda son nom, son âge et le lieu de sa naissance.

Damiens obéit sans hésitation; mais il refusa de dire sa profession et il voulut taire sa demeure. On ne sait pas pourquoi.

— Depuis combien de temps êtes-vous à Versailles? dit M. du Brillet.

— J'y suis arrivé depuis lundi dernier.

— Y êtes-vous venu seul?

— Oui.

— Y connaissez-vous quelqu'un?

— Personne.

— Qu'est-ce que vous êtes venu y faire? continua le lieutenant général.

— Vous le savez bien, murmura Damiens.

— Ainsi vous avouez avoir voulu tuer le roi?

— Tuer est trop fort, répondit-il; si j'avais voulu le tuer, j'en étais le maître.

— Quel motif vous poussait?

— J'ai entendu dire que tout le peuple de Paris périt,

et que le r... n'a voulu écouter aucune des représentations du Parlement.

— Pouviez-vous penser qu'après votre crime le roi serait mieux disposé à entendre les représentations dont vous parlez?

Damiens se tut.

— Vous venez de parler de religion; à quelle religion appartenez-vous?

— A la religion catholique, apostolique et romaine, dit Damiens.

— Y a-t-il longtemps que vous vous êtes approché des sacrements?

— Il y a sept ou huit mois, je me suis confessé et j'ai reçu l'eucharistie.

— Quel est votre directeur ordinaire?

— Je n'en ai pas; je me suis confessé tour à tour à des jésuites dont j'ignorais les noms.

— Quel était le dernier?

— Un père de l'Oratoire de la rue Saint-Honoré.

— Avez-vous communiqué à vos divers confesseurs les inquiétudes dont vous êtes animé au sujet de la religion?

— Non, répondit Damiens.

— Leur avez-vous fait part de votre projet d'assassiner le roi?

— Jamais.

On lui remit sous les yeux la bourse de filoselle saisie sur lui, ainsi que le sac de toile enfermant des louis et des écus.

— Reconnaissez-vous cet argent pour vous appartenir? demanda M. du Brillet.

— Je le reconnais, dit-il.

— Sans doute il vous a été donné par quelqu'un pour accomplir votre forfait?

— Non.
— D'où provient cette somme alors?
— D'un arrangement à la suite d'un procès avec une de mes parentes demeurant à Béthune.
— Qui en témoignera?
— Le sieur Sothier, procureur à Arras; c'est devant lui que cet arrangement a été conclu.

Dans ce premier interrogatoire Damiens retira la plupart des assertions qu'il avait avancées dans la salle des gardes. Il rejeta ses aveux sur les tourments qu'on lui faisait endurer.

Pourtant il convint d'avoir fait prévenir à deux reprises Monseigneur le Dauphin de se tenir sur ses gardes et de ne pas sortir.

— Comment pouviez-vous savoir que Monseigneur le Dauphin courait un danger? lui dit le lieutenant général.

Damiens se tut.

— Quel était ce danger et d'où étiez-vous informé?

Même silence.

— Vous avez donné un précieux avertissement; n'en restez pas là, dites la vérité.

— Je n'ai rien à dire, répliqua Damiens.

Et comme le lieutenant-général insistait :

— Non, reprit Damiens, non, je ne dirai rien... du moins pour le présent.

Puis il se surprit à ajouter cette phrase singulière :

— Si je nommais ceux qui ont pris part à ce complot, tout serait fini!

— Je vois ce que c'est, dit M. du Brillet, vous êtes engagé par serment avec ces personnes.

— Aucun serment ne me lie, répondit Damiens.

— Alors, pourquoi vous taire?

— Ah! pourquoi!

En ce moment, le chirurgien M. de La Martinière entra.

Il quittait Louis XV à qui ses premiers soins revenaient de droit, naturellement. Maintenant, après avoir pansé la victime, il venait panser le meurtrier ; — il pratiquait l'égalité devant la charpie.

M. de La Martinière se révolta comme avait fait M. du Brillet, en voyant les jambes grillées de Damiens.

Il se hâta d'appliquer un premier remède, qui apporta un peu d'apaisement dans l'état du malade. Puis il prescrivit un régime. Damiens le remercia avec ce regard reconnaissant et chargé de larmes de l'animal soulagé.

Cela fait, l'interrogatoire continua, plus que jamais ondoyant, complexe, à bâtons rompus.

— Quelles sont les correspondances que vous avez hors du royaume?

Fort étonné, Damiens leva un peu la tête pour répondre :

— Je n'ai, hors du royaume, ni correspondances ni relations, dit-il.

L'heure avançait ; il fallait terminer l'interrogatoire par un coup d'éclat.

Le lieutenant-général mit toute son habileté et tout son amour-propre à arracher au coupable quelques paroles de remords.

Damiens, horriblement fatigué, vaincu, dit ce qu'on voulut, convint de l'énormité de son crime, et témoigna de son repentir... mais répéta son mot favori :

— Il n'est plus temps!

On se contenta de cela pour le premier jour.

Tel fut, à peu de chose près, l'interrogatoire du mercredi, lequel, si incomplet qu'il ait été (ou qu'il soit parvenu jusqu'à nous) devait dominer toute l'instruction. Il donne une idée assez confuse de Damiens, mais il ne parvient pas à étouffer la fermeté de son caractère, — fermeté qui devait passer par bien d'autres épreuves!

Après que lecture lui eut été faite de cette première pièce, on l'obligea à en signer la minute.

Ensuite le serrurier du roi, Antoine Richer, fut mandé.

Il passa autour du corps de Damiens une longue chaîne de fer, ramenée aux deux poignets et rivée par un boulon.

Lui aussi, ce serrurier, dans son indignation, serra cette chaîne outre mesure.

Je compléterai le tableau mouvementé de cette soirée par le récit fort original de l'aventurier fameux Casanova, que le hasard avait amené à Versailles.

« J'arrivai à Paris, dit-il dans ses *Mémoires*, — le mercredi 5 janvier 1757 ; après m'être procuré un appartement, je pris un fiacre et je me rendis à l'hôtel de Bourbon, dans l'intention de me présenter à M. de Bernis. J'arrive, il n'y est pas, il est à Versailles. A Paris plus qu'ailleurs il faut aller vite en besogne, et, comme on dit vulgairement, mais très-bien, il faut battre le fer tant qu'il est chaud. Impatient de voir l'accueil qu'il me ferait, je vais au Pont-Royal, je prends un cabriolet, et j'arrive à Versailles dans la soirée.

« Mésaventure! nos équipages s'étaient croisés en route ; et le mien, de fort mince apparence, n'avait point arrêté les regards de Son Excellence. M. de Bernis était retourné à Paris avec l'ambassade de Naples. Je remonte dans ma voiture ; mais, arrivé à la grille, je vois une foule de monde courant sans ordre de tous côtés et avec les signes de la plus grande confusion ; et j'entends crier à droite et à gauche : — Le roi est assassiné! On vient d'assassiner le roi! Mon cocher, effrayé, ne pense qu'à poursuivre son chemin; mais on arrêta la voiture, on me fait descendre, et on me fait entrer dans le corps de garde, où je vois déjà du monde ; et, en moins de trois minutes, nous étions près de vingt personnes arrêtées, toutes très-étonnées de l'être et toutes aussi coupables que moi. Nous ne fûmes pas longtemps dans cette pénible situation, car, cinq minutes après, un officier entra, et, après nous avoir fait poliment des excuses, il nous dit que nous étions libres.

« — Le roi est blessé, dit-il, et on l'a porté dans son appartement. L'assassin, que personne ne connaît, est arrêté. On cherche partout M. de La Martinière...

« Remonté dans ma voiture, et fort heureux de m'y voir, un jeune homme s'approcha et me pria instamment de lui accorder une place, en payant la moitié. Malgré les lois de la politesse, je refusai ; en tout autre temps je me serais fait un plaisir de lui offrir une place, mais il y a des moments où la prudence ne permet pas d'être poli. Je mis environ trois heures pour faire le trajet, et, dans ce court espace de temps, je fus devancé par au moins deux cents courriers qui allaient ventre à terre. A chaque minute j'en voyais un nouveau, et chaque courrier criait et publiait à l'air la nouvelle qu'il portait. Les premiers dirent ce que je savais ; à la fin, je sus que le roi avait été saigné, que la blessure n'était pas mortelle, et enfin que la blessure était légère. Muni de cette excellente nouvelle, je me rendis chez Silvia (la comédienne), et je trouvai toute la famille à table, car il n'était pas onze heures.

« — J'arrive de Versailles, leur dis-je.

« — Le roi a été assassiné?

« — Point du tout ; il pourrait aller à Trianon ou à son Parc-aux-Cerfs s'il en avait envie.

« A cette nouvelle, que les domestiques de Silvia s'empressèrent de publier, une foule de voisins vinrent m'entendre ; je fus obligé de répéter dix fois la même chose, et le quartier me dut de passer une nuit tranquille. »

Casanova termine sa narration par cette réflexion en maître de trait :

« Dans ce temps-là les Parisiens s'imaginaient aimer leur roi ; ils en faisaient de bonne foi et par hasard toutes les grimaces. Aujourd'hui plus éclairés, ils n'aimeront que le souverain qui voudra réellement le bonheur de la nation, et qui ne sera que le premier citoyen d'un grand peuple. »

Ajoutons quelques touches locales à la narration de Casanova.

Par le bruit que fit cet événement à Versailles, on peut juger de ce que ce fut à Paris.

Il y eut des rassemblements éplorés, des cloches mises en branle, des cierges à tous les coins de rues et dans les allées des maisons ; il y eut des députations, des neuvaines, des vœux à la Vierge et aux saints.

Rien de plus heureux ne pouvait arriver à Louis XV.

Il ressaisit un peu de cette affection qui, quoi qu'en dise Casanova, s'é ait bien lassée depuis quelque temps. Mort, on se fût peut-être moins attendri sur son compte. Blessé, on eut presque pitié de lui. On se ressouvint qu'il avait porté jadis le surnom de *Bien-Aimé*. Cette fois encore, le peuple de Paris ne voulut pas en avoir le démenti, et fit revivre le surnom pour quelques jours.

Peut-être aussi le peuple de Paris s'imaginait-il que Louis XV verrait un avertissement dans ce coup si faiblement porté.

Le peuple de Paris était encore naïf en ces temps-là.

## XXXV

### LA LORRAINE ET SA FILLE

Une des rues les plus tristes de l'ancien Paris était la rue du Cimetière-Saint-Nicolas-des-Champs.

Une des maisons les plus tristes de la rue du Cimetière-Saint-Nicolas-des-Champs était la maison de Mᵐᵉ Ripandelly.

Mᵐᵉ Ripandelly, que les rapports du temps qualifient de « banquière, » occupait un certain nombre de domestiques.

Parmi ces domestiques, il y avait une humble femme de quarante-huit ans, dont le véritable nom était Mᵐᵉ Damiens, mais qui n'était guère connue que sous le sobriquet de *la Lorraine*.

Le lendemain du 5 janvier, vers midi, une voix traversant l'antichambre de Mᵐᵉ Ripandelly, s'écria :

— Êtes-vous là, la Lorraine?

— Oui; que me voulez-vous?

— C'est votre fille qui vous demande.

— Ma fille? me voilà tout de suite! répondit-elle.

Et interrompant les soins du ménage, la Lorraine se montra dans l'entrebâillement des deux portes.

Elle se trouva en présence d'une jeune fille de dix-huit ans environ, agréable de physionomie, élancée de taille, mais boiteuse.

Après s'être embrassées :

— Qu'est-ce qui t'amène par ici, Marie? demanda la Lorraine.

— J'étais allée acheter, rue Saint-Martin, des couleurs pour mes enluminures; j'ai voulu monter pour te dire bonjour.

— Je te remercie... Mais comme tu es pâle! Serais-tu souffrante?

La jeune fille était livide.

— Ce n'est rien, murmura-t-elle.

— Tu trembles!

— Le froid...

— Le fait est que depuis longtemps nous n'avons eu un hiver semblable. On dit que la Seine est gelée jusqu'à un pied d'épaisseur... Veux-tu un verre de vin pour te remettre?

— Merci, ne fais pas attention...

Elle regardait sa mère avec une expression étrange.

Tout à coup, comme n'y tenant plus, elle s'écria :

— Maman, est-ce que tu ne sais pas ce qui se passe?

— Comment veux-tu que je sache quelque chose? Je sors si rarement.

— Tu n'es donc pas descendue depuis hier?

— Non, c'est Jeannette qui est allée aux commissions.

— Alors... tu n'as rien entendu crier dans la rue? continua la jeune fille avec un accent d'anxiété.

— Rien, répondit la Lorraine; qu'est-ce qui se passe donc? Le peuple est mécontent, comme toujours, sans doute. Ce gros froid ne doit pas l'arranger ; tout devient plus cher... Cela finira mal, comme dit ton père.

Marie tressaillit.

Puis, se soutenant à peine, elle prononça avec effort :

— Y a-t-il longtemps que tu l'as vu, mon père ?

— Je ne l'ai pas revu, comme toi, depuis lundi, répondit la Lorraine.

— Il est reparti pour son pays ?

— Oui.

— Pour Arras... tu en es bien sûre, maman ?

— C'est du moins ce qu'il m'a dit ; après cela, on ne peut guère se fier à ses paroles. Il change de projets tous les jours.

— Ah !... Ainsi, selon toi, il n'y aurait rien d'étonnant à ce qu'il ne fût pas retourné à Arras ?

— Oh ! rien du tout.

— Et qu'il fût allé... à Versailles, par exemple ?

— A Versailles, ou ailleurs. On ne sait jamais ce que ton père a en tête.

— Il ne se confie donc pas à toi ?

— Lui ! s'écria la Lorraine.

— Tu es sa femme, cependant, c'est-à-dire sa meilleure amie.

La Lorraine haussa les épaules.

— François ne me regarde pas plus qu'un chien, répondit-elle, et il m'ordonne de me taire quand je m'avise de lui faire quelques observations.

— Est-ce qu'il a des intérêts qui auraient pu l'appeler à Versailles ? reprit Marie.

— Je ne crois pas, dit la Lorraine ; mais pourquoi me parles-tu de Versailles, et dans quel but m'adresses-tu toutes ces questions ? Je ne t'ai jamais vue ainsi.

— Un peu de fatigue, maman.

— Tu travailles trop peut-être.

— Oui, c'est cela...

La pauvre fille, comprimant son cœur avec la main, reprit après quelques minutes :

— Mon père est donc un homme bien singulier ?

— Ah ! je t'en réponds ! s'écria la Lorraine ; mais tu le connais aussi bien que moi.

— Je le crois bon, cependant, dit Marie.

— Bon pour les autres, peut-être ; bon pour des gens qui lui sont inconnus ; bon pour tout le monde en général. Que m'importe ? A-t-il jamais été bon pour toi ou pour moi ?

Marie murmura :

— Il ne m'a seulement pas apporté d'étrennes en venant nous voir au jour de l'an.

— Des étrennes ! il s'occupe bien de cela, ma foi ! répliqua la Lorraine.

— Pourtant, lorsque je lui en ai fait des reproches, il s'est mis à pleurer.

— Sur le moment, je ne dis pas, mais ces accès-là ne durent pas chez lui. Le dos tourné, il pense à autre chose... Damiens pense toujours à autre chose.

— Il te donne de l'argent quelquefois, prononça timidement Marie.

— Il me le jette, veux-tu dire !

— Oh ! maman, tu es sévère pour mon père.

— Que veux-tu ? s'écria la Lorraine ; je ne lui dois aucun instant de bonheur. Toujours bourru, jamais un mot d'amitié. Il reste quelquefois cinq ou six mois sans venir me voir. Ce qu'il fait pendant ce temps, je l'ignore ; il ne me le dit pas, et j'ai fini par ne plus le lui demander. Dans toutes les places où il s'offre, il se présente comme garçon.

— Il ne forait peut-être pas accepter autrement, dit Marie.

— Enfin, vois-tu, ton père n'est pas un homme comme un autre.

— Pourquoi parle-t-il toujours des affaires de l'Etat?

— C'est une manie qu'il a gagnée chez ces messieurs du Parlement où il a servi.

— Alors, il est pour le Parlement? continua la jeune fille.

— Oh! absolument.

— Contre les prêtres?...

— Pas contre tous; contre les évêques seulement, et surtout contre l'archevêque de Paris. C'est à lui qu'il attribue tous les malheurs du royaume.

— Et... le roi? Que dit-il du roi? demanda avidement Marie.

— Je ne sais pas ce qu'il en pense, répondit la Lorraine; mais lorsqu'on en parle devant lui, il se tait tout à coup et devient sombre.

— Ah! tu as remarqué cela, maman?

— Bien souvent.

— Et moi aussi, reprit Marie de plus en plus agitée; depuis un an particulièrement, n'est-ce pas?

— Oui, depuis un an, en effet, répondit la Lorraine.

— Mon père doit haïr le roi, bien certainement!

— Je le crois presque.

— Mais pourquoi, mon Dieu! pourquoi? s'écria la jeune fille; qu'est-ce que le roi peut lui avoir fait?

— A lui rien, mais à quelqu'un de ses maîtres peut être... Et la haine de Damiens est tenace.

— Tu me fais peur, maman!

— Peur? répéta la Lorraine étonnée; deviens-tu folle?

— Tu supposes que la haine de mon père ne reculerait devant rien?

— Oh! devant rien, je t'assure.

— Ni devant personne?

— Ni devant personne.

— Quoi! dit Marie, pas même devant...

Elle s'interrompit, pour cacher soudainement sa tête dans ses mains.

— Tu es bien nerveuse aujourd'hui, Marie! dit la Lorraine.

— C'est vrai, reprit la jeune fille en essayant de se remettre; pardonne-moi, maman... C'est que j'ai des pressentiments.

— Quels pressentiments?

— Je crains qu'il ne soit arrivé un malheur à mon père... un grand malheur!

— Qu'est-ce qui peut te donner cette idée?

— N'as-tu pas remarqué qu'il était plus triste que de coutume le jour de son départ? Il nous a dit adieu plusieurs fois, comme s'il ne devait plus nous revoir.

— Sais-tu, Marie, que tu vas finir par me faire partager ton inquiétude?

Marie s'empressa d'ajouter :

— Oh! les pressentiments sont souvent trompeurs... Mais, dis-moi, maman, y a-t-il beaucoup de personnes qui portent ce nom de Damiens?

— Pourquoi me demandes-tu cela?

— Réponds, maman.

— Damiens a un grand nombre de parents : des frères, des oncles, des cousins... En quoi cela t'intéresse-t-il?

— Ah! ma mère, tu le sauras peut-être trop tôt! s'écria Marie.

La Lorraine demeura bouche béante.

— Tu m'effraies à mon tour, reprit-elle ; Marie, tu sais quelque chose ?

— Non, maman ! répondit la jeune fille en reculant machinalement comme les enfants qu'on gronde.

— Tu n'es pas venue ici sans motif. Je me rends compte de tout maintenant : ta pâleur, ton agitation, tes questions... Ton père est en danger !

— Je n'ai pas dit cela...

— Marie !

— J'aurai mal entendu...

— Qu'as-tu donc entendu, ma fille ? demanda la Lorraine.

— Rien, oh ! rien, ma mère !

— Tu mens !

La Lorraine venait de pousser cette exclamation lorsqu'un individu entra.

C'était le garçon d'un café voisin.

Il ne remarqua pas le trouble des deux femmes.

— Bonjour, la Lorraine, dit-il.

— Bonjour M. Charles.

— Je viens chercher le plateau que j'ai laissé hier.

— Je vais vous le donner tout de suite, répondit-elle.

— Oh ! je ne suis pas pressé, répliqua le garçon de café.

Et s'asseyant sur une chaise comme quelqu'un qui s'apprête à causer, il dit :

— Eh bien ! vous savez sans doute la nouvelle ?

— Quelle nouvelle, monsieur Charles ? demanda la Lorraine.

— La grande nouvelle, parbleu ! il n'y en a qu'une... on ne s'entretient que de cela partout... Le roi a été frappé d'un coup de couteau.

— Est-ce possible ? s'écria la Lorraine.

— Oui, sans doute, hier, à Versailles.

Marie se sentait défaillir.

Elle recueillit cependant assez de force pour dire à sa mère :

— Maman, va donc chercher le plateau.

Mais une lueur terrible venait de se faire dans le cerveau de la Lorraine :

— A Versailles ! répéta-t-elle ; le roi... un coup de couteau...

— Ou de canif, reprit le garçon de café, on ne sait pas au juste.

— Et l'assassin ? demanda-t-elle d'une voix rauque.

— Maman, va donc chercher... essaya encore de balbutier la jeune fille.

— Laisse-moi donc, toi ! s'écria la Lorraine ; je veux savoir... Continuez, M. Charles.

— On ne connaît pas encore tous les détails. C'est le soir, comme il se disposait à monter en voiture, que le roi a été frappé.

— Et l'assassin ? répéta la Lorraine.

— Il a été arrêté sur-le-champ.

— Quel est-il ?

— Un laquais, à ce qu'il paraît.

La mère et la fille se regardaient dans une douleur infinie.

Haletante, la Lorraine put demander encore :

— Sait-on comment il s'appelle ?

— On m'a dit son nom... Damiens, je crois, ou quelque chose d'approchant.

— Miséricorde !

Le garçon de café se leva épouvanté.

— Qu'avez-vous, la Lorraine ? vous vous trouvez mal...

Elle s'était évanouie, en effet.

— Je vais chercher du secours, dit-il.

— Non! non! s'écria vivement Marie; n'appelez personne!

— Ah!... dit le garçon surpris; je ne pouvais prévoir que cette nouvelle lui ferait tant d'effet.

— Ma pauvre mère!

La Lorraine revenait à peine à elle; la porte s'ouvrit avec fracas.

C'était la maîtresse de maison, c'était M<sup>me</sup> Ripandelly qui, sortie depuis une heure, rentrait tout à coup.

Elle était, elle aussi, dans un état de surexcitation extrême.

À la vue de la Lorraine et de sa fille, M<sup>me</sup> Ripandelly s'écria, irritée :

— Malheureuses! Comment! vous êtes encore ici? Vous n'avez pas fui?

La Lorraine semblait changée en statue.

Elle ne voyait rien, elle n'entendait rien.

— Damiens assassin! murmurait-elle.

— Vous avez raison, madame, dit la jeune fille qui revint la première au sentiment de sa situation; il faut fuir!

Et tirant la Lorraine par sa jupe :

— Ma mère... ma mère, sauvons-nous!

— Il est trop tard, dit M<sup>me</sup> Ripandelly; je ne peux pas vous laisser partir maintenant; je serais compromise.

— Madame, je vous supplie! dit Marie en larmes.

— C'est impossible... Monsieur Charles, fermez la porte!

Le garçon de café, hébété par ce qui se passait devant lui, obéit.

— Oh! madame! reprit Marie.

— Non, vous dis-je! fit M<sup>me</sup> Ripandelly; il n'est plus temps, c'est moi qui irais en prison à votre place.

— En prison!

— On dirait que j'ai laissé échapper la femme et la fille d'un assassin.

— Assassin! répéta la Lorraine comme un lugubre écho.

— D'un régicide, continua Mᵐᵉ Ripandelly.

— Pitié pour ma mère! disait Marie.

A la voix de sa fille, la Lorraine retrouva la raison.

Elle s'adressa à son tour à Mᵐᵉ Ripandelly.

— Madame, lui dit-elle, écoutez-moi : depuis que je suis dans votre maison, je vous ai toujours servie avec fidélité et probité; vous n'avez jamais eu de reproche à me faire.

— Vous êtes une bonne domestique, c'est vrai.

— Eh bien! au nom de tout ce qui vous est sacré, par ce que vous avez de plus cher... laissez ma fille s'échapper.

— Sans toi, ma mère, non! dit Marie.

— Tais-toi, dit la Lorraine.

Et continuant à prier Mᵐᵉ Ripandelly :

— On peut me conduire en prison, moi; je suis vieille, je peux souffrir... Mais elle, elle est trop jeune... Madame, laissez-vous attendrir!... Vous ne répondez pas... Ah! Marie! mon enfant, sauve-toi vite, madame veut bien!

— Non! non! répliqua Mᵐᵉ Ripandelly; j'en suis fâchée, mais je ne peux pas.

Marie n'avait pas bougé, d'ailleurs.

La Lorraine s'obstinait.

— Qui le saura? qui le dira? Ce n'est pas vous, monsieur Charles?... Ah! mon Dieu! et moi qui ne vous ai pas rendu votre plateau!... Tout à l'heure... Je ne sais plus où j'ai la tête... Excusez-moi...

Elle se jeta aux pieds de M^me Ripandelly en s'écriant :

— Laissez partir ma fille !

— Ni l'une ni l'autre, répondit M^me Ripandelly ; qui m'assure que vous n'êtes pas les complices du régicide ?

— Oh ! fit Marie avec indignation.

La Lorraine s'était relevée rapidement sous cette parole.

— Ma fille, restons !

Il aurait été difficile à ces pauvres créatures de faire autrement, car déjà un bruit de pas et de voix, présage alarmant, remplissait l'escalier.

La porte s'ouvrit une nouvelle fois, donnant passage au commissaire, M. Rochebrune, et à plusieurs exempts de police, assistés d'un sergent des gardes-françaises.

— C'est fini ! murmura Marie avec abattement.

Le sergent désigna du geste la Lorraine au commissaire.

C'était à ce sergent, nommé Denis Bobin, qu'on devait la capture de la femme Damiens.

Le commissaire fit alors son devoir.

— Apprêtez-vous à me suivre, dit-il aux deux femmes qui se serraient l'une contre l'autre.

— O mon Dieu ! fit la Lorraine.

— Du courage, ma mère ! lui dit Marie.

— Que veut-on faire de nous ?

— Vous devez connaître les personnes qui ont inspiré à votre mari son exécrable projet, dit le commissaire.

— Hélas ! monsieur, nous ne connaissons rien !

Le commissaire remua la tête d'un air incrédule.

— Partons ! prononça l'exempt d'Hemery.

— Un fiacre est en bas, dit le commissaire ; dépêchons-nous... et, croyez-moi, pas de larmes, pas de cris !... Si le peuple savait qui vous êtes, nous ne pourrions vous défendre contre sa fureur : il vous mettrait en morceaux.

— Ma mère, essuie tes yeux! dit vivement Marie.

— Oh! c'est un mauvais rêve que je fais! s'écria la Lorraine.

— Allons! dit l'exempt d'Hemery s'impatientant.

— Au moins nous ne serons pas séparées, dit Marie.

Avant de quitter la chambre, M. Rochebrune se retourna vers M<sup>me</sup> Ripandelly.

— Attendez-vous, madame, à être bientôt citée en justice.

Le garçon de café était plus pâle que son tablier.

Vingt minutes après, la femme et la fille de Damiens étaient écrouées à la Bastille.

## XXXVI

### LE GATEAU DES ROIS

— Cela ne doit pas nous empêcher de tirer les rois ce soir! dirent quelques gens de lettres et quelques artistes qui sortaient du café Procope.

— Vous avez raison, parbleu! tirons les rois!

— C'est donc aujourd'hui l'Epiphanie? demanda l'un d'eux.

— Certainement. Interrogez plutôt l'abbé; n'est-ce pas, l'abbé?

Celui qu'on appelait l'abbé répondit :

— L'Epiphanie, en effet, mot grec qui signifie l'apparition; on la désigne sous le nom de *jour des Rois*, à cause des trois rois mages. C'est une des petites fêtes de l'Eglise...

— Et une des grandes fêtes du peuple.

— Tirons les rois! dirent-ils en chœur.

— Malgré l'attentat? objecta quelqu'un.

— A cause de l'attentat, justement! s'écria celui qui avait eu l'initiative de cette partie.

— Lorsque Paris s'inquiète et s'afflige?

— Nous le rassurerons par nos éclats de rire et par nos couplets! Nous ramènerons la confiance le verre à la main! Allons au cabaret!

— Mais quel cabaret?

— Le premier venu! Ils sont tous bons!

Le plus jeune de la bande arrêta les autres du geste.

— Prenez garde! Il n'est pas prudent d'aller ce soir au cabaret; la police est sur pied nuit et jour; notre intention, quelque bonne qu'elle soit, pourrait être mal appréciée.

— Où aller alors?

— Si vous le permettez, je vous offrirai l'hospitalité dans mon logement de garçon qui est à trois pas d'ici.

— Accepté, s'écria le chœur.

— Une mansarde ne vous fait pas peur? reprit le jeune homme.

— Elle nous enthousiasme, au contraire!

— La mansarde est l'échelle de la renommée! ajouta un autre.

— Alors, apprêtez-vous à grimper, dit-il en riant.

— Suivons Beaumarchais!

Le jeune homme qui offrait ainsi à ses amis de venir tirer les rois chez lui, c'était Beaumarchais, en effet; — Beaumarchais à vingt-cinq ans, modeste, inconnu, et professeur de guitare de Mesdames, filles du roi.

Et les amis qui acceptaient de monter les cinq étages de Beaumarchais s'appelaient Collé, Favart, Vadé, deux ou trois acteurs et quelques peintres.

L'abbé était l'abbé Prévost.

Pendant qu'on se rendait chez Beaumarchais, gaîment et bruyamment, Collé dit:

— Mon ami l'épicier Gallet demeure dans le quartier: il nous fournira le sucre et la chandelle.

— Quel dommage que M^me Rabavin soit logée si loin! soupira Vadé; j'aurais eu crédit pour une douzaine de brocs. Les rois ont besoin d'être arrosés.

— Vivent les rois!

Le joyeux cortège arriva devant la maison de Beaumarchais.

En route, on avait pris chez un pâtissier le gâteau traditionnel, dans les flancs duquel avait été insérée la fève monarchique.

Longue fut l'ascension, comme l'avait annoncé l'amphitryon; — mais déjà, dans cet escalier, que de rires et de saillies!

Nos poètes et nos artistes, dans la spirale étroite, se tenaient par l'habit, à la queue-leu-leu.

La table fut vite dressée.

Chacun s'y plaça à sa fantaisie ou à sa sympathie.

Quelques viandes froides firent l'office de prologue.

La conversation roula d'abord fatalement sur le sujet du jour, sur l'attentat de Damiens.

— Qui est-ce qui connaît ce Damiens? demanda-t-on.

— C'est un de mes compatriotes, dit l'abbé Prévost.

— Ah bah! s'écrièrent les convives.

— Oui, reprit l'abbé, les Damiens sont originaires de l'Artois; ils habitent Arras ou les environs; moi, je suis de Hesdin.

— Qui croirait que ces Flamands ont des têtes si exaltées!

— Le roi sera bientôt rétabli.

— Il l'est déjà, prétend-on.

— Eh bien! Vadé, s'écria Favart, voilà pour vous l'occasion de donner un pendant à votre fameuse chanson du retour de Metz.

Vadé secoua la tête.

— Autre temps, autre chanson! dit-il.

— N'est-ce pas à vous que Louis XV doit son surnom de *Bien-Aimé?* demanda Beaumarchais.

— Je crois que oui ; il fallait une rime au bout d'un de mes vers, celle-ci se trouva sous ma plume et fit fortune.

— Dites-nous ces vers, Vadé ?

— Je les ai oubliés, répondit-il.

On s'adressa alors à Collé, en lui demandant un échantillon d'une de ses parades au gros sel.

Collé, après s'être fait un peu prier pour la forme, débita des fragments de *Caracataqua et Caracataqué,* en empruntant tour à tour la voix languissante de *Zirzabelle* et le fausset aigu de *Liandre.*

Ces douces folies encouragèrent Saurin et Laujon à faire appel à leur mémoire.

Beaumarchais, lui-même, qui s'essayait à la poésie, où il ne devait pas acquérir grand renom, mais il fallait bien qu'il s'essayât à tout, — Beaumarchais fredonna quelques couplets galants.

Vint le moment où l'on se rappela qu'on s'était rassemblé pour tirer les rois.

Le gâteau apparut, salué d'un frémissement respectueux.

Beaumarchais, revendiquant les droits d'un maître de maison, le partagea en tranches égales, réservant, selon l'usage, la part du pauvre, de l'inconnu, de Dieu.

Puis, ainsi découpé, le gâteau des rois fut recouvert d'une serviette, et on lui imprima un mouvement de rotation pour éloigner tout soupçon de fraude.

Dans les familles, c'est une main innocente qui va chercher les parts et qui les distribue.

A défaut de main innocente, on s'adressa à l'abbé Prévost.

Celui-ci se défendit d'un tel choix, mais il fut forcé de se rendre au vœu des convives.

Il étendit donc la main sous la serviette.

— Surtout, l'abbé, ne trichez pas! ne tâtez pas les morceaux!

— Oh! messieurs!

— Ecoutez donc, l'abbé, votre ordre vous rend suspect.

— Toujours un peu de mauvais goût, Vadé! répliqua doucement l'abbé Prévost.

— Je ne travaille que dans ce genre-là, dit Vadé, prenant bien la semonce.

— Pour vous punir, continua l'abbé Prévost, restant le bras étendu, je m'en vais vous dire d'où vient la coutume d'élire un roi de la fève.

— Grâce, l'abbé! s'écria tout le monde.

— Vous me permettrez pour cela de remonter à la plus haute antiquité. Chez les Grecs, par exemple, les fèves ont toujours été employées à l'élection des magistrats. De là, ce précepte de Pythagore : « Abstiens-toi de fèves, » c'est-à-dire : Abstiens-toi de prendre part aux affaires du gouvernement. Plus tard, cet usage s'appliqua aux festins...

— L'abbé! l'abbé!

L'abbé Prévost fut clément et ajourna sa dissertation à l'année suivante.

Il distribua les morceaux du gâteau avec cette grâce enjouée qui lui était particulière. Chacun recevait, en outre de son triangle de feuilletage, un mot aimable ou fin. Mais personne n'en reçut la fève.

Le hasard la lui réservait à lui-même, dans la dernière part qu'il adjugea.

— Vive le roi Prévost ! cria-t-on.

Le roi-abbé s'inclina.

Tous les verres se tendirent immédiatement vers lui.

Au moment de porter le sien à ses lèvres, il s'arrêta.

— Le roi souhaite-t-il quelque chose ? demanda Beaumarchais.

— Le roi veut parler ! s'écria Collé.

— Parlez, sire !

Après avoir difficilement obtenu un peu de silence, car les têtes commençaient à s'échauffer, le roi de la fève prononça ces paroles :

— Eh quoi ! mes chers sujets, ne vous apercevez-vous pas qu'il me manque quelque chose... ou plutôt quelqu'un ?

— Qui est-ce qui vous manque, grand roi ?

— Une reine.

— Le roi a raison ! s'écrièrent tous les convives.

— Il faut une reine au roi, en effet, dit Beaumarchais.

— Oui, il lui en faut une... au moins, ajouta Favart.

— Mais où la trouver ?

— On demande une reine.

— Laissez-moi faire ! dit Vadé qui prit son épée et son chapeau et se disposa à sortir.

— Où allez-vous ? lui demanda-t-on.

— A la recherche d'une reine, répondit-il......

— Le départ de ce maître fou ne doit pas nous empêcher de boire à la santé du roi, dit Beaumarchais.

— Non, sans doute ! s'écrièrent les convives.

— A la santé de l'abbé Prévost !

L'abbé leur fit gaîment raison, et choqua son verre contre les leurs.

— Le roi boit ! cria-t-on.

Prévost leur répondit, avec une pointe... d'émotion :

— Oui, je bois ! Je bois à vous, mes chers amis ! Je bois aux lettres, à la pensée, aux chansons, à l'avenir, à tout ce qui est notre vie de chaque jour et de chaque instant !

— Ingrat, buvez à l'amour ! lui dit Collé.

— J'y ai bu trop souvent, répondit Prévost ; la coupe en est restée frottée d'amertume...

C'était une rareté de voir l'abbé Prévost à Paris. Sa vie s'était presque toujours passée en Hollande et en Angleterre, au milieu des plus orageuses aventures, persécuté, exilé (les fatalistes ont remarqué qu'il s'appelait Prévost d'*Exiles*), calomnié surtout. Depuis quelque temps seulement, il avait obtenu de revenir en France. On le jugeait calmé. Peut-être l'était-il en effet. Sa belle tête commençait à grisonner. De tant d'années errantes, de nuits vagabondes, de travaux forcenés, de tant de chefs-d'œuvre improvisés et de tant de compilations méditées, il était resté sur sa physionomie une empreinte de résignation et de rêverie.

Pauvre abbé Prévost ! ses contemporains sentaient en lui un homme supérieur, mais il n'avait été publiquement affirmé comme tel par aucun d'eux.

On l'étourdissait encore de sa royauté, lorsque Vadé rentra.

Vadé tenait par la main une délicieuse petite personne, d'une quinzaine d'années environ.

Le costume de cette jeune fille était celui des bouquetières et des marchandes des rues. Seulement, au lieu de bouquets, elle portait devant elle une petite boîte ouverte où s'étalaient de menus objets de quincaillerie, tels que cordons de montres, tabatières, râpes à tabac, étuis de lunettes, bagues communes et breloques à bas prix.

— Messieurs, dit Vadé, permettez-moi de vous présenter Mlle Jeanne, qui a bien voulu accepter d'être la reine de notre festin.

— Reine par la jeunesse et par les beaux yeux, qu'elle soit la bienvenue! dit Beaumarchais.

Favart murmura à l'oreille de Saurin :

— Il n'y a que ce Vadé pour faire de semblables trouvailles.

— Prenez place au milieu de nous, Mlle Jeanne.

— Merci, messieurs, vous êtes bien bons, répondit-elle tout naturellement, sans effronterie.

Et avec une gentillesse d'enfant :

— Oh! si vous saviez comme il fait froid dehors!... Je n'ai rien vendu ce soir.

Après avoir déposé sa petite marchandise dans un coin de la chambre, elle s'assit à table, regardant tous les convives et souriant à chacun d'eux avec assurance.

— Donnez un verre à la reine, dit Beaumarchais.

— Autrefois, dit le roi, nous eussions bu dans le même verre.

Les convives étaient restés émerveillés de cette fraîche vision.

— Êtes-vous de Paris, mon enfant? demanda Favart.

— Non, monsieur, je suis née à Vaucouleurs.

— La patrie de Jeanne d'Arc... une garantie de vertu, hasarda Collé à demi-voix.

— Tais-toi! dit Favart de l'autre bout de la table.

— Qu'est-ce qu'a dit ce monsieur? interrogea la fillette.

— C'est un mauvais plaisant, ne l'écoutez pas.

— Pourquoi donc? Vous avez tous l'air bien obligeants.

— Vos parents existent-ils encore? dit Beaumarchais.

— J'ai ma mère, répondit-elle; mais je n'ai pas connu mon père. Au couvent, on m'appelait Jeanne Vaubernier.

— Ah! vous avez été au couvent, dit l'abbé Prévost qui la regardait avec une inexprimable attention.

— Chez les religieuses de Saint-Aure, rue Neuve-Sainte-Geneviève.

— Et pourquoi n'y êtes-vous pas restée?

— J'en ai été renvoyée, répondit naïvement la jeune fille.

Tout le monde se mit à rire.

Elle continua:

— Oh! l'ennuyeuse maison! On y empêche de parler, de sauter; on y est vêtue d'une robe de serge, et la tête couverte d'un voile noir. Comme je suis contente d'en être sortie!

— Quoi! s'écria Laujon avec étonnement, vous préférez exercer le métier de colporteuse?

— Je le crois bien! Je suis libre au moins; je me promène toute la journée, je me tiens à la grille du jardin des Tuileries, je vois passer les beaux carrosses.

— Pourtant vous devez gagner peu d'argent?

— Excusez-moi, répliqua-t-elle; il y a des jours où l'on m'achète beaucoup... Des messieurs polis comme vous autres... Et puis cela ne sera pas toujours ainsi: ma mère a des protections, il doit lui revenir de l'argent de M. le comte du Barry qui l'a intéressée dans une affaire de vivres.

Les assistants étaient tout entiers à ce babil et à cette mine éveillée.

C'est que Mlle Jeanne Vaubernier était jolie à ravir; elle était mieux que jolie. Elle avait le front beau, l'œil bleu avec des cils noirs; la bouche adorablement petite, et des cheveux blonds d'une finesse extraordinaire, soie et or.

Beaumarchais dit :

— Je m'aperçois que nous oublions de verser à boire à Mlle Jeanne.

Il répara cet oubli, et chacun de pousser la clameur :

— La reine boit!

— Reine! répéta la petite le regard brillant; cela doit être bien amusant d'être une reine pour tout de bon!

— N'en croyez rien, dit Vadé.

— Les reines meurent presque toutes de chagrin, répliqua Favart.

— Après avoir vécu d'ennui, ajouta Collé.

— Demandez plutôt à notre ami Beaumarchais que ses fonctions conduisent souvent au château de Versailles.

— Ah! dit la jeune fille en se tournant avec intérêt du côté de l'amphitryon.

— Oh! comme professeur de musique seulement, fit celui-ci en riant.

Et Beaumarchais reprit :

— Vadé a raison; rien de plus malheureux que les deux reines de France.

— Comment! il y a deux reines? s'écria Mlle Jeanne avec surprise.

— Sans doute, la vraie et la fausse, Mme de Pompadour et Marie Leczinska.

— C'est juste, murmura-t-elle.

— La vraie... c'est-à-dire la marquise de Pompadour... passe tout son temps au conseil des ministres.

M⁽ˡˡᵉ⁾ Jeanne fit la moue.

— La fausse, continua Beaumarchais, c'est-à-dire Marie Leczinska, la plus digne des femmes, demeure enfermée chez elle des journées entières en tête-à-tête avec *Mignonne*.

— Mignonne ! répéta M⁽ˡˡᵉ⁾ Jeanne ; qu'est-ce que c'est que cette Mignonne ?

— C'est une tête de mort placée dans l'endroit le plus en vue de sa chambre à coucher.

— Fi ! avoir donné un nom si coquet à une aussi vilaine chose ! Ne parlons plus de cela... Vous m'avez fait peur...

La fillette s'était retournée vivement du côté de l'abbé Prévost.

Elle le surprit les yeux attachés sur elle, absorbé dans sa rêverie accoutumée.

— Le roi paraît bien triste, dit-elle.

— Non pas triste, mais pensif, dit Vadé ; c'est son habitude.

— A quoi pense-t-il donc ? demanda Jeanne.

— Ah ! qui sait ? s'écria Vadé.

— Je le sais, moi, dit Collé.

A cette parole, l'abbé Prévost avait relevé la tête.

— Il pense à une de ses héroïnes, que vous lui rappelez... Il pense à sa Manon Lescaut.

L'abbé tressaillit.

— C'est vrai ! dit-il.

— Manon Lescaut a donc existé ? demanda Beaumarchais.

— En doutez-vous ? s'écria l'abbé Prévost.

— Et elle est morte ?

— Manon est immortelle : voyez plutôt !

Il désignait Jeanne Vaubernier.

— Soyez plus heureuse qu'elle, mon enfant, reprit l'abbé Prévost avec un soupir.

— Oh! la destinée de Mlle Jeanne sera brillante, j'en réponds! s'écria Beaumarchais; vous savez que je me pique d'être physionomiste.

Le souper se prolongea pendant une heure.

On but encore à la santé de la reine, qui, tout à coup, jetant les yeux sur la pendule :

— Comme il est tard ! s'écria-t-elle. J'ai oublié l'heure au milieu de vous, messieurs... Adieu !

Elle se leva pour aller reprendre sa boîte de quincaillerie.

Ce fut le signal du départ général.

Vadé reconduisit Jeanne Vaubernier.

On n'a jamais bien su par quel chemin ils avaient pris tous deux.

## XXXVII

#### UNE LETTRE DE DAMIENS

Nous avons laissé Damiens dans la prison de Versailles.

Enchaîné trop étroitement, sa première nuit ne fut qu'une plainte continuelle.

Au matin, on fit revenir le serrurier Richer, qui dériva le bouton joignant les poignets de Damiens.

Pendant l'opération, ce serrurier, plein d'onction, crut devoir tenir à sa victime le discours suivant :

— Misérable! quel crime as-tu tenté sur le meilleur des rois? Qui a pu t'induire à une si mauvaise action? Je connais la bonté du prince : je suis sûr que si tu avouais tes complices avant de subir ton châtiment, cette bonté irait jusqu'à t'accorder ta grâce. Songe que tu t'épargnerais de grands tourments dans cette vie, et que tu sauverais ton âme dans l'autre !

Damiens haussa les épaules.

Le serrurier ajouta encore d'autres choses auxquelles Damiens ne prêta que fort peu d'attention.

Pourtant il murmura, comme en se parlant à lui-même :
— Que de monde dans l'embarras !

Puis, lorsqu'il se sentit desserré, il se retourna du côté de la muraille, et ne dit plus un mot.

Le serrurier s'en alla fort satisfait de lui-même. Et personne ne trouva étrange qu'il eût pris sur lui de promettre sa grâce au meurtrier !

Ce jour-là Damiens ne fut pas interrogé.

Le lieutenant-général, M. Leclerc du Brillet, ne fut occupé qu'à convoquer et à entendre des témoins, une dizaine de personnes, grands et petits valets de pied, écuyers, gardes du corps, l'aubergiste de Versailles et sa femme.

L'interrogatoire de Damiens recommença le 7.

Cette fois il essaya de se renfermer dans un mutisme absolu ; mais il y renonça sur les menaces qui lui furent faites.

Il revint sur le « triste état où le peuple était réduit, » et convint d'avoir eu de fréquentes conversations sur les affaires politiques avec des prêtres qui étaient du parti du Parlement.

— Dites-nous les noms de ces prêtres, fit M. Leclerc du Brillet.

— Quand on me jetterait dans l'enfer ou dans un feu ardent, je ne les dirais point! s'écria Damiens.

Sommé de s'expliquer sur les dangers que courait le Dauphin, il répondit :

— Je ne parlerai là-dessus que si le roi m'accorde ma grâce.

Ce fut tout ce qu'il y eut de caractéristique dans ce second interrogatoire.

Mais l'idée de grâce était entrée dans la tête de Damiens ; elle s'y fortifia, elle y grandit. Il s'en entretint le soir même avec les exempts commis à sa garde.

L'un d'eux, nommé Belot, à qui il paraissait accorder plus de confiance qu'aux autres, lui dit :

— Que n'écrivez-vous au roi?

— J'y ai bien pensé, répondit Damiens; mais comment écrire avec ces fers aux mains!

— J'écrirai pour vous sous votre dictée, reprit l'exempt Belot.

— Qui est-ce qui fera parvenir ma lettre?

— Je m'en charge.

— Vous? dit Damiens.

— J'ai les moyens d'approcher directement du roi.

— Eh bien! écrivez donc.

Et Damiens dicta à l'exempt la lettre suivante, singulier morceau qui devait mettre à la torture l'esprit des commentateurs :

« Sire,

« Je suis bien fâché d'avoir eu le *malheur de vous approcher*; mais si vous ne prenez pas le parti de votre peuple, avant qu'il soit quelques années d'ici, vous et monsieur le Dauphin, et quelques autres périront. Il est fâcheux qu'un aussi bon prince, par la trop grande bonté qu'il a pour les ecclésiastiques dont il accorde toute la confiance, ne soit pas sûr de sa vie ; et si vous n'avez pas la bonté d'y remédier sous peu de temps, il arrivera de très-grands malheurs, votre royaume n'étant pas en sûreté.

« Par malheur pour vous que vos sujets vous ont donné leur démission, l'affaire ne provenant que de leur part. Et si vous n'avez pas la bonté d'ordonner pour votre peuple qu'on leur donne les sacrements à l'article de la mort, les ayant refusés depuis votre lit de justice, dont le Châtelet a fait vendre les meubles du prêtre qui s'est sauvé, je vous réitère que votre vie n'est pas en sûreté, sur l'avis qui est très-vrai, que je prends la liberté de vous informer par l'officier porteur de la présente, auquel j'ai mis toute ma confiance.

« L'archevêque de Paris est la cause de tout le trouble par les sacrements qu'il a fait refuser. Après le *crime cruel* que je viens de commettre contre votre personne sacrée, l'aveu sincère que je prends la liberté de vous faire, me fait espérer la clémence des bontés de Votre Majesté. »

Damiens s'arrêta.

— Est-ce tout ? demanda l'exempt.

— Oui.

— Vous allez mettre votre signature au bas.

— Donnez.

Damiens signa péniblement.

L'exempt Belot allait se retirer, porteur de ce papier, lorsque Damiens le rappela.

— Attendez, lui dit-il ; je veux ajouter quelque chose.

— Volontiers.

L'exempt se mit à écrire sous sa dictée :

« J'oublie à avoir l'honneur de représenter à Votre Majesté que, malgré les ordres que vous avez donnés en disant que l'on ne me fasse point de mal... »

Il avait entendu et retenu ces paroles.

« ... Cela n'a pas empêché que monseigneur le garde des sceaux a fait chauffer deux pinces dans la salle des gardes, *me tenant lui-même*, et ordonné à deux gardes de me brûler les jambes, ce qui fut exécuté, en leur promettant récompense, en disant à ces deux gardes d'aller chercher deux fagots et de les mettre dans le feu, afin de m'y faire jeter dedans, et que, sans M. Leclerc qui a empêché leur projet, je n'aurais pas pu avoir l'honneur de vous instruire de ce que dessus. »

Damiens reprit haleine.

— J'ai fini, dit-il.

— Vous allez signer encore, fit l'exempt Belot.

— Soit, répondit Damiens.

L'exempt Belot sortit et alla remettre immédiatement cette lettre à ses supérieurs.

Quelques heures après, il rentra dans la chambre de Damiens.

— Eh bien? dit celui-ci.

— J'ai eu beaucoup de peine à faire votre commission, dit l'exempt, mais enfin j'y suis parvenu.

— Le roi a lu ma lettre?

— Il l'a lue.

— Et qu'est-ce qu'a dit Sa Majesté? demanda Damiens.

— Sa Majesté l'a trouvée trop vague... Elle voudrait quelque chose de plus détaillé, de plus précis.

— Quoi?

— Les noms de vos complices, par exemple, insinua l'exempt.

Damiens eut un mouvement de mauvaise humeur.

— Je vous ai dit que je n'en avais pas, répondit-il.

— Vous connaissez cependant des membres du Parlement?

— J'en connais beaucoup.

— Nommez-en quelques-uns.

Damiens ne vit pas le piége; il chercha dans sa mémoire, et prononça les noms suivants, que l'exempt Belot inscrivait au fur et à mesure sur une petite feuille de papier :

— MM. Chagrange... Baisse de Lys... de la Guionie... Clément... Lambert...

Il s'arrêta.

— Ensuite? dit l'exempt.

— Le président de Rieux-Bonnainvilliers... le président du Nassy... enfin presque tous.

— Voyons, n'avez-vous plus rien à ajouter? reprit l'exempt.

— Rien, répondit Damiens.

— Votre lettre est trop obscure; expliquez-vous mieux.

Damiens parut réfléchir.

— Ecrivez alors, dit-il.

L'exempt Belot reprit la plume avec empressement.

Damiens dicta :

— « Il faut que le roi remette son parlement, et qu'il le soutienne, avec promesse de ne rien faire aux ci-dessus et compagnie... »

— ... Et compagnie, répéta l'exempt.

Puis, levant les yeux sur Damiens, il demanda doucereusement :

— Est-ce que ces messieurs ont quelquefois tenu devant vous des propos contre le roi?

— Jamais! s'écria Damiens.

— Indiquez au moins l'endroit où ils se réunissent.

— J'en ai dit assez.

L'exempt lui présenta ce nouveau papier à signer.

Damiens signa indifféremment.

Un seconde fois, le nommé Belot sortit, emportant sa proie.

Il n'est pas à supposer que cette pièce ait été mise sous les yeux de Louis XV.

On employa encore l'exempt Belot pour faire parler Damiens; mais cette fois il s'y prit avec une maladresse insigne.

— Le roi est satisfait de vos éclaircissements, lui dit-il;

je crois que son intention est de vous accorder votre grâce si vous continuez à lui faire des aveux.

— Je n'ai pas d'aveux à faire.

— Mais ces messieurs dont vous m'avez donné la liste...

— Eh bien?

— Ce sont vos complices.

— Je n'ai pas dit cela ! s'écria vivement Damiens.

— Cependant ce sont eux qui vous ont fourni l'argent qu'on a trouvé sur vous.

— Vous vous trompez !

— Quand vous l'ont-ils remis? continua l'exempt Belot.

— Je ne sais pas ce que vous voulez dire, répondit Damiens ; j'ai déjà indiqué l'origine de cet argent.

Belot fit l'incrédule.

— Allons, dit-il, soyez franc, vous vous en trouverez bien.

— Ne me parlez plus, répliqua Damiens ; j'ai eu tort de placer ma confiance en vous ; je vois maintenant votre projet : vous voudriez me faire compromettre des personnes respectables ; vous n'y réussirez pas.

— Mais...

— Taisez-vous, tout est inutile.

Le troisième et le quatrième interrogatoire de Damiens roulèrent presque entièrement sur cette lettre au roi.

Le lieutenant-général la lui représenta en lui demandant si elle était bien de lui.

— Elle est de moi effectivement, répondit Damiens.

— Et ce petit billet aussi?

C'était le morceau de papier sur lequel l'exempt Belot avait inscrit les noms des sept membres du parlement.

— Celui-là, je l'ai signé sans le lire, dit Damiens.
— Cela est invraisemblable.
— Le soldat me fatiguait, j'ai fait ce qu'il a voulu.
— Comment connaissez-vous tant de magistrats?
— Parce que j'ai servi chez plusieurs d'entre eux, répondit-il.
— Mais pourquoi avoir désigné ces noms-là plutôt que d'autres?
— Je les ai cités au hasard, sans savoir l'usage que le soldat en ferait.
— En quoi ces personnes-là se rattachent-elles au complot?

A cette insidieuse question, Damiens eut ce cri :
— Oh! que vous êtes subtil!...

Et il ajouta avec emportement :
— Ces personnes-là sont incapables de tremper dans un complot! Elles sont au contraire toutes dévouées au roi et ne travaillent qu'à soutenir le gouvernement. Si Sa Majesté les avait toujours écoutées, il n'y aurait pas un si grand trouble dans Paris ni une aussi grande misère... Les trois quarts du peuple périssent.

C'était son thème favori.

Le lieutenant-général ne se tint pas cependant pour persuadé.

Il revint sur cette liste avec une telle insistance qu'il provoqua une vive irritation chez Damiens.

Cette irritation fut poussée à ce point que, pendant qu'on lui faisait signer la minute de son interrogatoire, apercevant à sa portée la liste en question, il raya de deux traits de plume sa signature.

Grand émoi parmi les assistants.

— Dans quel but cherchez-vous à effacer votre nom? lui demanda M. Leclerc du Brillet.

— On me fait dire là-dedans des choses que je n'ai jamais pensées ! s'écria Damiens en fureur.

— Pourquoi les avez-vous signées ? qui vous y obligeait ?

— L'exempt est un fourbe !

— L'exempt Belot n'a fait que se conformer à vos désirs.

— Du reste, reprit Damiens, à partir d'aujourd'hui vous pouvez mettre dans vos procès-verbaux tout ce qu'il vous plaira, je ne signerai plus rien.

— Vous reviendrez sur cette détermination.

— Je ne veux plus même prêter serment, dit-il.

— On passera outre, répliqua froidement le lieutenant-général.

— Et l'on ne saura rien !

— C'est ce que nous verrons.

A cette sinistre parole, Damiens sentit un frisson précurseur parcourir tous ses membres.

## XXXVIII

### DEUX ANCIENNES CONNAISSANCES

Depuis la maladie de Louis XV, c'était par tout le château de Versailles, du haut en bas, au dedans comme au dehors, un remue-ménage dont on ne peut donner qu'une idée incomplète, des ordres expédiés de minute en minute, des messages et des messagers arrivant de tous les coins de la France, une trombe incessante de voitures couvrant à la noircir la route de Paris.

Le valet de chambre Lebel était particulièrement sur les dents. Il lui fallait répondre à tout le monde, ne pas quitter d'un instant son auguste maître, défendre ou ouvrir sa porte à propos.

Cependant, entre deux corridors, un domestique trouva le moyen de le happer au passage.

— Monsieur Lebel ?

— Je n'ai pas le temps ! cria le valet de chambre.

— Voici deux jours qu'un homme vient vous demander d'heure en heure ; il assure qu'il a des choses très-importantes à vous communiquer et qui ne souffrent aucun retard.

— Quel homme est-ce?

— Un homme entre deux âges... le nez très-rouge.

— A-t-il dit son nom?

— Briasson.

— Ah! ah! fit Lebel.

— Il va revenir tout à l'heure, continua le domestique; que faut-il lui répondre?

— Dites-lui de m'attendre chez moi, ce soir, après minuit.

— Après minuit? répéta le domestique étonné.

— S'il s'impatiente, faites-lui servir une collation.

— Il suffit.

A l'heure convenue, c'est-à-dire à minuit et demi environ, Lebel remonta dans l'appartement qu'il occupait au château de Versailles.

Il y trouva Briasson en proie à une énorme agitation, le regard inquiet, la poitrine oppressée par de fréquents soupirs.

Mais Lebel ne s'aperçut de rien sur le moment: il alla tomber plutôt qu'il ne s'assit dans un fauteuil.

— Ouf! s'écria-t-il, je suis brisé, moulu... Trois hommes ne résisteraient pas au métier que je fais. Que d'émotions!

— Oh! oui, que d'émotions! répéta Briasson.

— Voilà quatre jours que je n'ai pas fermé l'œil, dit Lebel.

— Ni moi non plus, dit Briasson.

— Aujourd'hui encore, j'ai cru que je ne pourrais pas trouver une minute pour venir respirer ici.

— Est-ce qu'il s'est passé quelque chose de nouveau aujourd'hui?

— Oui, dit Lebel; les états de Bretagne ont envoyé

une robe de chambre au roi pour témoigner de leur amour et de leur soumission.

— Une robe de chambre?

— C'est une idée à la bretonne. Le roi en a été touché jusqu'aux larmes. La reine a regretté amèrement de n'avoir pas pensé à une robe de chambre. Quant à Madame, elle s'est écriée plusieurs fois : « Oh! je voudrais être Bretonne! » Bref, il n'a été question toute la journée que de la robe de chambre; on l'a montrée à tout le monde; puis, on l'a exposée dans les grands appartements. Elle est magnifique d'ailleurs. Quelle robe de chambre!

— Je crois que tu as le courage de plaisanter! dit Briasson.

Ce fut alors seulement que Lebel remarqua l'agitation de Briasson.

— Oh! oh! dit-il, je ne t'avais pas encore regardé : tu as l'air tout bouleversé.

— Il y a de quoi! répliqua Briasson.

— Au fait, qu'est-ce qui t'amène? Pourquoi as-tu tant insisté pour me voir? dit Lebel.

— Tu t'en doutes bien.

— Pas le moins du monde.

— Comment! s'écria Briasson, lorsque de si graves événements s'agitent autour de nous!

— Tu veux parler de l'attentat?

— Oui, de l'exécrable attentat commis par... ce Damiens.

— Eh bien? dit Lebel.

— Eh bien! mais ce Damiens... c'est le nôtre, dit Briasson en baissant la voix.

— Je le sais bien.

— Le Damiens d'Arras.

— Le même, répliqua Lebel; j'ai voulu le voir; je suis

entré dans sa prison sous l'habit d'un exempt. Je l'ai parfaitement reconnu.

— Et tu me dis cela tranquillement? reprit Briasson.

— Pourquoi voudrais-tu que je ne fusse pas tranquille?

— Mais ce Damiens nous connaît beaucoup trop, il nous a vus de près... Si nous allions être mêlés à cette affaire?

— Allons donc!

— Pour ma part, j'ai des craintes, dit Briasson.

— Pour ta part? répéta Lebel étonné; explique-toi.

Briasson promena ses regards dans la chambre avec inquiétude.

— Personne ne peut nous entendre? demanda-t-il.

— Personne.

— Ecoute, Lebel, je vais te confier un secret, et tu verras si mes craintes sont chimériques.

— J'écoute.

— Sais-tu, reprit Briasson, avec quelle arme Damiens a frappé le roi?

— Avec un canif.

— Oui, un canif à deux lames, et à manche de corne blanche et noire.

— Tu l'as donc vu? dit Lebel.

— Mieux que cela, répondit Briasson, ce canif m'appartient.

— Bah! s'écria Lebel.

— C'est moi qui l'ai donné à Damiens.

— Donné?

— Ou planté, comme tu voudras.

— Que me dis-tu là, mon pauvre Briasson! fit le valet de chambre.

— La vérité, hélas!

— Ainsi te voilà, par ce canif, devenu le complice de ce misérable?

— Ne raille pas, Lebel, cet homme peut te compromettre, toi aussi.

— De quelle manière, s'il te plaît?

— En ébruitant l'affaire de l'enlèvement de Mlle de Crespy.

— Il n'oserait, dit Lebel.

— Il a osé bien davantage, répartit Briasson.

— C'est justement à cause de cela ; sa vengeance a visé trop haut, elle a passé par-dessus nos têtes.

— Ah ! tu crois, comme moi, à une vengeance?

— Je ne crois à rien, dit Lebel ; Damiens n'a encore fait aucune révélation relative à ce sujet.

— S'il se décidait à en faire?

— On étoufferait sa voix vraisemblablement, dit Lebel.

— Mais si d'autres voix se joignaient à la sienne? répliqua Briasson.

— Lesquelles? Où sont les témoins qui ont intérêt à divulguer cette aventure? La famille? Elle est occupée à ensevelir sa honte. Les deux frères de Chantemesse? Une lettre de cachet les tient enfermés au Donjon de Vincennes.

— C'est quelque chose, murmura Briasson.

Lebel continua :

— Mlle de Crespy? elle est morte.

— Morte... morte... marmotta Briasson en se grattant le nez.

— Eh oui ! morte.

— C'est que... je n'en suis pas bien sûr.

Lebel bondit sur le fauteuil où il se reposait.

— Qu'est-ce que tu viens de dire? s'écria-t-il.

— Je viens de dire, répondit timidement Briasson, que

je ne suis pas absolument certain... ou du moins autant qu'il faudrait l'être...

— Achève !

— De la mort de M{\ile} de Crespy.

— Mais, malheureux ! c'est toi-même qui m'a raconté tous les détails de cette mort ! s'écria Lebel.

— Je les tenais de Damiens, dit Briasson.

— De Damiens !

— Oui. Promets-moi d'être calme, et je vais te dire comment les choses se sont passées.

— Je suis calme, dit Lebel serrant les poings.

— Pas assez, objecta Briasson.

— Je suis plus calme ! dit Lebel grinçant des dents.

— Encore un peu plus.

— Je suis tout à fait calme ! dit Lebel en s'élançant à la gorge de Briasson.

— A la bonne heure ! fit celui-ci ; je vais parler maintenant.

Et se dégageant de l'étreinte de son ami :

— Jusqu'où faut-il que je remonte dans mon récit ?

— Remonte jusqu'au moment où M{\ile} de Crespy s'est jetée par-dessus le balcon, dit Lebel.

— Soit. Ce fut alors qu'un grand cri se fit entendre... de Damiens, car pour moi je n'ai rien entendu.

— Tu étais gris, selon ton habitude, dit Lebel.

— Je venais de m'assoupir, continua Briasson, lorsque je me sentis fortement secouer par Damiens ; il m'entraîna dans le jardin...

— Damiens... interrompit Lebel ; tu ne m'a jamais expliqué bien clairement comment il avait pu réussir à s'introduire à Frivolité.

— Dis que tu ne t'en souviens pas. Damiens s'était aidé des indications qu'il devait à la femme de chambre de Mlle de Crespy, à Justine... la perfide Justine... qu'on avait eu l'imprudence de renvoyer.

— Il ne fallait pas souffrir qu'il restât, reprit Lebel.

— Tu en parles à ton aise. Et son canif dont il me menaçait toujours !

Briasson se garda bien d'ajouter :

— Et les dix mille livres que j'en avais reçues !

— Ah ! oui, le canif ! dit Lebel. Cœur de lièvre ! Il fallait m'écrire au moins, me prévenir.

— Je n'en ai pas eu le temps.

— Briasson, tiens-toi pour averti qu'un jour où l'autre je tirerai toute cette affaire au clair, et alors... Pour le moment, continue.

Briasson poursuivit sa narration.

— Damiens m'entraîna donc vers l'endroit où le cri s'était fait entendre. Nous trouvâmes la pauvre demoiselle étendue sur le gazon, pâle, ne donnant plus aucun signe d'existence. En supposant que j'eusse été gris, ce spectacle m'aurait dégrisé complétement. Toute la maison fut vite sur pied : on accourut avec des flambeaux. Damiens et moi, nous transportâmes Mlle de Crespy au rez-de-chaussée, dans l'appartement de la sultane-validé. Presqu'aussitôt le roi envoya demander de ses nouvelles. « Dites à Sa Majesté, répondit Damiens, que Mlle de Crespy n'a plus que quelques instants à vivre ! » Jamais, à présent que je me le rappelle, il n'y eut tant de douleur dans une voix, tant de colère et de rancune dans un regard ! Je sus plus tard que le roi, effaré, avait commandé son carrosse à la hâte pour retourner à Versailles. Et comme la sultane-validé accourait auprès de lui pour prendre ses ordres au sujet de la jeune fille morte ou vivante : « Faites comme vous l'entendrez » ! avait répondu le roi d'un air troublé. Puis il était parti précipitamment.

— Fâcheuse aventure! murmura Lebel. Le roi n'en a pas perdu le souvenir depuis un an, et bien qu'il ne souffre pas qu'on lui en parle, il y revient toujours dans ses entretiens avec moi; les traits de cette jeune fille sont restés gravés dans sa mémoire, au point, dit-il, qu'il la reconnaîtrait entre mille.

— Tiens-tu à savoir le reste? demanda Briasson.

— C'est surtout le reste que je tiens à savoir.

— Le reste, c'est la maladie de M<sup>lle</sup> de Crespy. Damiens avait été sincère dans sa funèbre prédiction : il croyait qu'elle n'en réchapperait pas. Pendant huit jours, elle demeura entre la vie et la mort. La fièvre brûlante, le délire, tout cela est vrai ; je ne t'ai pas menti là-dessus.

— Là-dessus, répéta Lebel.

Briasson feignit de n'avoir pas entendu.

— Pendant huit jours, reprit-il, la sultane-validé, ou, pour l'appeler par son nom, M<sup>me</sup> Dumant la soigna avec une sollicitude surprenante. Elle passa même plusieurs nuits à son chevet. J'en fus extrêmement étonné. Je n'aurais jamais soupçonné qu'il restât un cœur à cette femelle.

— Parce que tu juges tous les autres d'après toi-même, dit Lebel.

— C'est bien possible, dit insouciamment Briasson. Pour en revenir à la Dumant, elle s'attacha peu à peu à M<sup>lle</sup> de Crespy; je la surpris maintes fois les yeux fixés sur elle et remplis de larmes.

— Quelle était l'attitude de Damiens pendant cette maladie?

— Toujours sombre, ainsi que nous l'avons connu, mais plus abattu, plus humble. Il avait obtenu de madame Dumant, à force de supplications, la permission d'entrer deux fois par jour dans la chambre, le matin et le soir, pour savoir des nouvelles de la malade. Une fois là, il se tenait à distance du lit, dans l'ombre, immobile, muet. Pourtant son air farouche s'adoucissait par degrés, à mesure qu'il regardait M$^{lle}$ de Crespy ou plutôt qu'il la contemplait, car c'était une extase comme en présence de la Vierge. Un jour, elle sembla le reconnaître et elle lui adressa un signe de tête, en essayant de sourire. Damiens tomba à genoux. Le reste du temps, il le passait sur le seuil de la porte ou aux alentours, avec la constance d'un chien de garde.

— Le chien s'est métamorphosé en tigre, dit Lebel.

Briasson compléta la pensée du valet de chambre en ajoutant :

— Et tu attribues, comme moi, cette métamorphose au profond sentiment qu'il éprouvait pour M$^{lle}$ de Crespy.

— Comment ne pas le croire? reprit Lebel; sa résolution homicide date évidemment de cette nuit fatale. Il aura juré la mort du roi, qu'il regardait comme l'auteur de tous les maux de cette jeune fille. En parlait-il souvent?

— De qui? dit Briasson.

— Du roi.

— Non; mais lorsqu'il entendait prononcer son nom, je me souviens que ses traits se contractaient et que tout en lui exprimait une fureur concentrée.

— C'est cela, dit Lebel; ensuite?

— Où en étais-je?

— Que se passa-t-il lorsque M$^{lle}$ de Crespy fut hors de danger?

— L'embarras de la sultane-validé fut grand, dit Briasson; ce fut elle qui m'empêcha de t'écrire, comme j'en avais l'intention. Elle n'écrivit pas non plus à M$^{me}$ la marquise de Pompadour, dans la crainte de voir arriver un ordre de réclusion perpétuelle pour sa pensionnaire. Mlle de Crespy n'aurait pas été la première qu'on eût enterrée vivante.

Lebel fit claquer ses doigts avec impatience, et dit :

— Je t'ai déjà enjoint de t'abstenir de toute observation. Sois historien, ne sois pas philosophe.

— La Dumant, continua Briasson, se sentait sauvegardée par ces paroles du roi : « Faites comme vous l'entendrez! » Malgré cela, elle n'osait prendre sur elle de renvoyer Mlle de Crespy dans sa famille. A son grand étonnement, Mlle de Crespy fut la première à manifester sa répugnance à retourner à Arras. « Qu'irais-je y faire? dit-elle tristement; quel visage irais-je y porter? Quelles explications pourrais-je dignement donner de mon absence? Autour de moi, dans ma ville natale, je ne pourrais éviter les interprétations offensantes et les soupçons outrageants. Mes parents ont reçu un coup terrible dont mon retour ne les guérirait qu'imparfaitement. Non, je ne reviendrai pas à Arras! »

— Elle avait un fiancé cependant, le chevalier de Chantemesse, dit Lebel.

— Elle ne voulait pas qu'on le lui rappelât; c'était surtout devant lui qu'elle craignait de reparaître. « J'ai ma fierté, disait-elle, et c'est justement parce que je n'ai pas à rougir que je ne veux pas m'exposer à voir rougir les autres! »

— A quoi se décida-t-elle?

— Elle montra le désir de se retirer dans une maison religieuse. Un couvent à Arras avait abrité son enfance, un couvent à Paris ne refuserait pas d'abriter sa jeunesse. Elle y apporterait une dot suffisante. Là, elle vivrait cachée aux yeux de tous. Mme Dumant approuva cette détermination; on ne me demanda pas mon avis. Il fut convenu qu'on répandrait le bruit que Mlle de Crespy était sortie morte du château de Frivolité; Damiens passerait pour avoir ramené le corps à sa famille. Cela se fit de cette façon, et je laissai faire; quel danger y avait-il à cela? J'ai trempé dans cet innocent complot, ou plutôt j'y ai assisté, supposant que, surchargé d'affaires comme tu l'es, je t'épargnais un embarras. Je suis mal récompensé par tes reproches.

Lebel lui jeta un regard courroucé.

— Si je te croyais capable d'une ironie quelconque, je te ferais sauter par cette fenêtre, s'écria-t-il.

— Tu aurais tort, dit Briasson; je peux te rendre encore quelques services.

— Du même genre, n'est-ce pas?

— De tous les genres.

— Nous verrons bien. En attendant, regarde l'embarras où tu nous plonges! Cette jeune fille peut parler.

— Et il est important qu'elle ne parle pas, dit Briasson; je comprends cela parfaitement.

— Dans quel couvent s'est-elle retirée? demanda Lebel.

— Je ne le sais pas.

— Imbécile!

— On ne pense pas à tout, murmura Briasson confus.

— Heureusement qu'il y a deux personnes qui doivent le savoir : la Dumant et Damiens. Je te laisse libre de t'informer à l'une ou à l'autre.

Briasson recula de terreur.

— Moi! s'écria-t-il; que j'approche ce scélérat! le ciel m'en préserve!

— Tu apprendrais peut-être de lui pourquoi il n'a employé que la plus petite lame de ton canif.

— Tais-toi, oh! tais-toi! fit Briasson pâlissant et suppliant.

— Vois alors la Dumant; dis-lui que votre sort à tous

deux est lié, et si dans quarante-huit heures je ne connais pas la retraite de Mlle de Crespy, je vous envoie ensemble à la Bastille.

— Tu ne feras pas cela, Lebel.

— Regarde-moi bien !

— Diable, fit Briasson ; dans quarante-huit heures tu seras satisfait.

— Je l'espère.

Briasson se gratta le nez, et insidieusement il demanda :

— Et une fois que tu auras cette adresse ?...

— Le reste me regarde et ne regarde que moi, dit Lebel.

— J'ai donc perdu ta confiance ?

— Entièrement.

— O ingratitude humaine !

Lebel s'était levé, et, poussant Briasson vers la porte :

— Va te plaindre dehors, lui dit-il ; moi, je redescends auprès du roi.

— Adieu, Lebel, murmura mélancoliquement Briasson.

FIN DE LA PREMIÈRE PARTIE.

# TABLE DES MATIÈRES

### PREMIÈRE PARTIE

#### Un Caprice de Madame de Pompadour

|  |  |
|---|---|
| I. Le comte de Chantemesse cherche son frère | 1 |
| II. La mort d'Adonis | 13 |
| III. Conversation attendue | 26 |
| IV. Arras | 32 |
| V. La tante Sidonie | 39 |
| VI. Maître et valet | 44 |
| VII. Histoire d'un homme du peuple au xviii<sup>e</sup> siècle | 50 |
| VIII. Au clair de la lune | 59 |
| IX. Quel drôle de Procureur! | 63 |
| X. Les scrupules du Chevalier | 83 |
| XI. Retour de Briasson | 94 |
| XII. Au nom du roi | 101 |
| XIII. Le peigneur de laine | 117 |
| XIV. Les Promenades | 123 |
| XV. Guet-apens | 134 |
| XVI. Monologue de Damiens | 145 |
| XVII. Frivolité | 156 |
| XVIII. Dangers du genre rococo | 168 |
| XIX. Le Cadi | 176 |
| XX. Comme dans les romans d'aventures | 191 |
| XXI. Le lieutenant de police | 195 |
| XXII. Profil de marquise | 203 |
| XXIII. Après moi, le déluge! | 217 |
| XXIV. A l'Hermitage | 224 |

| | |
|---|---|
| XXV. La Bontemps. | 234 |
| XXVI. Le Coq-Hardi. | 248 |
| XXVII. Le comte de Gonesse | 257 |
| XXVIII. Vincennes. | 268 |
| XXIX. L'homme à la culotte rouge | 278 |
| XXX. Ne lui faites pas de mal. | 285 |
| XXXI. La comédie royale | 293 |
| XXXII. Angoisses d'une favorite. | 301 |
| XXXIII. Révolte | 308 |
| XXXIV. La geôle de Versailles. | 313 |
| XXXV. La Lorraine et sa fille. | 321 |
| XXXVI. Le gâteau des rois. | 333 |
| XXXVII. Une lettre de Damiens. | 345 |
| XXXVIII. Deux anciennes connaissances. | 354 |

St-Amand (Cher).— Imp. de Destenay.